"中国消费经济运行报告"丛书

丛书主编：韩 雷
丛书执行主编：刘 娜
丛书副主编：张丹丹 欧定余 马丽君 侯新烁

湘潭大学商学院
湘潭大学消费经济研究院
长沙新消费研究院

联合出品

关系重塑

Z世代消费洞察

田小文 刘娜 李明扬 ◎ 著

RESHAPING RELATIONSHIPS

GENERATION Z CONSUMER INSIGHTS

中国财经出版传媒集团
经济科学出版社
·北京·

图书在版编目（CIP）数据

关系重塑：Z世代消费洞察 / 田小文，刘娜，李明扬著. -- 北京：经济科学出版社，2025.5. --（"中国消费经济运行报告"丛书）. -- ISBN 978-7-5218-6966-8

Ⅰ．F126.1

中国国家版本馆CIP数据核字第2025P6B998号

责任编辑：胡成洁
责任校对：齐　杰
责任印制：范　艳

关系重塑：Z世代消费洞察
GUANXI CHONGSU：Z SHIDAI XIAOFEI DONGCHA
田小文　刘　娜　李明扬　著
经济科学出版社出版、发行　新华书店经销
社址：北京市海淀区阜成路甲28号　邮编：100142
经管中心电话：010-88191335　发行部电话：010-88191522
网址：www.esp.com.cn
电子邮箱：espcxy@126.com
天猫网店：经济科学出版社旗舰店
网址：http://jjkxcbs.tmall.com
北京季蜂印刷有限公司印装
880×1230　32开　9.5印张　220000字
2025年5月第1版　2025年5月第1次印刷
ISBN 978-7-5218-6966-8　定价：58.00元
（图书出现印装问题，本社负责调换。电话：010-88191545）
（版权所有　侵权必究　打击盗版　举报热线：010-88191661
QQ：2242791300　营销中心电话：010-88191537
电子邮箱：dbts@esp.com.cn）

"中国消费经济运行报告"丛书

丛书主编
韩 雷

丛书执行主编
刘 娜

丛书副主编
张丹丹　欧定余　马丽君　侯新烁

丛书编委会

刘长庚	刘金刚	罗菊兰	罗建文	醋卫华	杨智辉	朱　健
易行健	夏杰长	毛中根	汪　伟	杨汝岱	张川川	楚尔鸣
龚志民	谭燕芝	陈湘满	湛　泳	刘亚军	陈华帅	张　立
吴朝霞	张　磊	田小文	张伟伟	姚海琼	陈　靖	郑　平
		彭明霞	雷剑峰	杨　龙		

《关系重塑：Z世代消费洞察》

本书编委会
田小文　刘　娜　李明扬　姚海琼　张丹丹　黄　偲　俞琢睿
阳鹏程

总 序

  中共中央、国务院《扩大内需战略规划纲要（2022—2035年）》指出，坚定实施扩大内需战略、培育完整内需体系，是加快构建以国内大循环为主体、国内国际双循环相互促进的新发展格局的必然选择。为深入实施扩大内需战略，必须充分发挥消费对经济发展的基础性作用，不断增强高质量发展的持久动力。消费不仅是内需体系的重要支撑，也是中国经济发展的基本动力，是满足人民日益增长的美好生活需要的必然要求。习近平总书记强调，要增强消费能力，改善消费条件，创新消费场景，使消费潜力充分释放出来。习近平总书记关于消费问题的重要论述，为我们开展消费经济理论研究、探索消费扩容提质的思路与举措提供了根本遵循。国务院办公厅2023年7月发布《关于恢复和扩大消费的措施》，就恢复和扩大消费展开系统部署。2024年全国两会提出，要培育壮大新型消费，实施数字消费、绿色消费、健康消费促进政策，积极培育智能家居、文娱旅游、体育赛事、国货"潮品"等新的消费增长点。党的二十届三中全会也对加快培育完整内需体系作出全面部署，提出"完善扩大消费长效机制"。当前，中国消费已从疫后恢复阶段逐步转向持续扩大阶段，消费需求稳步增长、消费结构加快升级、消费拉动经济的作用显著增强，许多消费新现象、新趋势、新问题持续涌现，围绕这些新现象、新趋势和新问题开展系统深入的研讨，有着重要的学术价值和实践意义。

湘潭大学是中国消费经济学研究的发源地，也是当前国内消费经济学研究领域最有影响的重镇之一。1979年开始，杰出的学科带头人尹世杰教授带领一批年富力强的中青年学者在湘潭大学开展对社会主义消费经济学的研究，创下"六个第一"：第一个把消费经济作为独立学科进行研究，出版第一本系统研究消费经济的专著《社会主义消费经济学》（1983年），获第一届孙冶方经济科学奖（1985年），第一个招收消费经济学方向硕士研究生，创办第一个消费经济研究所（1984年经湖南省人民政府批准成立，2011年升格为消费经济研究院），创办第一家消费经济学术刊物《消费经济》（1985年）。湘潭大学商学院、湘潭大学消费经济研究院以"推动中国消费经济学理论与实践研究、彰显服务中国式现代化责任担当"为己任，以科学研究和社会服务为依托，着力培养壮大消费经济研究力量，推动中国消费经济学科发展，服务地方经济发展，促进社会消费繁荣。为进一步传承和发扬尹世杰教授等前辈学者深耕消费经济研究的优良传统，凸显消费经济研究特色，彰显消费经济学学科影响力，更好地服务国家和地方经济社会发展，湘潭大学商学院、湘潭大学消费经济研究院充分挖掘和发挥学科团队在消费经济研究领域的经年积淀与高层次人力资本优势，研究市场深度需求，组织撰写可充分满足政府、企业与消费者多维需要、特色鲜明的中国消费经济运行报告。2023年首批报告发布，本套丛书为中国消费经济运行报告的第二批成果。

本套丛书由湘潭大学商学院、湘潭大学消费经济研究院、长沙新消费研究院联合出品。长沙新消费研究院由湖南省商务厅指导、长沙市商务局与天心区人民政府共同发起，以"政府指导·市场主导·赋能产业"三位一体发展理念筹建，定位长沙新消费产业服务与孵化平台，由长沙新消费产业研究有限公司运营。长沙新消费研究院以"消费向上·中国向前"为愿景，围绕"产业研究·企业咨询·投资孵化"三个功能定位，以"共创、共生、共享"的价值理念，致力于促进新消费产业领域内学术、企业、资本、平台、政府等之间的交流，推动新消费产业前沿理论与市场实践的高质量互动发展。湘潭大学与长沙新消费研究院共同创建"新消费经济研究中心"，双方立足长沙、放眼全国，在数据采集与挖掘、科研与产学研合作、产业人才培养等多方面展开了深度合作。本套丛书是双方深度合作的成果，力求为中国新消费经济理论研究与产业实践实现高质量发展添砖加瓦。

本套丛书秉持首批中国消费经济运行报告丛书的宗旨，对中国当前消费经济热门领域展开观察与思考。本套丛书从不同主题切入，充分运用理论推演、数据挖掘、田野调查、案例分析等多种研究方法精确描摹和深度剖析中国消费经济运行现状、特征与趋势，为相关部门制定和实施扩内需促消费政策、企业应对新消费时代生产服务转型提供了依据和参考。未来，期待湘潭大学在消费经济研究领域持续发力，推出更多基于理论指导、立足现实需要的消费经济研究成果，为推动构建新发展格局、不断满足人民日益增长的美好生活需要积极贡献智慧和力量！

中国社会科学院财经战略研究院研究员

2024 年 11 月 16 日

序：变·洞察

一

时代在变。

在急剧变化的时代中，作为消费群体的新锐力量，Z世代以其独特的个性和价值观正在重塑消费版图，引领以新场景、新业态、新模式为核心特征的新消费蓬勃发展。

何谓Z世代？这是一个源自欧美并在全世界广泛流传的概念，意指新生一代，通常界定为1995～2009年出生的一代人。按照15年为一个世代，相关称谓有X世代（1965～1979年出生人群）、Y世代（1980～1994年出生人群）。

得消费者得天下。

刻画Z世代无疑很重要。近些年，研究者在分析Z世代上做了很多有意义的探索。具体到他们的消费行为，不同的研究有不同的结论。基于线性的经济增长思维，有研究认为Z世代消费是向上流动的。而基于经济下行期的判断，结论则是向下流动的。

任何市场营销，本质要求是理解消费者，寻找共情。

不同世代的消费结构与消费趋势差异很大，整齐划一的判断无疑是刻舟求剑。消费升级或消费降级，这种结论过于简单，且可能有些浅薄。另外，目前市面上对Z世代的研究，大都停留在对Z世代消费现象的描述上。本书认为，未来的机会在结构性变化中。

如何洞察Z世代消费的结构性变化？底层逻辑是理解消费关系。我们需要基于社会学、经济学和心理学去理解更为底层、更为系统的关系重塑。

这是本书的独特视角。

二

时代在变，消费关系也在变。

本质上，消费就是一系列关系的连接。在消费的过程中，消费者与商品、消费者与生产者、消费者与消费者、当下决策与未来预期之间不断产生着各种联结。

现代社会，消费已不仅仅是买卖双方之间单纯的交易行为。社会的进步、经济的发展、科技的革新……无时无刻不在调整着消费过程中的各种连接，消费关系不论从内容还是形式上都发生着天翻地覆的变化。

进入互联网时代，特别是21世纪以来，中国的社会消费关系不断被修改和重塑，从注重商品的品质、式样等功能性特征的"以物为本"，逐渐回归到尊重人性和促进人的全面发展的"以人为本"。而Z世代恰巧出生和成长在这一变革的时期，消费关系的转变也在Z世代群体身上得到映射和强化。经济快速发展带来了充裕的物质，科技变革日新月异，各方可实现更快速和便捷的联结，社会的激荡变革塑造了人们开放而又独特的意识和理念，消费也从物质匮乏时代侧重于满足基本需求的功能性关系，演变为追求自我实现和生活品质满足的、更倾向于符号化标识的社会关系。消费关系的内容、形式和维度更加丰富多元，影响更加广泛而深远。

三

消费关系在变，消费逻辑在变，导致消费市场在变。

Z世代不断理解、不断实践、不断创造他们的消费文化，重新定义了消费市场。

新时期，消费市场更加强调消费过程各环节、各主体的相互融通和价值共创。生产与销售不再是站在两端，商家与消费者也不再泾渭分明。而是有着更为深入的互动和沟通，相互成就、有效互补，商品的生产和销售也更多融入了消费者的创意和诉求。

针对年轻人的消费市场正在经历一场前所未有的大洗牌。

如何同频新趋势？如何共振新机会？

生产者得去思考。

四

关于本书的几点说明。

1. 内容结构

本书以关系重塑下的"变"为主线，洞察中国Z世代消费。第一部分——"变"的张力，基于个体叙事和宏大叙事、群体画像呈现Z世代特征；第二部分——"变"的状态，分别从情绪消费、社交消费、随兴消费、炫耀消费和理性消费，情景再现Z世代的现象级消费状态；第三部分——"变"的原因，试图从经济、社会和家庭的因素，深层次寻根溯源；第四部分——"变"的应对，在大变局、不确定性和慢增长时代，企业需要回归重视消费者需求、适应消费趋势的本质逻辑。

2. 数据来源

本书所采用的数据一部分来源于国家统计部门、万得（Wind）与国泰安（CSMAR）数据库，以及其他权威研究机构、权威平台和网站；另一部分来源于实地调研。本书研究团队于2024年5月在湖南省长沙市五一商圈等地展开了"中国青年消费力＆Z世代消费行为"调研（以下简称为"本团队调研"）。基于大规模实地调研，结合线上问卷调查，团队共回收有效问卷1 036份，同时针对30余名受访者开展了深度访谈。

3. 研究范式

新消费与传统消费的根本区别在于实现了消费关系的重塑，构筑起"以人为本"的多元新型消费关系。本书是《新消费：理论界定与案例解构》一书（2023年出版）的接续研究成果，延续了"新消费"研究主题，并从消费"三要素"中的消费主体（消费者）角度补充和拓展中国新消费理论研究体系。本书将学术内涵蕴藏于非学术表达中，希冀让学术研究走进大众视野。

为使本书内容更好地呈现，撰写团队成员来自X世代、Y世代与Z世代，且拥有不同学科背景。成员年龄和学术背景的互补，为Z世代的故事提供了更广阔的视角。我们将这本书献给所有对Z世代及其消费行为感兴趣的人，包括生产者、商家、政策制定者、咨询顾问、研究人员、Z世代自己及父母等，期待这本书能对您有所助益。

当然，未来我们还可以做更多的工作。

目 录

第一篇　群体画像

01　一千个人眼中有一千个 Z 世代　003
　　演唱会的"疯狂"　004
　　"标签化"的 Z 世代　008
　　"挣扎中"的 Z 世代　014

02　宏大叙事下的"不一样"　020
　　互联网的"土著"　021
　　觉醒的"她"力量　024
　　大时代下的个体　026

第二篇　消费世相

03　情绪消费：情感驱动的购买决策　033
　　接收人间爱意的开端　034
　　捕捉生活中的小确幸　038
　　"跨物种"的陪伴　041

驻扎在虚拟世界的情绪补给站 046
专属我的情感表达 048
让我成为消费中的主导者 053
霓虹灯渲染下的夜生活 055

04 社交消费：同群接纳的商业增量 060
为什么都爱剧本杀 061
网红带货：消费的新宠儿 066
你是"鼠鼠"还是"吗喽" 068
喝酒还是喝奶茶 071
请出示你的"社交货币" 075
社交消费的性别图鉴 079

05 随兴消费：即时满足的冲动购买 085
抠抠搜搜花了很多钱 086
Oh My God！买它买它 089
朋友的选择就是我的选择 091
看到排队就想买 093
为有趣买单 095
便利又贴心，怎能不随兴 098

06 炫耀消费：身份展示的符号竞争 102
被疯抢的帆布包 103
千金一掷追潮流 106

优雅"吃土"的"精致穷"　109
夸夸即是动力　111

07　理性消费：价值比较下的消费选择　115
可以买贵的，但不能买贵了　116
万物皆可平替　118
"薅羊毛"有什么丢人的　122
从"安利"到"拔草"，你经历了什么　126
攒金豆——"钱好像花了又没花"　132
"闲鱼"不"闲"　137

第三篇　激荡时代

08　钱袋子鼓了　149
消费力的空前释放　149
网络经济下消费方式的变革　155
基础设施织就繁荣网　162
面向生活的消费革命　166
消费也要独立自主　170

09　时空观变了　174
国际视野与本土情怀　174
从生产到消费的科技创新　179
城镇化中的社会结构重构　183

教育塑造的消费景观　192

10　一代户来了　196
精致的小家庭　196
黄金赛道与隐形重担　198
独特的孤岛效应　205
"弱关系"的社交　211

第四篇　未来已来

11　重新理解消费　221
消费何以产生　222
消费什么　226
消费不等于购买　230

12　趋势的力量　235
物美价平：Z世代消费的哲学理念　236
走向圈层：Z世代消费的独特行为　241
新意迭出：Z世代消费的完全形态　247
"红""绿"辉映：Z世代消费的社会意识　252

13　商业破局　260
传递温度　260
赢得信任　266

加强交互　271
拥抱小而美　275

附录　283

后记　285

第一篇

群体画像

01　一千个人眼中有一千个 Z 世代

定义 Z 世代似乎是很难的事情。这个概念到底是一个群体的代称，还是一个时代的标记，或者是时代烙在一个群体的印记？各种说法，莫衷一是。

我们往往习惯用 5 或 10 这样的年代基数，将人们分为诸如"95 后""00 后"等不同的群体，中国传统上也有一世（30 年）与半世（15 年）为人的说法。事实上，世代的划分有许多繁杂的标准。比较流行的做法是按照重大社会事件的发生时间结合共同心理、认知意识等因素将具有一致性群体特征的人群进行区隔，如美国"婴儿潮"一代、日本"团块世代"。关于 Z 世代，最初在欧美国家意指新生世代，沿袭"X 世代""Y 世代"的说法，用最后的字母 Z 来表示。① 综合诸多考量因素，本书将 Z 世代定义为自中国互联网元年（1995 年）到 21 世纪的最初十年内也就是 1995～2009 年出生的人群，即中国人所称的"95 后""00 后"，与欧美国家的流行分法大致重合。在中国，Z 世代是伴随着互联网兴起和加入 WTO 后经济高速发展而成长起来的一

---

① 《牛津生活词典》将 Z 世代描述为"在 21 世纪第二个十年达到成年的一代"；《梅里亚姆—韦伯斯特在线词典》将 Z 世代定义为 20 世纪 90 年代末和 21 世纪初出生的一代人；澳大利亚的麦克林德尔研究中心则更为确切地界定 Z 世代出生年份为 1995～2009 年，年龄跨度为 15 年。

代,被称为"网生代""互联网世代""二次元世代""数媒土著"。

然而,对Z世代的理解,往往是各种矛盾和冲突交织在一起,不同的群体有不一样的看法。在他人眼里,Z世代或许沉浸在互联网带来的前所未有的魅惑世界之中,丧失了对真实世界的现实感,因而给他们贴上了各种标签,如"被网络毁掉的一代",抵抗传统的"血亲社交",热衷网络社交营造"圈层",及时行乐,没福硬享,反叛传统,个性张扬……可Z世代自己却认为,他们处于各种矛盾和割裂之中,感受到虚拟的网络世界和内心的真实自我的巨大反差,体会到开放世界多元文化的冲击和遵循传统标准的迷茫,在享受着科技社会变革带来的绝佳机会的同时,也面临着巨大竞争压力。Z世代,在躺平和内卷中选择了"45度躺"……

Z世代拒绝被"标签化"定义,却经常被定义。全面认识Z世代,需要从不同的角度来观察。我们不妨代入一场演唱会的情景,开启对Z世代的了解。

> 哪里有判断,哪里就有噪声
> ——丹尼尔·卡尼曼《噪声:人类判断的缺陷》

演唱会的"疯狂"

仲夏的长沙,夜空中繁星黯然隐去,抵不过灯彩的炫目,周杰伦2024年"嘉年华"世界巡回演唱会在这座城市如期举行。喧闹的贺龙体育场里,灯光点点闪耀,好似天上的银河降落到了人间，人们身处其中，随声浪摇曳、沉浮。音乐、歌声、呐喊声汇成的洪流，起起伏伏，响彻天际，不能停息。聚光灯掠过人海，一张张热血贲张的年轻脸庞清晰可见。

"雨下整夜，我的爱溢出就像雨水……"高中生李嘉惠声嘶力竭地跟着唱，她穿着精心准备的应援服装，手持"我爱杰伦"的荧光板，眼里泛着光，脸上恣意流淌着的不知是雨水、泪水还是汗水。为了这场演唱会，她老早就在"杰粉"群里积极寻找一起抢票观看的"搭子"。这可不是件容易的事，官方平台在4月份就显示已有270万人预约，随着时间推移，这个数字疯狂增长，这意味着她们要和上百万人竞争去抢得那张演唱会的入场券。当然，她是幸运的，功夫不负有心人，她如愿以偿地来到现场，全情享受着这铺天盖地的热闹与快乐。

并不是所有的人都能像她这么幸运。来自武汉的大学生王宇轩，也满怀期待地老早就开始准备。由于没有抢到票，他甚至发过重金求助帖，希望通过"黄牛"拿到门票，最终还是一无所获。尽管如此，他毅然决定前往长沙，哪怕就在体育场外，他也能感受到那前所未有的震撼与感动。听着场内传出的音乐，他仿佛与舞台上的偶像融为一体。演唱会结束后，在返程的绿皮火车上，他精心挑选了几张周杰伦海报前的照片和长沙美食图片发在了自己的微信朋友圈，并配上文字："打卡长沙！这一趟，值了。"

同一时期，远在上海的白领萧子寒，提前请假回到自己的出租屋。她把小窝精心地布置一番，点亮氛围灯，戴上耳机，坐在电脑前等待演唱会直播开始。桌上摆放着一盘冰镇西梅，两听RIO鸡尾酒。她特别渴望能够前往长沙现场观看，但现实的束缚让她无法成行。网络直播给了她另一种方式参与这场盛宴，虽然隔着屏幕，但那份激动与感动丝毫未减，现场的热闹景象仿佛穿越到了她的面前。她跟着音乐轻轻哼唱，仿佛自己也置身于那片星海之中，随后，她在社交媒体上分享了自己的感受，收获了无数共鸣与点赞。

这场演唱会引爆了长沙的消费市场。据北京零点市场调查有限公司统计，2024年5月30日至6月2日这4天，周杰伦演唱会共吸引了近14.9万人次的入场观众，其中，跨城观演比例达92%，跨省观演比例达68%，显著高于"五一"假期长沙市省外游客占比。根据移动信令数据测算，场外观众大约还有5.42万人次，4天之内有超20万人次的观众奔赴贺龙体育馆。演唱会期间，每名观众平均在长沙停留2.53天，人均花费3 481.42元（不包含演唱会门票消费），是"五一"假期游客人均花费的2.97倍，"演唱会经济"的杠杆效应和溢出效应凸显。[1]

根据道略音乐产业的统计数据，2024年上半年，中国演唱会市场呈现出强劲的势头，共举办了1 182场演出，吸引了1 192万人次的观众，票房总收入高达101.4亿元。南方地区以861场的演出数量占据了市场的主导地位，其中华东区域更是以506场演出位居各区域之首。华北地区的演唱会数量也在第二季度实现了显著增长，五月天、苏打绿、张学友、周杰伦等艺人的热门巡演纷纷落地，演出达129场，环比增长268.6%。[2]

---

[1] 长沙精心准备主题文旅产品，周杰伦长沙演唱会直接带动文旅消费5.18亿元［N］. 长沙晚报，2024-06-04.
[2] 道略音乐产业研究院．《2024上半年中国演唱会报告（上）：演出超1000场，票房达100亿元，南方占据七成市场份额》［EB/OL］. 道略演艺，https://mp.weixin.qq.com/s/c7pomH7ME7t5azQ2xwZ6GQ.

在全球范围内，演唱会不仅是一种文化现象，更是一股不容忽视的经济力量。以泰勒·斯威夫特（Taylor Swift）的巡演为例，2024年乐迷仅为她在美国演出及演出期间的间接支出就为美国经济贡献了100亿美元。2024年3月，泰勒在新加坡举办了六场演唱会，不仅为当地带来了约4亿元新币（约合21.5亿元人民币）的收入，还为新加坡第一季度GDP的增长贡献了0.2个百分点。① 泰勒巡演所展现的显著经济效益，引起了美国经济学家的关注，并由此诞生了一个新术语——"霉霉经济学"（Taylornomics），用以描述她的演唱会对经济的积极影响。

Z世代无疑是演唱会最狂热的消费群体。他们中有很多人认为，追一场演唱会是一种超越现实的极致体验，是值得被时间珍藏的青春记忆，因而愿意为一场演唱会奔赴一座城。他们在演唱会中恣意挥洒张扬的青春激情的同时，也淋漓尽致地展现了独属于他们的特征。那些沉浸其中看似"癫狂""发疯"的情绪宣泄，可能就是他们逃离现实喧嚣、释放自我、缓解压力的心灵慰藉；拍照、打卡、晒圈……演唱会里人和人的磁场共鸣何尝不是在社交网络中寻找属于圈层中的"同类项"；熬夜抢票、千金一掷、跨城奔赴，为演唱会作出的种种"壮举"或许也就是为了身份或实力上的优越感觉的幸福展示。演唱会是音乐与情感的交汇，演唱会消费是Z世代对青春、梦想和社交需求的追求，也是他们构建身份价值的方式。对Z世代来说，演唱会消费里蕴含着复杂诉求，夹杂着来自情绪的、社交的、炫耀的需要。演唱会是

---

① 乔珊珊. Taylor Swift全球巡演：行走的GDP [EB/OL]. 澎湃新闻, https://www.thepaper.cn/newsDetail_forward_26634285.

属于Z世代的青春印记，无论是场内的热烈氛围还是场外的集体合唱，都构成独特的体验。他们愿意为这种情感共鸣和社交认同的体验支付溢价，通过消费来表达自我，寻求归属感和认同感。

"标签化"的Z世代

1. "被网络毁掉的一代"

"Z世代"出生并成长于网络时代，他们的生命与网络环境密不可分，他们的社交生活学习也在一定程度上体现网络世界的虚拟性，这是不同于其他世代的显著差异。

QuestMobile《2022 Z世代洞察报告》数据显示，截至2022年6月，Z世代线上活跃用户规模已经达到3.42亿人，月人均网络使用时长近160小时，月人均单日使用时长7.2小时，明显高于全网用户平均使用时长。从应用领域看，移动视频、移动社交及手机游戏行业是Z世代网络总使用时长占比前三的行业，占比分别为37.4%、28.5%、7.9%。《我国未成年人数据保护蓝皮书（2023）》数据显示，上网听音乐和玩游戏是未成年人的主要网络休闲娱乐活动，占比分别达到63.0%和62.3%。"要想毁了孩子，就给他一部手机吧！"青少年的网络沉迷问题成为老一辈人对Z世代的担忧。

从早晨醒来的第一声消息提醒，到夜晚熄灯前的最后一刷社交媒体，网络已成为他们日常生活不可或缺的一部分。饮食有美团、饿了么、大众点评，运动有Keep、Fit、悦动圈，学习有中国大学生慕课、知乎、粉笔教育……Z世代为何如此依赖网络？这样的生活方式是否健康可持续？

从更广泛的影响来看，对于网络的依赖会加深他们的"社会隔离"程度。线上狂欢线下沉默是现今很多Z世代的社交方式，他们喜欢在豆瓣小组、微博社区等社群中找到与自己兴趣爱好相同的朋友，但是由于各个圈子相对独立且封闭，会形成"文化区隔"。他们在快速便捷互动的同时会形成"信息茧房"，获取的信息逐渐窄化，止步于自己的舒适区，难以形成完整的认知。如果长期缺乏社会沟通和人际交流，他们更加会把虚拟的网络世界当成现实生活，其思想和情感都会与现实生活脱节，这也就造成了Z世代群体不想社交、不懂社交、不会"人情世故"的局面。

2. 多元社交：追求共鸣

随着互联网时代信息渠道的多元化和社交媒体的发展，Z世代的社交方式也日趋多元化，"搭子"社交文化就是其中之一。社交媒体和互联网技术为Z世代迅速匹配不同兴趣圈层的好友，满足Z世代青年跨圈层、跨领域、跨文化的多样化社交需求。网络使人与人的互动交流突破了物理空间距离，有人戏称Z世代正在过着与前人不同的"线上青春"。

2023年中国青年报社社会调查中心对1 335名受访者进行的一项调查显示，72.6%的受访青年表示自己生活里有"搭子"。8.9%的受访青年认为找"搭子"是踏出社交舒适圈、寻求新型社交模式的勇敢一步。Z世代希望摆脱社会对他们的固有成见和刻板印象，渴望更加自由真实的自我表达。他们反感传统的社交规约，崇尚轻松的社交方式。Z世代这种社交心理需求，与"搭子"文化的临时性、松弛感高度契合。"搭友"因兴趣而聚，兴尽而散，不用承担社交压力，也不在乎他人眼光，使得他们可以勇敢地在这种关系中展现更真实的自我。

然而，与网络社交活跃相反，Z世代也在决绝地逃离、抵抗传统的"血亲社交"。在他们看来，传统差序的社会格局中的核心圈——亲缘圈趋于松散甚至融化，因而Z世代也被称为"断亲一族"。2024年春节期间，"农村悄然出现以家庭为单位的断亲"登上热搜榜。截至2024年7月，于2022年底在豆瓣创立的"不愿回家/不想过节联盟"小组人数已超3万。陌生人社会是流动性的社会，因此稳定性成为边缘属性。在外界看来，青年人拒绝甚至反感一切毫无边界感的黏稠化人际关系，他们更喜欢"君子之交淡如水"①，追求"不要麻烦或少麻烦别人"，也向往拥有"别人也不要麻烦我"的清净。从更现实的社会资本和社会网络研究来看，由于强关系链接的往往是那些拥有相同或类似资源的人，它在相同阶层中的意义并没有那么重要；相反，弱关系却大多是联系不同阶层间的纽带，因此，弱关系对于人们获得信息、接触社会资源十分重要。

3. 及时行乐，没福硬享

人生得意须尽欢，莫使金樽空对月。

老一代人成长于资源相对匮乏的年代，他们经历了艰苦岁月，"未雨绸缪"是他们的人生哲学，强调节俭、长远规划和稳定生活，强调为未来做好准备，以应对不确定性。

而Z世代生活在一个信息爆炸、物质丰富的时代，全球化

---

① 管健. "熟人社会"到"日常注重边界感"当代青年社交需求的变化与特点[J]. 人民论坛, 2021 (25): 28-31.

和市场经济的发展提供给他们更多的选择和机会。这种环境培养了他们对即时满足的追求，无论是在消费、娱乐还是职业发展上，他们都更倾向于追求快速的成果和体验。他们不再满足于传统的生活模式，而是勇于尝试新事物，追求个性化和自我实现。

关于生活观念和消费习惯的代际差异，与老一辈人"没苦硬吃"相对的是年轻一代的"没福硬享"。"没福硬享的年轻人"这一话题一度在抖音热榜位列TOP15，最多时有1 625.5万人在看，引起了广大网友的关注和讨论。抖音上某热门视频将年轻人"没福硬享"的行为具象化，例如，遇到20元一瓶的水也要买来尝尝、为了省钱煮泡面却放了火腿鸡蛋等一堆食物成了麻辣烫、点奶茶两杯起送就一个人喝两杯。支撑年轻人这种消费的是一种及时行乐的心理：先苦不一定后甜，但先甜一定甜。年轻一代"没福硬享"的消费习惯更多地发生在食品消费领域，年轻人借"恩格尔系数拉满"来调侃自己绝大部分钱都用在吃上面。

老话说"吃得苦中苦，方为人上人"，而新情境下的Z世代则认为"只要肯吃苦，就有吃不完的苦"。如果老一辈人评价年轻人吃不了苦，那年轻人一定会反问"为什么要吃苦"。"没福硬享"这个词在传统的语境中应该并无褒义，但是在现下的讨论中，年轻人认为该词表明了自己对生活的热爱和对自我的尊重。

棉花糖实验[①]告诉我们，延迟满足的能力即自我控制的能

---

① 棉花糖实验：斯坦福大学WalterMischel博士于1966年至20世纪70年代早期开展的幼儿自制力的系列心理学经典实验。

力，与个体的长期成功和成就密切相关。如果将该实验结果应用到消费领域，那我们似乎应该提醒年轻人：及时行乐是一场骗局，没福硬享也不过是消费主义的陷阱。在即时满足、快速消费的习惯中，Z 世代是否可以培养延迟满足的能力？如何在短期欲望和长远规划之间找到平衡，避免陷入过度消费的陷阱，同时发展出一种更为可持续和负责任的生活方式？

4. 反叛传统，追求个性

"年轻人为什么不生孩子？"

"年轻人为什么不奋斗了？"

"年轻人为什么不愿意加班？"

Z 世代似乎是与传统水火不容的一代。二次元、追星族、自我中心、月光族、非主流、丧文化、斜杠青年、社恐、小镇做题家、走出舒适圈、颜值主义……这些都是 Z 世代的标签，却似乎都无法定义 Z 世代。用单一标签来定义 Z 世代，不是一件容易的事情，他们是态度鲜明、反叛传统、追求个性的一代。

"00 后整顿职场"引起了社会的广泛关注。该现象表现出青年人独有的语言和行为特征：在语言表达上，反对"职场 PUA"和"职场画大饼"；在行为上，求职前进行"反向背调"和"明确规划"，入职时"理性拒绝"不合理要求，离职时则"谨慎处理"相关事宜。[1] 关于"00 后"能否真正整顿职场还有待商榷，但不可否认的是，年轻人正在创造张扬自身时代特色的新的价值

---

[1] 张良驯，范策."00 后整顿职场"现象：特征、缘由和对策［J］.青年探索，2023（2）：76-85.

观，并呈现出鲜明的群体独特性。①

在传统观念中，上学、就业、买房、结婚、生子、养老，每个人都需要"在什么时间干什么事"。这就是美国社会心理学家Bernice Neugarten 提出的"社会时钟"的概念，即"社会对与年龄相适应的行为的共同预期"。然而，随着社会的变迁，Z 世代正在逐步打破这些陈规，以全新的视角重新定义这些大事，他们以"逆社会时钟"来打破"社会时钟"的规范性，努力寻找属于自己的时区。Z 世代已经开始反思，是否只有高分才能定义优秀、是否只有结婚才能衡量成功？他们越来越重视个人的情感需求和生活质量。

"新型啃老"还是"全职儿女"，"失业"还是"gap year"，"不上进"还是"反内卷"，定义上的差异展现的是外界期待与 Z 世代内心的拉扯和对话。他们不再满足于社会的传统期望，而是在探索一种更符合自我价值和生活理念的方式。"新型啃老"可能被看成是依赖父母，但在某些情况下，它也是年轻人在经济压力下寻求进一步教育和职业发展机会的一种策略。"全职儿女"则是他们对家庭责任的一种重新定义，强调了对家庭成员的关爱和支持；"失业"在传统观念中常常带有负面含义，但"gap year"则代表了一种积极的生活选择，年轻人利用这段时间进行自我探索、旅行或志愿服务，以丰富人生经历和提高个人能力；而"不上进"的标签背后，"反内卷"实际上反映了 Z 世代对于工作和生活平衡的追求，他们拒绝无休止的竞争和加班文化，更

---

① 杨雄．"00 后"群体思维方式与价值观念的新特征［J］．人民论坛，2021 (10)：18－22．

倾向于追求高效、有意义且能保证个人福祉的工作方式。这种态度的转变反映了Z世代的自我意识在旺盛地成长，对个人权利、个人自由、个人选择有了更高的追求。

"挣扎中"的Z世代

1. 躺平和内卷并存——Z世代的仰卧起坐

清晨五点半的教学楼，一片琅琅书声，鲜红的高考倒计时让每个高中生都奋力燃烧；晚上九点的办公大楼，白领们还在格子间继续加班，没完成的工作也要和疲惫的身体一起回家；周末在香火缭绕中，Z世代青年在财神庙前长跪不起，排长队等待与法师一对一交流；年轻人逃离一线城市，回到家乡或小城市过低物欲、慢节奏的生活。可以说，年轻人在经历"卷的时候想躺，躺的时候想卷，永远年轻，永远左右为难"的矛盾现状，在生活里不断仰卧起坐，向上要拼尽全力，向下又绝不甘心。

"躺平"作为一种社会心态，最早起源于网络论坛，它反映了部分年轻人对于高强度压力和快节奏生活的消极态度。他们选择放弃过度的名利竞争，从高强度的社会竞争场域中撤离，转而追求随遇而安，内心的平静和生活的简单对他们来说更加重要。

与"躺平"现象相对应的是"内卷"现象的加剧。"内卷"在Z世代这里是指非理性的内部竞争或"被自愿"竞争。意味着资源有限竞争激烈，竞争者需要付出更多的努力去争夺有限的资源，努力所获得的收益的边际效益严重递减。据教育部公布的数据，2024年我国高考报名人数为1 342万人，比2023年增加51万人，高等教育毛入学率达到了60%，全社会接受高等教育的人口达2.5亿人。这意味着越来越多的年轻人拥有高等教育背景，就业市场的竞争也日趋激烈。豆瓣"985废物引进计划"小组里，困窘于"名校光辉"的年轻人找不到合适的工作；"粉色披肩①，月薪三千"的文科生自嘲，都反映了在这样的背景下，许多年轻人被迫卷入内卷的旋涡，低水平就业、加班、熬夜成为常态，生活节奏加快，"压力山大"。面对前所未有的压力和挑战，Z世代既渴望成功和认可，又备感疲惫和无力。

在本团队开展的"中国青年消费力＆Z世代消费行为"调查（后文统称为"本团队调研"）中，受访者萧子寒是一名刚刚步入职场的年轻人，她表示："我现在每天都在努力工作，希望能够得到晋升和加薪的机会。但是，我也感到很迷茫和焦虑，不知道自己是否真的能够摆脱内卷的命运。"

出于对无休止竞争压力的逃避，Z世代既以"躺平"回应非理性的"内卷"，又在犹疑与自我否定中选择"内卷"进行自我突围。大学生王宇轩表示："我高中在河南读书，每分每秒都要抓紧去学习，高考对我来说真的是千军万马过独木桥，我那时候恨不得刷完所有的题。而上大学后我总会变得松弛懈怠，好不容易努力几天又会原地躺平。"

网络中流行的各类热梗，也真实地反映了他们的心理状态。"小镇做题家"们"算我做题多"的自嘲，大学生的"脱下孔乙己的长衫做牛马"的戏谑，风靡全网。更有不少年轻人走入寺庙、信奉玄学，采取摆烂式躺平。但绝大多数的Z世代不是单一地陷入内卷和躺平的状态，而是在两者之间寻找动态平衡。虽然

---

① 粉色披肩：Z世代对文科学位服的戏称。

许多Z世代把自己定义为"卷又卷不动，躺又躺不平"的"45°青年"，而事实上这是他们努力在内卷高压环境下保护个人的身心健康，也能在躺平状态下保持对生活的热爱，并且找到自我的价值与方向的选择。在仰卧起坐中，Z世代似乎试图掌握生活的平衡术。

2. 多元文化和传统标准——在价值观的裂缝中挣扎

在全球化的浪潮中，Z世代作为与中国互联网共同成长的一代，其价值观在多元文化的冲击下呈现出前所未有的复杂性和多样性。在信息爆炸的当下，Z世代群体的视野更加开阔，思想更加活跃，拥有通过互联网探索世界和工具运用的敏锐感，通过社交平台不断进入新的社交圈层，对不同文化的接纳和融合表现出了惊人的包容性和适应性。他们认同多元文化的价值，并愿意接受不同文化的影响。他们不再局限于传统的价值观，而是积极探索和接纳全球各地的文化元素，形成自己独特的价值观。

然而，在追求个性和自由的同时，Z世代也面临着价值观的混乱和困惑。在吸收多元文化的过程中，传统的标准也同时限制着每个个体，使他们不知道应该如何选择和判断。在多元文化的冲击下面临着价值观的困惑，在寻找平衡的过程中，既展现出了更加现代前卫的观念和创新精神，也暴露出了一些困惑和挣扎。

受访者黄萌表示"我在网络上学到了女性不应该被困在家庭里，也可以成为家庭的经济支柱，不论是照顾小孩还是家务劳动，都需要夫妻双方共同承担。但是家里长辈一直给我灌输着'男主外，女主内'的观念，就业市场上也更加关注女员工的婚育问题，这让我感到割裂。"另一位受访者贺小怡则表示："我现在根本就不想结婚，可爸妈总是催婚。我觉得婚姻在人生中不是必要的，如果要结婚也要建立在平等和相爱的基础上，不能限制我的自由。但是父母却觉得到了一定岁数就必须抓紧时间结婚，并且结了就要不惜一切代价维护婚姻，离婚会被视为丢人。我经常被催婚，有时候也会动摇和疑惑，要不然随便找个人结婚吧？"

对于Z世代来说，如何在多元文化的冲击和传统标准的裂缝中保持自我认同和价值观的稳定，是一个重要的课题。年轻一代需要学会在多元文化的冲击下坚持自己的价值观，同时也要保持开放的心态，接纳和学习不同文化的优点。但多元文化并不意味着价值观的相对主义，仍然需要坚守基本的道德底线和社会规范。只有这样，Z世代才能在多元文化的浪潮中找到自己的方向。

3. 线上发疯和现实规范——寻求自我和现实限制的张力

"好啦，这才是我。没有板烧那么漂亮，没有猪柳蛋那么精致，没有双吉那么的受欢迎，也没有咔滋脆那么的OVER。我叫麦香鸡，是麦当劳万千汉堡儿中，最平凡的一个。"当你在网络上看到类似这种的小众文字，你是会迷惑于它语言的抽象，还是能读懂这"疯言疯语"背后的情感表达而被逗笑？

这样的"发疯文学"脱胎于负面情绪的夸张表达，将嬉笑怒骂通过缺乏逻辑性的文字演绎得淋漓尽致，幽默地书写了Z世代群体的个体叙事。这种文字不仅具有字数堆砌的压迫感，如"我难过了，别人说我难过了好像真的世界毁灭了，躲在网络背后的我仿佛被看穿了，这种感觉很难受。我只是想穿上衣服之后再认认真真写评价，为什么你要这样子讲我，好像我是那种在人有困难的时候不愿意出手相助的人……"而且有逻辑混乱的失序感,如"我精神状态挺好的呀!我神状好挺态精的呀!"

线上的Z世代群体通过"扭曲,爬行,破碎,尖叫"来缓解负面情绪,以个性化表达挑战传统规范。但回归实际生活,面对学校、职场和家庭,年轻人却回归了克制冷静,毕竟在表达上中国人历来讲究"喜怒不形于色,好恶不言于表,悲欢不溢于面",在行为上追求"静以修身,俭以养德",年轻一代努力在社会规范的框架内实现自我价值。

从拟剧理论①视角来看,青年在现实社会这个前台努力按照社会规范进行社会角色扮演。现实里高素质有礼貌的"清澈大学生",在后台的网络世界里也会因为经历挫折和内耗后怒吼:"人哪有不发疯的?硬撑罢了",焦虑得好像成了拼命呐喊、饱含生命力的生活斗士。个体借由匿名性展现自我,宣泄情绪,表现为情绪的数字化与符号化、抽象文学和梗文化。他们在网络上的狂野呐喊是对个性的坚持,在现实中的谦和守矩则是对社会秩序的尊重。在对自由的呼唤和现实的适应中寻找自我,担当责任,在这种张力的平衡中,书写自己的故事。

这是一个急剧变化的时代。

Z世代是一代"完全的移动设备用户",各种眼花缭乱的标

---

① 拟剧理论:以戈夫曼为代表人物的用以解释人类行为的理论。认为人就像舞台上的演员,要努力展示自己,以各种方式在他人心目中塑造自己的形象。其核心概念是"印象管理"(也称"印象整饰"),意即在人际互动过程中,行动者总是有意无意地运用某种技巧塑造自己给人的印象,选择适当的言辞、表情或动作来制造印象,使他人形成对自己的特定看法,并据此作出符合行动者愿望的反应。

签嵌套叠加，构筑起与前代人的高墙壁垒。

刻画Z世代，无疑是很难的。

从个体叙事来看，Z世代的画像更像是一个万花筒。Z世代在他人眼中是一个个的花式"标签"，而Z世代自己的感觉却是"挣扎"。

02　宏大叙事下的"不一样"

当用"世代"来定义一个群体，那就意味着这个群体与其他群体存在着客观的显著的代际差异。因思想观念、生活态度、兴趣爱好等方面的"不一样"，世代之间会产生心理隔阂，这就是我们所说的"代沟"。每个世代都有鲜明的时代特征，个人的成长会被宏大的社会叙事打上厚重的时代烙印，共同成长经历塑造了每个世代的群体性格，这个群体的喜好、理念、意识以及心理特征等也会反过来影响时代的潮流和趋势，成为时代发展、社会进步、生活变革和潮流演进的推动因素。

Z世代成长最显著的时代背景，无疑就是互联网的兴起和加入WTO后中国经济的腾飞。理解Z世代，必然要将其置于宏大的时代叙事中：共同亲历的重大事件会深深烙印在他们的成长记忆中，影响着整个群体的生活方式和行为准则。社会发展的成果也深刻地改变着Z世代的习惯与思维，作为互联网"土著"和中国经济发展的受益者，他们拥有其他世代无可比拟的科技优势和优渥的物质条件，形成了完全不一样的文化圈层与价值观体系。

在网络社会中，Z世代是一个独特的群体，自小就能熟练地驾驭即时通信软件、社交媒体，跨越物理空间的界限与时代发生对话与碰撞。他们摆脱了对父母的依附，却可能脱离了真实的世界，困在信息茧房里。伴随智能终端的普及，泛滥的社交与娱乐信息将时间片段和生活空间切割成许多碎片。优越的条件刺激了个体意识的觉醒，个性张扬和崇尚自由也就成了他们显著的特征。宏大叙事下的Z世代是无数个独特而鲜活的年轻灵魂，在中国快速发展进程中，他们也被小规模家庭、少子化社会、快速城镇化等景象所影响，不断进行自我调适。

> 不识庐山真面目，只缘身在此山中
> ——苏轼《题西林壁》

互联网的"土著"

1. 信息茧房

Z世代是天生的网络原住民。拥抱了互联网，就拥抱了Z世代，这绝不是夸大其词。1995年以来，以互联网为基础，个人电脑、电话、智能手机等相继出现并普及，互联网产业蓬勃发展，每个Z世代都寻求在网络中找到自己的一席之地。

互联网打破了山川河流的地域藩篱，将各色各样的人群联结到了一起。然而，这种联系并不是像纸面上写的那样轻松且直白，而是复杂而隐秘的。互联网为人们提供了一个进行虚拟活动的平台，你可以在这里与人交谈、抒发感想或自娱自乐，互联网包容了这所有的一切。但有人的地方就有江湖，所谓"信息茧房"便是尝试从问题视角对互联网江湖进行描述。互联网为身处其中的人们提供了无限的可能与无数的信息，然而人类的认知能力却是有极限的，就算是熟练使用互联网的Z世代也毫不例外。"信息茧房"就是描写那些沉浸在自己兴趣范围内信息的人们,没有能力也没有动力去走出自己的舒适圈,最终导致开放无限的互联网中不同的群体反倒有了无法逾越的藩篱。"信息茧房"是从问题视角对互联网进行描述的,反映了互联网中不同的人群相互有着不同程度的隔离,现在,人们称之为"亚文化"。

2. 亚文化

亚文化是与主流文化保持一定距离的文化意义系统、表达方式或者是生活方式。如果说 Z 世代之前的亚文化用"叛逆""激进""浮夸""越轨"等词就能够加以判定的话,那么到了 Z 世代生活的如今,那种判定方式便早已经不能适用了。在现在这样一个多元化的时代,亚文化几乎将 Z 世代的所有生活方面都包括其中,不胜枚举:汉服圈、洛丽塔、二次元、网文圈、单机圈、同人圈等。圈外有圈,圈层往下无限可分。那么 Z 世代的亚文化实践又是什么情形呢?

例如角色扮演(Cos)圈,成员出于对动漫作品中人物的喜爱,在现实中购买相关服装配饰,以自己的身体为展示场所,让动漫中的人物降临自己身上。在个人层面上,他们会因为这样的行为而感到愉悦;在组织层面上,圈内有各式各样的互动为亚文化圈创造凝聚力。线上他们会互相交流关于动漫、角色以及 Cos 装束手法等内容。线下他们在以二次元为主题的活动场所上聚集,各自 Cos 自己喜欢的角色,进行相互之间的拍照"集邮"等集体活动。在这些群体内及向外展示的活动中,人们相互交流,创造了共同的回忆，展现着独属于自己群体的认同与文化。[1]

每个亚文化圈层都是通过群体内交流与活动组织起来的。虽然可能某个人既参加了 Cos 圈的活动，也因热爱汉服文化，是汉服圈的一员。但如同前文所说，一个人的精力是有限的，出于趣味取向，在浩如烟海的亚文化中，每个人只能选取自己所喜欢的投入其中，这就不可避免地造成了 Z 世代群体亚文化的多元性，以及各亚文化群体之间的隔阂。如大学中的动漫社，其关于"二次元"文化的组织活动可以促进群体内部交流，但也会造成"次元壁"，即喜爱二次元文化的群体会倾向于不与圈外人员交流二次元文化相关的内容。动漫社的活动很大程度上是"圈地自萌"，圈子也不会向外扩张与交流。所以我们可以说 Z 世代在亚文化中找到了自己的栖身之所，但亚文化也在横向上将 Z 世代划分成不同的群体，相互隔阂，部分导致他们碎片化生活。

3. 碎片化的生活

亚文化从横向上切割了互联网中的 Z 世代，而互联网奔腾不息的信息流又从纵向上切割了 Z 世代。信息具有时效性，互联网让信息的时效性变得更加短暂，这种短暂不再是像"长江无穷而吾生须臾"那样充满哲学意味的悲叹，而是人们在农耕社会未曾体验过的工业社会也不能企及的洪水猛兽一般的商业洪流。互联网环境中的人们尽管内心已然接受了时尚的瞬息万

---

[1] 周赟，刘泽源. 认同机制构建视角下青年亚文化现象解读——以 Cosplay 亚文化为例 [J]. 当代青年研究，2018（2）：5–11.

变，却也不得不感叹这时尚变化太快，要跟得上潮流实在太难。可以想象，当一种时尚刚刚火起来就马上被别的时尚替代时，人们将会陷入怎样的尴尬和迷茫。例如，国潮风刚刚流行，几乎昼夜全勤在线的Z世代便会立即捕获信息并将"国潮"刻入脑中。于是，国潮马上便被津津乐道，变得尽人皆知。而当国潮被大多数人喜闻乐道而"普及"时，也就意味着它不再时尚，变"土"了。紧接着下一个诸如多巴胺、格雷系等的商业"时尚"登场，但又很快成为转瞬即逝、用完就扔的"快消"搭档。

互联网对Z世代的纵向切割不仅仅停留在稍纵即逝的时尚表象上，更是对Z世代入脑、入心、入魂的精神切割。短视频娱乐方式的流行就是一个典型事例。盯着手机屏幕，动动手指，听着视频里传来的笑声，就可以促使大脑分泌多巴胺。自古以来哪有这么轻松"有性价比"的消遣？这可比打球、跑步等费时费力的运动放松便利太多，也比看书绘画等费脑费心的文艺消遣门槛低太多。无怪乎老一辈痛斥孕育短视频的网络为"电子海洛因"，只不过，这一次老一辈也没能抵抗住诱惑。

觉醒的"她"力量

Z世代女性在经济独立、教育提升、性别平等、文化创新和家庭角色等方面展现出了前所未有的活力和影响力。Z世代女性正以其独特的智慧和力量引领着社会的进步和变革。

经济独立是Z世代女性力量凝聚的重要标志。她们普遍接受过良好的高等教育和专业培训，陆续进入各行各业，包括传统上被认为由男性主宰的科技、工程和金融行业，她们的职场表现证实了女性同样具备在这些领域取得成功的能力。同时，Z世代女性也展现出了强烈的创业精神，致力于创造更好的工作环境和待遇。她们创立自己的企业，打破传统行业的性别壁垒，推动同工同酬，提高婚假产假等福利待遇。[1] 教育水平的提高为Z世代女性的崛起奠定了坚实的基础。她们在高中和大学阶段加倍努力，得到相对更多、更高的学位和荣誉。这些学习经历和成就不仅为她们的职业发展铺平了道路，也为她们在社会各个领域的参与提供了有力支持。逐步成长壮大的Z世代女性，还会借助在线教育平台和社交媒体分享知识，成为各领域的意见领袖，影响着更广泛的受众。她们在政策制定中发声，推动法律改革，确保女性在政治、经济和社会领域的权益得到保障。

家庭角色方面，Z世代女性勇于挑战传统性别角色划分。她们在家庭中的角色更加多元化，既可以是职业女性，也可以是全职妈妈，或者两者兼顾。她们遵循传统家庭教育模式中优秀的育儿方式，也积极鼓励孩子独立思考和个性化发展。她们在家庭中的平等参与和贡献，推动了家庭内部资源更平等地分配。

这些不仅改变了女性自身的命运，也对整个社会产生了深远的影响。她们的行动和声音，引发了整个社会对性别角色和女性地位的重新思考，并继续激励着未来的新世代，推动社会向着更加平等和包容的方向发展。

---

[1] ［法］西蒙娜·德·波伏瓦. 第二性［M］. 上海：上海译文出版社，2009：904.

大时代下的个体

1. 这是最好的时代

人类积攒了几千年的财富，所有的知识、见识、智慧和艺术，像是专门为你们准备的礼物。科技繁荣、文化繁茂、城市繁华，现代文明的成果被层层打开，可以尽情地享用。

B 站（Bilibili）2020 年的新年献词《后浪》的视频发布后，在网络上引发了两极分化的评价。弹幕上有人表示年轻人应该热爱生活、胸怀理想、表达自我、努力拼搏、朝着未来努力奋斗、尽情奔涌；也有人认为自己"被代表"了，面对生活的重压，自己早已丢失了当初的梦想。

如查尔斯·狄更斯所言，"这是最好的时代，也是最坏的时代。"在这个物质充裕的时代背景下，Z 世代被寄予了特殊的期望。Z 世代成长于数字化技术进展迅速、信息知识丰富的时代，他们可以接触到最新的技术，迅速获得各种高质量的教育资源和知识，他们可以用技术来改造生活，甚至是引领潮流。社交媒体和网络平台的发展为他们提供了表达观点、参与社会运动和公共事务讨论的机会，他们可以更积极地参与社会治理，开放的环境也为他们提供了多种价值观的选择。站在"过来人"、社会乃至时代的肩膀上，他们被期望能够看到更远的未来。对于 Z 世代自身来说，他们也需要在物质和精神之间寻找平衡，在享受物质成果的同时，有能力超越物质、追求更深层次的精神满足。

一代人有一代人的担当，一代人有一代人的历史际遇。作为过来人也不必忧虑一代不如一代，Z 世代作为当下的青年一代其实也并非只有"叛逆"与"非主流"的一面,他们不仅仅是时代的见证者,更是积极的参与者和创造者,用实际行动诠释着他们的担当与奉献。他们或在奥运赛场上为国争光,或在科研领域攻坚克难,既面临着难得的人生际遇,也勇敢肩负起继往开来的时代使命。

从"Z世代"这一与时代紧密相连的标签中,我们不仅窥见了无数个独特而鲜活的年轻灵魂,更深刻感受到了这个群体身上镌刻的时代印记。他们以数字技术作为桥梁,跨越物理界限,不断地与这个时代对话、碰撞,乃至重塑,构建着属于自己的文化圈层与价值观体系。

2. 大事纪

每个世代有不同的时代记忆,不同时代的记忆塑造了不同样态的世代。德国社会学家卡尔·曼海姆等人提出了代际社会学的核心概念"社会代",指的是因深受所处的特定社会历史环境和重大历史事件的影响,同龄人会形成了极强的代际认同与鲜明的代际特征,从而与其他代之间在价值观念、行为模式和社会认同上具有显著差异。中国的Z世代身处改革开放以来发展最为迅速的时代,经济的持续高速发展,让他们领略了前人未曾经历过的繁华,成长中衣食无忧,在国家强大中感受到自豪与自尊,使他们的生活有了更多的可能。科技的日新月异与教育的迅速普及,使他们有更为开放的头脑、更具创意的思考和更加不同的生活方式。他们是"天生的电子土著",从小就与网络信息时代无缝对接,受数字信息技术、即时通信设备、智能手机产品等影响比较大。科技与教育正在以前所未有的速度塑造他们的世界,但与此同时，几千年来的中国家族式抚育模式也发生了根本性改变，倒金字塔形家庭人口结构，让"独二代"的 Z 世代自小就成为家庭关注和宠爱的焦点，但他们也面临长大后的前所未有的就业、婚姻和养老压力。

时代的印记会深深地烙在 Z 世代身上，并留下鲜明的特征。他们对所经历的大事件津津乐道，也被这些大事件所影响改变着。以 2008 年来说，开年的南方冰灾使许多年幼的 Z 世代第一次有了"因为我们是一家人"的揪心牵挂，汶川地震又让他们体会到什么是众志成城、多难兴邦的责任，其后奥运会的"北京欢迎您"又让他们感受到了热泪盈眶激动不已的自豪。每个时代都有自己鲜明的特征，在这激荡变革的年代，Z 世代经历着前所未有的社会巨变，他们生活的富足与充实超过了历史上任何一代人，以至于他们在这个魅惑的世界里逐渐失去了现实感，怀揣着理想主义沉浸在虚拟的网络世界中。但同样他们也经历着地震、疫情等突如其来的挫折或变故，感受到个人力量的弱小与无助，感慨波澜壮阔的国家意志和群众力量。我们无法刻板片面地去定义 Z 世代，他们永远是生动而多变、多元且立体的存在，个性张扬却又带着明显的时代特征。

> **附：Z 世代大事件时间轴（包括但不限于）**
> 1995 年　中国互联网元年
> 1997 年　香港回归
> 1998 年　特大洪灾
> 1999 年　腾讯 OICQ（QQ 的前身）上线；高校扩招；南

斯拉夫联盟使馆被炸事件；澳门回归

2000 年　千禧年

2001 年　中国加入世界贸易组织；北京申奥成功；美国 9·11 恐怖袭击事件

2003 年　淘宝网成立并推出支付宝服务；非典疫情；神舟五号飞船发射获得圆满成功

2004 年　刘翔雅典奥运会男子 110 米栏夺冠

2006 年　取消农业税；长江三峡大坝全线建成；青藏铁路全线建成通车

2007 年　嫦娥一号发射成功；农村义务教育学杂费免除

2008 年　南方特大冰灾；汶川特大地震；京津城际铁路通车运营；北京奥运会成功举办；奶粉"三聚氰胺"事件；美国次贷危机

2010 年　中国成为世界第二大经济体；上海世博会成功举办

2011 年　利比亚撤侨；日本福岛核泄漏

2012 年　提出中国梦

2013 年　发起"一带一路"倡议；中国成为世界第一货物贸易大国

2014 年　首届世界互联网大会在浙江乌镇举行

2015 年　成功申办 2022 年冬季奥运会；实施"精准扶贫"

2016 年　实施"全面二孩"政策；英国脱欧

2017 年　中国第一艘自主设计建造的航空母舰"山东舰"下水

> 2018年　中美贸易摩擦；港珠澳大桥开通；北斗三号基本系统宣告建成
>
> 2019年　中国通信行业进入5G时代；嫦娥四号实现人类首次月背软着陆
>
> 2020年　新冠病毒全球大流行；脱贫攻坚决胜年；英国正式脱欧；提出"双碳"目标
>
> 2021年　建党一百周年；实施教育"双减"政策
>
> 2022年　北京冬奥会和冬残奥会成功举办；俄乌冲突爆发；ChatGPT发布
>
> 2023年　国产大型客机C919首次商业载客飞行成功
>
> 2024年　巴黎奥运中国代表团取得40枚金牌，获得海外参赛最佳成绩，多项赛事取得历史性突破，如男子4×100米混合泳接力赛中国队夺冠、郑钦文获网球女单冠军
>
> 2025年　国产动画电影《哪吒之魔童闹海》火爆全球，登顶中国影史冠军；杭州深度求索人工智能基础技术研究有限公司推出DeepSeek-R1模型，打破了传统AI发展模式对算力的依赖
>
> ……

互联网原住民的Z世代，赶上了中国经济腾飞的时期。在这样丰富而又驳杂的成长背景中，一方面具有前所未有的包容性，另一方面体现出日渐明显的排他性。

Z世代的群体画像就是这个时代本来的图景。

刻画Z世代，无疑是很重要的。

第二篇

消费世相

03　情绪消费：情感驱动的购买决策

情绪消费往往由消费者的直观感受引起，并在环境氛围烘托下得以强化。它受到情绪的支配，目的也是满足情绪的需求。这个过程中，情绪是因也是果，既导致消费的发生，也是消费之后所感受到的体验。

毫无疑问，强调情绪价值是Z世代消费的一个显著特征。将消费与情绪挂钩，虽然不是Z世代的独创，却被他们发挥得淋漓尽致。本质上，情绪是愉悦自己、抚慰自己的需求，是调节、构建消费者与自我关系的砝码。站在消费关系的角度来理解，情绪消费是消费者通过消费行为体现与内在自我的关系，这在传统的消费关系论述中极少被提及，却被Z世代以各种形式奉行、宣扬。Z世代的情绪消费，恰如年轻群体的情绪，易变、随意，极不稳定又需求强烈。因而，情绪消费呈现形式多样，涉及范围极广，在各种场合中得以精彩纷呈地展现：积极时意气风发，消极时抚慰疗愈，独处时享受安宁，团聚时群情激昂。

在Z世代看来，消费从爱自己开始。是"爱人如养花，爱己应如是"的愉悦，是"内在小孩"的自我抚慰，是生活中"小确幸"的美好寓意，是"锦鲤""上岸"的积极心理暗示，是甜蜜"多巴胺"的自我赏赞与肯定，是跨物种"家人"的温暖陪伴，是无处不在的仪式感，也是不愿被打扰的属于自我世界的静谧、温馨的感受。

接收人间爱意的开端

1. "爱人如养花　爱己应如是"

周末的清晨，"95后"贺小怡在弥漫全屋的淡淡香薰中醒来，上午去瑜伽馆里放松身心，午间在轻食餐厅享用一份摆盘精致的沙拉，下午沉浸书海，傍晚做一个SPA，晚上看一场期待已久的话剧……

这是她犒劳自己的日常。

如向日葵向阳而生一般，人们生来便追随着爱，爱自己是人生中的必修课程。Z世代们信奉这个消费价值观，把"悦己"作为指南针，引导自身作出当下的消费选择。

截至2024年8月底，微博上有关"悦己"这一关键词的阅读量有1 214.4万、抖音平台上的相关播放量高达1.4亿次，而小红书上的"爱自己""取悦自己"相关话题竟有超10亿的浏览量，[1]"开心就好"成为部分Z世代的生活座右铭，情绪在一定程度上决定了消费的方向。

Z世代们当被问到"在产品或服务购买过程中最看重的部分"时，除"功能价值"选项之外，"情绪价值"选项所占比例最高，达到了40%（见图3-1）。

---

[1] 数据为本团队在相关平台（百度、微博、小红书、抖音和B站等）搜索整理所得，后文此类数据如无特殊说明，时间统一截至2024年8月底。

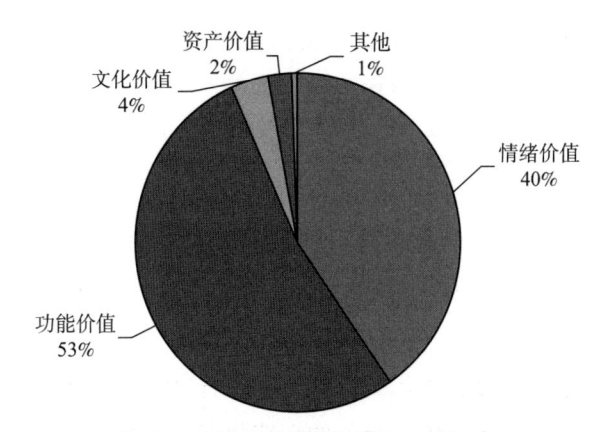

图 3-1 影响 Z 世代消费行为的因素

资料来源：本团队调研。

在本团队调研的"消费动因"问答中，受访者表现出对"享受乐趣"选项的高度认同，表示"认同"和"非常认同"的回答者占调查总人数的 68.3%；选项"表达自我个性"和"缓解压力、焦虑"紧随其后，认同度分别为 45.19% 和 43.28%（见图 3-2）。

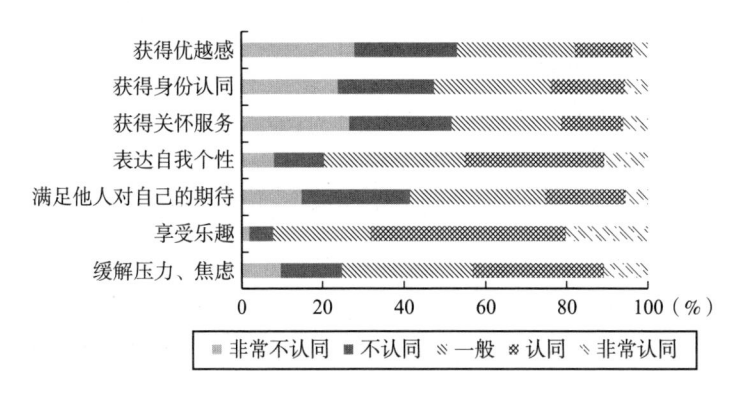

图 3-2 Z 世代情绪消费的动因

资料来源：本团队调研。

作为在多元复杂、相互交织的社会与文化背景下孕育而生的时代群体，Z世代消费体现出"悦己"的核心理念。通过消费取悦自己，"悦己"式消费的最终目的是从消费中获得愉悦感。消费是产品价值与购买者情绪连接后的行为结果，消费者愿意为获取情绪价值而买单。虽然情绪的多样性意味着产品所寄托的情感可能存在差异，但从中获取"愉悦"这一情绪的结果是确定的。

情绪能够直接地决定Z世代当下的消费所需，而同时，消费品的选取也能直观映射Z世代的情绪状态。这个过程中，Z世代始终关注自己内心的需求。

2. "内在小孩"

"长大后养的第一个小孩是自己"。

那个曾经摆放在玩具店橱窗中，迫于种种原因最终没有购买的玩具，如今飞到了哪里？

长大后的Z世代依旧渴望实现自己童年的需求和欲望。从一个玩具或者一场游戏就能充实整个世界的童年，到成长为能够独自面对问题的真正个体，未满足的遗憾或许还在一直延续。

伊贺列卡拉·修·蓝博士在《内在小孩》中提道：所谓的"问题"，不过是"内在小孩"重播出来的记忆而已。

当外部环境中的某些因素触发了内心深层的记忆或情感时，曾经发生过的情景仿佛重现在眼前。而要解决这些"问题"，需要我们正视内心的需求和情绪，面对和接纳"内在小孩"，并采取行动来对他的情感进行回应。

在本团队调研中，当被问到"情绪消费之后的感受"时，认同度排名前三的回答分别为"获得愉悦和满足"（20.1%）、"提高生活质量"和"缓解焦虑和压力"（两项同为16.86%），而"产生空虚感"（5.19%）和"对消费行为感到后悔"（5.78%）这两项的认同度最低（见图3-3）。

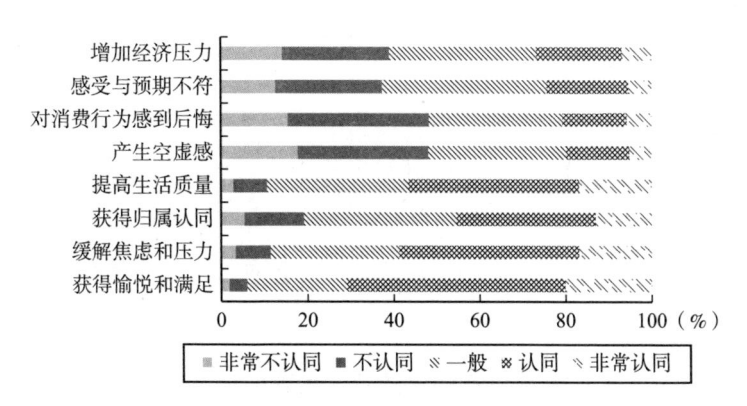

图3-3 情绪消费给Z世代带来的感受

资料来源：本团队调研。

情绪消费是"悦己"的有力手段，"悦己"是情绪消费的内驱力。

无论是从原生家庭的角度，还是从曾经某种物质上存在缺失的角度，他们尝试去弥补内心那个不知道从哪个时刻开始停止长大的小孩，通过这种方式告诉"内在小孩"：其实你值得被爱。

他们不想压抑自己的欲望和渴望，尽可能满足当下所需，信奉"及时满足"，认为给自己带来快乐是人生中的头等大事。其实，世界上的每个人都是幸福主义者，"悦己"这一理念成为他们的毕生追求。

产品背后蕴藏的情绪价值因当下的"我"而存在,它与"我"在精神层面产生了共鸣。

捕捉生活中的小确幸

1. 祝福的"孔明灯"

仪式感是什么?童话名著《小王子》里说,"仪式是使一个日子不同于别的日子、一个时刻不同于其他时刻的东西。"狐狸对小王子说:"你每天最好在相同的时间来。比如说,你下午四点钟来,那么从三点钟起,我就开始感到幸福。时间越临近,我就越感到幸福。"

生日当天,精心设置的仪式感代表着即将实现的愿望。在京东零售内容生态与知萌咨询机构联合研究发布的《2021年京东零售内容生态Z世代消费趋势报告》中,被问到"在一年生活中,哪些时刻会购买商品进行自我犒劳"时,将近半数的Z世代受访者选择了自己的生日。自我犒劳不一定在"生日",自我犒劳还会出现在各种重大节日里,如典礼、宴会,甚至是一场简单得不能再简单的庆祝活动。所以,人生重要阶段、重要节日、获得晋升等回答占比也较高(见图3-4)。

在这些庆典中,每一个仪式都将幸福这一抽象名词具体化,寄托着对美好生活的向往。除夕的烟花照亮了来年的道路,春节的对联传递了新年的美好祝愿,中秋的月饼祝愿了千家万户的团圆和睦。这些消费品为祝福的表达、意义的赋予提供了载体。

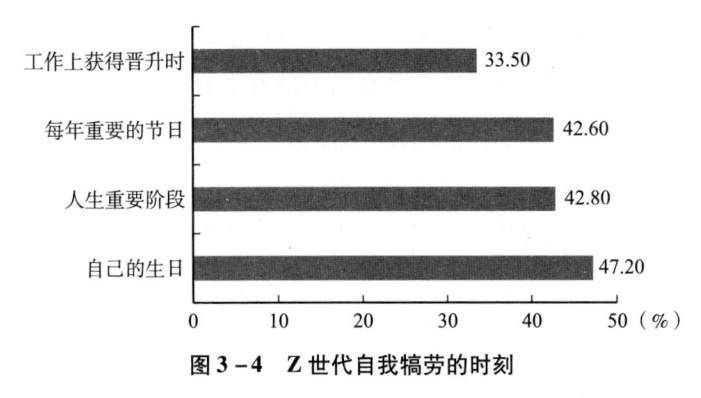

自我犒劳时刻	百分比
工作上获得晋升时	33.50
每年重要的节日	42.60
人生重要阶段	42.80
自己的生日	47.20

图 3-4　Z 世代自我犒劳的时刻

资料来源：《2021 年京东零售内容生态 Z 世代消费趋势报告》。

2. 分泌多巴胺的"小蛋糕"

消极情绪要如何排解？

利用仪式感为自己设置的勉励机制不失为一种方法。

"这两天的考试真是太让人焦虑了，周末来场电影奖励自己吧！"充满仪式感的消费过程就像为了获得能够分泌多巴胺的"小蛋糕"，它们能够在短时间内带来治愈感、缓解消极状态。

在遭受压力、感到焦虑时，甜食受到了部分年轻人的青睐。甜品能够刺激传递快乐、兴奋等情绪的多巴胺分泌，影响人们的情绪。这份"小蛋糕"并不需要多么昂贵，重点是能唤起自我内心的愉悦感。它可以是购买一个能够作为吉祥物的玩偶，也可以是一件便宜但非常特别的 T 恤，甚至可以是一个在二手市场中淘到的手账本。

补偿性消费理论印证了这一点。年轻的 Z 世代们在察觉到理想与实际的不平衡、感到焦虑和迷茫时，通常希望通过在其他方面进行弥补来保持自己对于人生的控制感，利用外界的力量来维持自己的情绪调节机制。而花钱是没有门槛的，消费具备即时享受的功能。在部分情况下，消费行为的发生能够作为消极情绪转移的中介工具、给予慰藉的渠道，使自己开启一段短暂的精神逃离。

他们通过情绪消费的"小蛋糕"，及时制止沉浸于自己内心世界的行为，吸收接纳其他的事物与自己进行精神上的交流，防止深陷于无法自拔的情绪旋涡中。

一个靓丽的盘子能够给燥热的厨房增加一丝乐趣，一只可爱的小玩偶减轻了办公桌上的烦恼，一件优雅得体的服饰可以缓解首次碰面的紧张。

3. 设置响铃的"闹钟"提醒

除了调节消极情绪，仪式感还能对人生的各个意义时点进行标记，为它们赋予不一样的价值。

"秋天的第一杯奶茶"火爆全网，截至2024年8月，小红书上这一话题的浏览量高达4.1亿次。Z世代通过这样一个仪式来标记盛夏已过、新故事开篇。

早晨的一杯咖啡意味着崭新一天的到来，用咖啡的形式灌注一整天满满的能量，为自己加油鼓劲，迎接这一天的挑战。

毕业旅行是属于学生时代的告别仪式。激情迸发的准毕业生们与自己的朋友们讨论确定旅游地点和行程计划，以这种具有仪式感的体验为这一段人生经历画上句号，向下一个目标前进。

京东零售内容生态与知萌咨询机构联合研究发布的《2021年京东零售内容生态Z世代消费趋势报告》显示，Z世代对于仪式感普遍持有积极态度（见图3-5）。

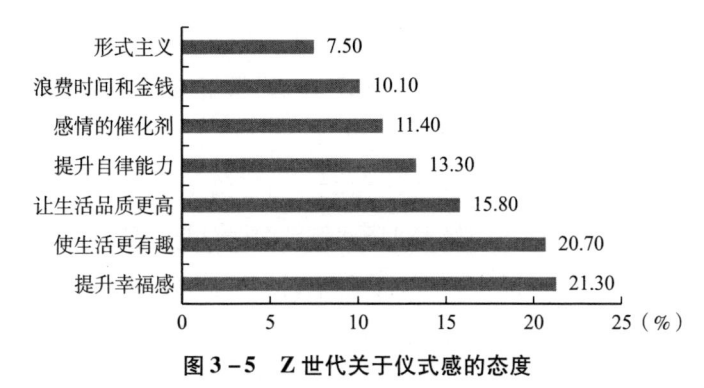

态度	百分比
形式主义	7.50
浪费时间和金钱	10.10
感情的催化剂	11.40
提升自律能力	13.30
让生活品质更高	15.80
使生活更有趣	20.70
提升幸福感	21.30

图 3-5　Z 世代关于仪式感的态度

资料来源:《2021 年京东零售内容生态 Z 世代消费趋势报告》。

存在本身就是意义。仪式为生活增添了趣味。它不拘泥于"有什么意义",也许一个小小的行为就能够提升生活的幸福感,带来欢乐、调动情绪就是它们的价值所在。

通过人为地将看似普通的事物赋予特殊的定义,在仪式感中获取超越产品或服务本身的情绪价值,让接下来的时日值得期待,让平淡的生活充满激情。

平凡将不再"平凡"。

"跨物种"的陪伴

1. 情感寄托——"毛孩子"

"苦了谁也不能苦了'毛孩子'"。

"养己式养宠""养儿式养宠""人化养宠"的说法被不断提出,顾名思义就是用养自己、养孩子的方式,把宠物当作人来养,甚至对宠物的待遇更甚。

这些情况在 Z 世代们身上最为典型。他们称呼宠物为"毛孩子",自称是宠物的爸爸妈妈或者哥哥姐姐,与宠物间产生紧密的联系。养宠,对于 Z 世代们来说是一种缓解压力、体现自我价值感、感知自我存在感的方式。

黄萌大学毕业后就来到了深圳,为了给生活中增加一些乐趣,也能让自己在这个偌大的陌生城市中找寻自己的归属感,她从当地猫咪救助站领养了一只流浪猫,把它当作自己的"亲人"。

当下,宠物对于饲养者的意义已与以往年代完全不一样。饲养的动物早已摆脱了看家护院的工具属性,与主人的关系不止于饲养和被饲养,而是逐步向家庭成员的角色转变,宠物与主人之间是一种紧密的情感纽带。一方面,宠物是一种情感寄托,它可以满足人们的情感需求和精神需求,它们的陪伴可以缓解主人的孤独与焦虑。另一方面,养宠人士在养宠过程中可以感受到宠物的忠诚和爱,获得一种满足感和成就感。

2. 爱"毛孩子"当然要消费

"我可以吃土,但别的小猫咪有的东西,我的小猫咪必须得有!"微博上,网友的一句玩笑话引起了许多人的共鸣。这一届年轻人,在宠物消费上毫不含糊。

从消费人群来看,年轻人已成为线上宠物消费主力军。2022 年贝恩咨询数据显示,Z 世代已成为线上宠物市场增速的最主要贡献者,占线上消费总人数的 26%,位列第一。[1] 年轻人每月养宠花费基本为 200~500 元(见图 3-6),其中 33.11% 的年轻人

---

[1] Z 世代"接棒"爱宠人士 宠物过上品质生活 [N]. 北京青年报,2022-08-21.

每月花销在千元左右。①

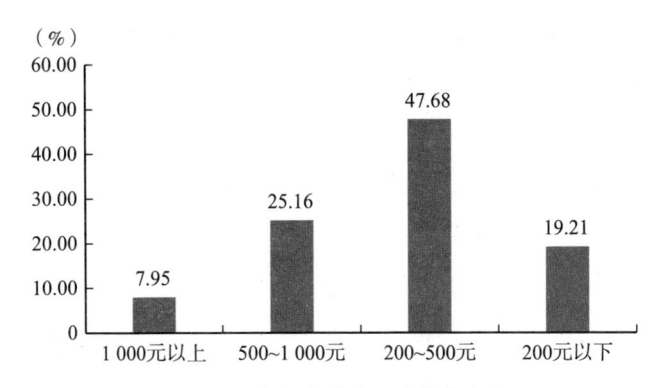

(%)

1 000元以上	7.95
500~1 000元	25.16
200~500元	47.68
200元以下	19.21

图3-6 年轻人养宠月均花费金额

资料来源：克劳锐研究院《年轻人生活消费观察系列研究——萌宠依赖篇》。

星图数据显示，在2024年"6·18"活动中，综合电商平台销售总额达5 717亿元，相比2023年出现了6.9%的小幅下滑。然而，宠物食品销售额却逆势增长，达到55亿元，同比增长10%。其中，天猫宠物店铺直播成交同比增长超50%；京东宠物的成交单量同比增长超42%，新用户同比增长超32%；拼多多宠物品类销售额更是同比增长超200%。②

"自己购物车里三四百元的衣服想了又想都没下单，三四百

---

① 克劳锐指数研究院.《年轻人生活消费观察系列研究——萌宠依赖篇》[EB/OL]. https://mp.weixin.qq.com/s?__biz=MzIxNDA5OTgyNA==&mid=2650852140&idx=1&sn=5b520ac111bfa19b107afcc63eded248&chksm=8c58d933bb2f5025777e17cbd1504947017817af2ffd25c74e59477dbb141a81833d07890d0e#rd.

② 星图数据. 2024年618全网销售数据解读报告[EB/OL]. https://www.digitaling.com/articles/1226189.html.

元的猫粮说买就买"。为宠物投入越来越多的情感和金钱，像养孩子一样照顾宠物，为它们补充营养、改善环境，已经成为年轻人的一个普遍现象。对年轻人来说，为宠物而消费，不仅仅是一种消费形式，更是一种情感寄托。

3. "养儿式养宠"催生细分市场

宠物经济升温加码。

"养儿式养宠"趋势下，不仅宠物用品的需求持续高位增长，宠物市场的消费规模不断扩大，而且人们对待宠物更加细致，宠物经济也衍生出许多细分市场。

在所有细分市场中最被重视的当数宠物食品市场，其中包括了主粮、零食和营养品三类。其次是宠物医疗，主要包括疫苗、体检、绝育、疾病诊疗和宠物护理五大类。此外，还有许多用于提升宠物生活质量方面的细分市场，如清洁护理用品、服饰出行用品、宠物玩具、驱虫药等，并且还催生出宠物寄养、宠物乐园和宠物摄影等服务领域的细分市场。

《2023—2024年中国宠物行业白皮书（消费报告）》报告了2022年和2023年我国宠物行业消费情况，其中消费结构变化情况如图3-7所示。

从消费结构看，2023年宠物食品市场、医疗市场作为主力消费市场，市场份额分别为52.3%和28.5%，其中零食、营养品、药品的消费支出有明显的提高。

从发展趋势来看，为匹配年轻一代人的健康饲养、解放双手、高效清洁、智能监测、隔空陪伴等养宠需求，宠物用品逐渐向智能化发展，如智能猫砂盆、智能饮水机、自动喂食器等。

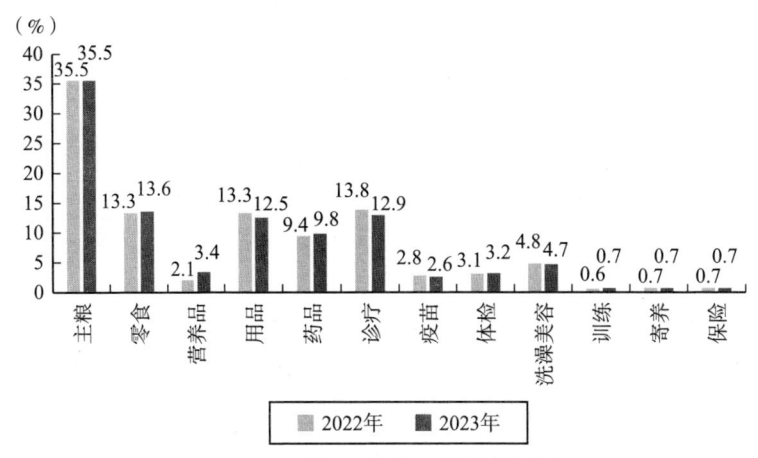

```
(%)
40  35.5 35.5
35
30
25
20
15      13.3 13.6    13.3 12.5    13.8 12.9
10                        9.4 9.8
 5           2.1 3.4            2.8 2.6  3.1 3.2  4.8 4.7   0.7    0.7    0.7
                                                      0.6    0.7    0.7
    主粮  零食  营养品 用品  药品  诊疗  疫苗  体检  洗澡美容 训练 寄养 保险
              ■ 2022年  ■ 2023年
```

图 3-7 宠物（猫狗）消费结构变化

资料来源：《2023-2024 中国宠物行业白皮书（消费报告）》派读宠物行业大数据。

4. 我的"毛孩子"无与伦比

巨大的养宠支出，Z 世代怎么看？

年轻人觉得从宠物那里得到了充分的陪伴，养宠带来了归属感和存在感，那么为维持这种关系而为宠物花钱是一种自然而然的行为。当然，这些会满足他们"被需要"的需要，让他们感受到自己的不可替代性，提升自我价值感和力量感，这是他们平常生活中几乎不能感受到的。[①]

访谈：悲伤的时候抱抱猫咪就好了

受访者：黄萌，女，1996 年生，程序员，现居地：广东深圳

---

① 齐元皎. 当代都市青年为什么喜欢养宠物？专家分析 [N]. 中国青年报. 2022-02-25.

Q：你的养宠情况可以讲一下吗？

A：我养了五只猫。两只狸花，一只玳瑁，一只三花，一只橘白。

Q：那你养宠大概的消费情况怎么样？

A：一个月大概就是猫砂、猫粮、猫罐头和猫零食，总共800元左右。

Q：你觉得你养宠物有得到什么收获和好处吗？

A：家里有猫等着我，心里就有寄托。回家的时候或者不开心的时候，抱抱小猫咪就可以了。

驻扎在虚拟世界的情绪补给站

1. 祈福圣地

漫步在古寺的茂密丛林之间，看香火烟雾袅袅上升，在远远传来的钟声里拥抱宁静感受庄严。他们向神佛诉说心中的愿望，将烦恼伴随着手中的礼佛香一起丢进香炉中。

近年来，寺庙成为各地爆火的旅游景点，北京雍和宫、杭州灵隐寺、洛阳白马寺、武汉归元寺等，都变成Z世代的热门打卡地。他们尝试在虚拟世界中找寻心灵寄托，"寺庙游"成为他们迷茫时获得慰藉的途径。"拜佛文化"兴起，美好寓意和高颜值兼备的手链、手串、佛牌被大多数年轻人所青睐，有网友表示："2 000多块的首饰我想都不敢想，2 000多块的佛牌串珠我不用想，立马拿下。"这实质上体现的是当代年轻人在内卷大环境下的压力消费，这样的压力消费在一定程度上缓解了当代年轻人的焦虑。Z世代群体热衷这类消费的内核在于寻求积极心理暗示或追求平和心态，以达到纾解压力的目的。

2. 好运附体的"锦鲤"

寺庙中的各类"法物"也受到了年轻群体的追求。这些产品的独特的外观设计搭配斑斓和谐的色彩，符合当代年轻人的多元化审美，"开光"的力量则让"法器"变得热销。

年轻人的祈福情感还寄托在其他的大小物件上。他们会购买包含"发财""好运""吉祥"字样的手机壳，换上相应的手机电脑壁纸，在室内摆上具有好运谐音意义的盆栽，在考试前转发锦鲤，在各名人石像前摆满"贡品"，就连财神爷都开始可爱化了。

2023年12月25日，淘宝发布了《2023年度十大商品》。在这个榜单中，虚拟商品"爱因斯坦的脑子"引发了一波讨论。产品以"拍下后自动长到你的大脑上"为功能介绍，定价从0.01元到30元不等。截至2024年7月14日，淘宝上显示，在相似产品中销量最高的"爱因斯坦的脑子加强版"已售20余万件，超5 000名回头客，24小时内有100多件的购买量。

Z世代希望能够从虚拟世界获得积极的鼓励，现实生活中的烦恼让他们投奔至虚拟世界中寻求慰藉。看似单方面的输出，实则接收到了依靠物品而存在的背后情感，这种情感因人而定、因事而定。

在本团队调研中，当Z世代被问到"遭遇挫折时的解决方式"时，超过半数的应答者选择了"独立处理"，还有11%的Z世代们选择游戏等方式，向他人求助占33.33%（见图3-8）。

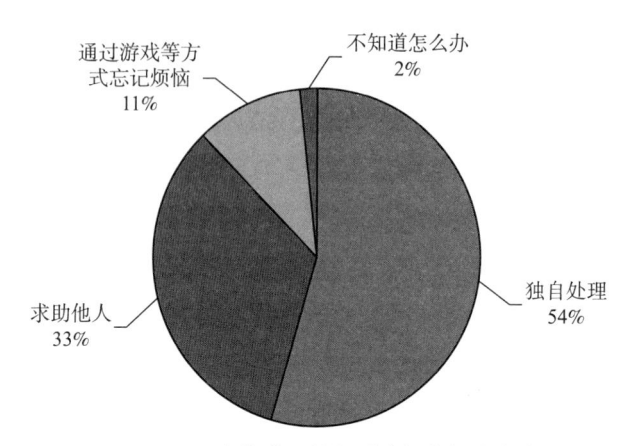

图 3-8　Z 世代遭遇挫折时选择的解决方式

资料来源：本团队调研。

饼图数据：
- 独自处理 54%
- 求助他人 33%
- 通过游戏等方式忘记烦恼 11%
- 不知道怎么办 2%

Z世代知道"请神拜佛"其实无法解决真正的现实问题，他们真正目的是寻求心灵上的寄托和慰藉，放松身心，缓解压力，舒缓情绪。给情绪买单成为 Z 世代面对生活中的压力和不确定性、寻找自我慰藉的一条"出路"。

专属我的情感表达

1. "万物皆可多巴胺"

2023 年夏天，最火的穿搭无疑是"多巴胺穿搭"。

多巴胺也被称为"快乐因子"，是大脑分泌的一种神经传导物质，主导大脑的奖赏机制，刺激着人体分泌"快乐激素"。"多巴胺穿搭"一词来自时尚心理学家道恩·卡伦《穿出最好的人生》，指穿着鲜艳和高饱和度的服装，具有较强的视觉冲击力，能在观者中引发积极的情感反应，释放大量促进愉悦感的神经递质多巴胺。

2023年6月初，网络红人白昼小熊在抖音发布了色彩鲜艳的同色系穿搭的多巴胺熊视频合集，引发了"多巴胺穿搭"的爆火。视频中，白昼小熊身着黄白相间的T恤衫，搭配浅卡其色裤子，脚踩亮黄色平底鞋，走在满是柠檬、橘子等黄色系水果的商店前面，再配上专属夏日的欢快音乐。透过屏幕，都能感受到一股热烈而充沛的积极能量。引得各大社交媒体上的博主达人们纷纷跟风效仿。

紧接着，充满活力的"多巴胺穿搭"时尚风潮迅速蔓延至人们的日常生活。"多巴胺茶饮""多巴胺咖啡"等如雨后春笋般冒出。"万物皆可多巴胺"成为引领潮流的新风尚、吸引社交媒体的流量密码，激发了年轻人对色彩、快乐与积极生活态度的无限遐想与实践。根据抖音平台数据，截至2024年7月31日，包含"多巴胺××"的话题中，有6条播放量超过10亿次，其中1条话题超100亿次播放、微信指数飙升超过1亿。小红书上相关的笔记超过480万篇。

似乎一切带上"多巴胺"字眼的事物都能够迅速俘获年轻人的芳心。

新晋咖啡品牌三顿半正是抓住了当下年轻人对多巴胺配色的喜爱，通过高颜值设计（如不同颜色代表烘焙程度由浅至深），成功吸引了Z世代群体，2023年10月31日至11月3日"抢先购"中，三顿半依然排名天猫冲调类首位、食品类前10。[①]

色彩心理学认为，明亮的色彩能引发积极情绪，促进人体释

---

① 刘捷萍."三顿半"每天发货上万单[N].长沙晚报，2023-11-11.

放"快乐激素"。由多巴胺引发的这种积极的情绪让 Z 世代年轻人摆脱了生活中的压力和日复一日的沉闷感，获得一种积极向上的正能量。这是色彩给予年轻人生活中的小确幸，让他们找到了一个释放情绪的窗口。

多巴胺风格为什么如此受欢迎？因为它"看起来就很快乐"。

2. "每个女性都有一个'芭比'梦"

明亮鲜艳的粉色，精致梦幻的元素，Z 世代不仅追求视觉上的享受，更渴望极富生命力的个性表达。

受 2023 年上映的电影真人版《芭比》影响，芭比美学再次席卷时尚界。在淘宝 iFASHION 和智篆 GI 联合发布的《2023 服饰行业秋冬趋势白皮书》中，甜心芭比位列 2023 秋冬七大风格趋势榜首，趋势指数高达 89.13。Z 世代少女是甜心芭比风的核心受众群体，她们追求极致颜值和社交参与感（见图 3 - 9），热衷收藏 Lolita 配饰、天使棒等少女心配饰。高饱和度、高亮度的"死亡芭比粉"翻红，成了 Z 世代少女所钟爱的多巴胺配色之一。

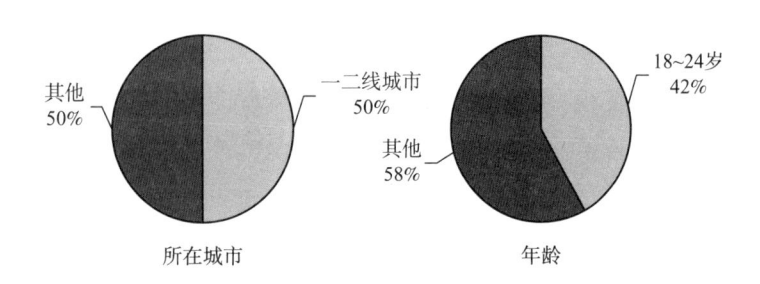

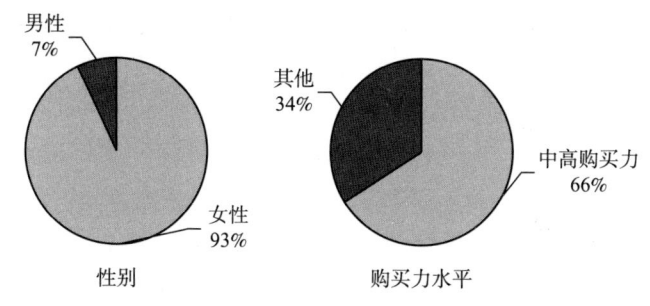

图3-9　甜心芭比风格消费者基础画像

资料来源：《2023淘宝iFASHION服饰行业秋冬趋势白皮书》。

"每个女生都是公主，我觉得甜心芭比风的流行，是一种特别浪漫的方式！它鼓励所有女生穿上具有女性色彩的服装，可以充满自信地展现自我。"某时尚博主如是说。

长江商学院发布的报告《2023职场中的Z世代调研——变与不变：Z世代的价值观、驱动力与韧性传导》显示，在各年龄组中，18~25岁的Z世代群体心理复原力均值最低，焦虑度和抑郁度水平最高。面对家庭期望与社会竞争交织的双重压力，芭比以其独特的魅力为年轻人提供了一扇逃离日常平淡、追求个性表达的窗口。她不再仅仅被视为孩童的玩伴，而是成为"对大学生而言恰如其分"的存在，精准捕捉了当代青年群体的心灵共鸣。芭比粉这一既鲜明又充满活力的色彩，逐渐演化为青春梦想的象征，寄托了无数Z世代女孩对美好生活的无限憧憬与向往。

根据本团队调研，Z世代年轻人在"消费的动因"这一问题上（见本章图3-2），在"表达自我个性"选项中选择"非常认同""认同"两项的人群占比达到45.19%，若将选择"一般"的人群统计在内，占比高达79.61%。这说明通过消费来表达个性进而释放情绪是 Z 世代群体的重要特征。当他们选择穿着高饱和度的流行服饰时，向外界传递着一种积极的信号："我心情很好"，这份喜悦希望与他人分享。

3. "色彩就是生命、欢乐、乐趣"

"多巴胺穿搭"给予日常穿搭新的花样，亮眼活泼的"芭比粉"配色让 Z 世代年轻人进一步展现自我，放飞个性，表达着自由与不羁的生活态度。

从心理学角度来讲，这些高饱和色系穿搭不仅仅是一种穿着风格，更重要的是这种穿着方式满足了一部分爱好小众新奇事物、喜欢尝鲜、追求个性的年轻人的心理需求，给他们提供了一个展现自我的机会。不管是多巴胺穿搭还是甜心芭比风，归根到底都是年轻人需要一个情感宣泄、获取愉悦的窗口，Z 世代通过能够体现自我个性的穿搭来调动正面情绪，提高消费幸福感。

讨论多巴胺不应单一地停留在色彩上，亮丽的色彩所带来的愉悦感才是它所倡导的精神内核。强大而稳定的内核给人以不断的积极暗示，让人拥有好心情，更愿意去面对生活中的那些挑战。

访谈：多巴胺穿搭

受访者：陈鑫杰，男，2004 年生，在读大学生，现居地：河南焦作

一般大家认为个性越鲜明的就会穿更夸张亮眼的服饰，但我觉得这可能是种刻板印象。我身边很多朋友可能喜欢穿多彩的衣

服，但其实个性上比较低调，我也是这样的，就算是头发颜色比较夸张，穿得比较亮眼，其实也经常会社恐，不是那种很张扬的类型。我觉得对我来说，服饰穿搭不是体现我的个性，是体现我的心情，我心情好的时候就会穿得亮眼一点，心情比较平静或者不想社交的时候就会穿得很低调。

让我成为消费中的主导者

1. 今天，你玩"密逃"了吗？

阴暗狭小的空间里，布满了各种机关。除了不远处传来的幽灵般的哀嚎令人惊悚，真人 NPC 的出现更是叫人防不胜防。要想逃出密室，唯一的办法就是通过一个个蛛丝马迹，找到那把象征胜利的钥匙。

高度烧脑，悬疑恐怖，时间限制……

如果你是一位热爱恐怖主题的密室逃脱玩家，这样的场景应该并不陌生。

沉浸式密室逃脱体验是一种集娱乐、教育、探险于一体的新型娱乐方式，不仅是一个智力游戏，还涉及情感共鸣、社交体验、个人成就等多个层面。它让人们在虚拟与现实之间找到了一个完美的平衡点，享受前所未有的沉浸式娱乐体验。近年来，密室逃脱、剧本杀、狼人杀等推理体验类活动大受追捧，火爆的背后离不开 Z 世代消费者的推动。

兴奋迁移理论认为在一个情境中的唤醒将持续，并会增强后来情境中的情绪反应。因此，你所选择的密室逃脱主题越刺激、越有难度，顺利出逃后就越有成就感和喜悦感。通过体验这种提前设定好的场景，消费者全身上下的感官都被调动起来，听觉、视觉、触觉，一应俱全。他们去体验那些日常生活中不曾有过的刺激和乐趣，暂时忘却现实缓解焦虑与压力，沉浸于特定主题实现情感共鸣，通过解决谜题、逃脱密室获得成就感与满足感。

密室的环境和氛围打造，能最大化 Z 世代的情绪体验。

2. "今世簪花，来世漂亮"

古城泉州，"头上簪花围、身披大裾衫、下着宽腿裤、耳戴丁香坠"已然成为南来北往游客的"标配"。每逢毕业季，大批学生涌入泉州，他们头顶绚丽夺目的"簪花围"穿梭在大街小巷，将古城装扮成"流动的花园"。据抖音发布的《2024 非遗数据报告》，簪花打卡视频的播放量增速高达 55 倍，位列国家级非遗相关视频分享的第二。[①]

为什么簪花体验能俘获年轻人的芳心，吸引络绎不绝的游客前来打卡呢？

泉州的簪花热和密室逃脱，本质上都是沉浸式的体验。"沉浸式"的爆火，就在于它"与生俱来"的互动性和体验感，满足了当代年轻人对美好生活的新期待。[②] 戴上蟳埔女的典型发饰簪花围，在当地特有且保存完整的蚵壳厝（当地的特色民居）旁拍照。这种体验让人仿佛穿越回那个几十年前的小渔村，以蟳

[①] 张晨露，李欣然，蒋肖斌. 当簪花成"网红"，别错过非遗的文化内核［N］. 中国青年报，2024 – 06 – 21.

[②] 美团 2023 五一假期消费趋势洞察：味蕾游、沉浸式、住玩一体引领新风潮［EB/OL］. 新华网，https：//www. xinhuanet. com/tech/20230424/a3f9af2cb7c844d690944148d7eab4f4/c. html.

埔女的身份去感受当时当地生活。簪花这种极具当地特色的文化体验，让游客沉浸式感受到了非遗的魅力，收获不同于日常生活的别样人生体验。

美团大数据显示，沉浸式文旅体验的相关消费，有75%都来自20~35岁的年轻群体。2023年的"五一"黄金周，以"沉浸式玩法"为关键词的搜索量环比上涨194%。[①] 沉浸式体验成为大众尤其是年轻消费群体最为关注的核心标签之一，体验感、故事性、游戏性、艺术感成为群体性的消费特征，受众规模呈现指数型爆发。

人们进行活动时，如果注意力专一，过滤掉所有不相关的知觉，完全投入情境当中，就会进入沉浸体验。这种沉浸体验会给予参与活动的个体极大的愉悦感，促使个体反复进行同样的活动而不会厌倦。沉浸式体验消费给年轻人带来的是独一无二的正向情绪价值，让他们可以偶尔摆脱平凡的生活，去感受一种别样的生活经历。同时，在体验的过程中可以获得直接的反馈，情绪也得到了最大程度的释放。

霓虹灯渲染下的夜生活

1. "人间烟火气，最抚凡人心"

评分在9.0以上的美食纪录片《人生一串》有一句经典台词，"没了烟火气，人生就是一段孤独的旅程"。烟火气，不仅是肉眼可见的油烟气，更是洋溢在日常生活中的平凡气息。

[①] 价值星球Planet. 2024消费趋势：情绪价值引导年轻态消费 [EB/OL]. 36Kr, https://www.36kr.com/p/2656639387320585.

"唯有爱与美食不可辜负。"夜幕降临，华灯初上；暑气渐散，人群熙攘。作为湖南省最大的夜市，扬帆夜市在夜色的点缀下渐渐苏醒过来，开始了一天繁忙的经营。升腾的油烟裹挟着浓郁的香气在空气中散开，被烤炙得泛起金黄的肉片在烤架上嗞嗞作响，香味刺激着味蕾，令人垂涎欲滴。

山东淄博烧烤凭借着"小串+小饼+大葱"三位一体的"灵魂吃法"，打开了它的流量新世界，吸引来自全国各地的烧烤爱好者。友好的价格、便利的交通、浓厚的生活气息，让淄博成为年轻人特种兵式旅游的热门目的地。"在淄博会感觉自己是在生活"，一位网友如是说。淄博这座充满烟火气的城市，凭借其所提供的难以言说的情绪价值，成就了这场烧烤狂欢。

烧烤店被年轻人称为"中国版深夜食堂"，在诱人的烧烤面前，Z世代年轻人忘却了白天的烦恼与疲惫，全情投入烧烤所营造的浓郁"人间烟火"氛围之中。三两知己围炉而坐，烧烤桌成了他们分享心事的小天地。在这里，没有赶不完的最后期限，没有对领导上司的笑脸迎合，只有最真实、最纯粹的自我。他们用美食来释放白日累积的压力，在独属于自己的夜晚体味人间烟火气，进行自我慰藉、寻求归属感。

2. "去 Livehouse，是一场快乐的逃避"

炫酷的灯光令人陶醉，震撼的音乐节奏扣人心弦。台上是新生代乐队在倾情献唱，台下是热情似火的观众在嘶声呐喊。门票比演唱会便宜，却可以体验与现场演唱会相媲美的神级现场。高品质的演出、独特的现场氛围，年轻人找到了一个夜间消遣的好去处。

百度指数中对"Livehouse"关键词的用户年龄层分析显示，20～29岁的年轻群体占据了显著比例，高达60%（见图3-10），Z世代成了音乐展演空间（Livehouse）的主要受众。

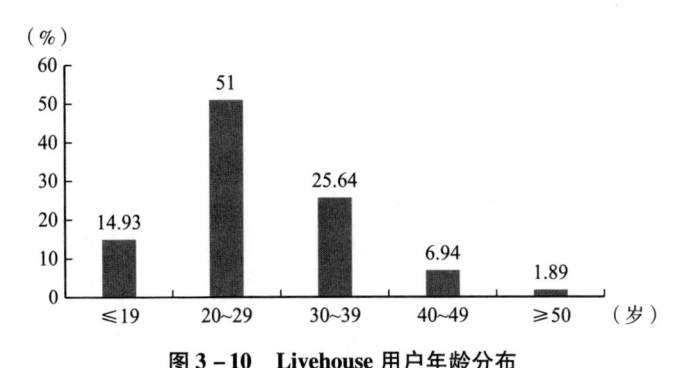

图3-10 Livehouse用户年龄分布

资料来源：百度指数。

越来越多的年轻人踏入这片音乐的海洋，将日常的烦恼暂时抛诸脑后，沉浸于当下的欢愉与释放，尽情享受此刻独一无二的氛围。Livehouse就像一个情感的避风港湾，成为他们逃离琐碎日常、尽情体验生活的地方。

一场Livehouse给当下年轻人带来的不仅仅是单纯的消遣和娱乐体验。在人声鼎沸的音乐现场，Z世代从声音中找到与生活相连的触点。或许是一场单纯的情感宣泄，或许是一场隽永的情感记忆，不变的是他们在Livehouse里得到的情感支持。

3. 今天，你打算几点入睡？

夜晚，熬的不是夜，是那短暂的自由。

"即使明天早上，枪口和血淋淋的太阳，让我交上青春、自由和笔，我也绝不会交出这个夜晚，我绝不会交出你。"北京一隅的社区酒馆，门外赫然挂着北岛《雨夜》中的诗句，字里行间透露出对夜晚深沉而执着的爱。

越来越多的年轻人主动拥抱熬夜文化，间接地助推了中国夜间经济的蓬勃发展。QuestMobile 发布的《2022 Z 世代洞察报告》显示，Z 世代新的活跃时间段是 21 点至 23 点。2023 年全国夜间经济市场规模已超过 50 万亿元。[1]

对于 Z 世代年轻人来说，白天面临着学业抑或工作的沉重压力，夜晚仿佛是一场"情绪出逃"，给了他们一个释放压力、寻找情感共鸣的窗口，在夜色中体验真正属于他们的精神世界。

Z 世代这种选择背后，蕴含着一种补偿心理——当日常中的生理需求或心理需求未能得到满足，个体便倾向于在夜晚这个相对自由的时间里，通过不同的方式寻求平衡，以此来弥补白日的遗憾，缓解内心的焦虑与不安。

寂静的夜生活之所以能够触动人心，主要是因为它精准地触及了当代年轻人内心深处对平凡生活里那份质朴归属感的渴望。这份源自生活的气息，如同温柔的拥抱，让人不由自主地放下防备，畅快地释放内心的情感与压力。

"只有夜晚是专属于我的"，成了当下年轻人的肺腑之言。

情绪消费看起来是为了愉悦自己，本质上却是消费者通过消

---

[1] 王文博，"夜经济"升温激发消费新活力［EB/OL］. 经济参考报，http://www.jjckb.cn/2024-07/05/c_1310780615.htm.

费，达到建设和改善与自己的关系的心理诉求。

"买一件商品让自己开心"，情绪消费在于心理需求的满足，买的不仅仅是商品，更是"心灵的按摩"。

对于Z世代人群来说，情绪消费是一段爱自己的"旅程"。

消费理念从功能向治愈延伸。情绪释放已成为影响年轻人消费决策的重要因素。消费品类从"用"的物质范畴拓展到"愈"的精神范畴，情绪价值不断催生出消费新场景。

看似漫不经心的商品，对年轻人来说是治愈，对商家来说是机遇。

或许这会引领新一轮的消费趋势。

04　社交消费：同群接纳的商业增量

社交消费承载的是消费者之间连接和调整的消费关系，反映的是消费者希望得到同群接纳与认可的社交需求。社交消费往往基于"弱关系"社交网络而产生，崇尚自由的Z世代不愿背负传统社交规则"强捆绑"的压力，希望获得认可又不丢失个性，在圈层中维持着若即若离、亲密有间的微妙关系，通过标签、行为和独特的语言将自己与其他群体区隔开来。

人是社会性动物，Z世代也不例外。社交是Z世代寻找社会定位坐标的重要手段，并通过消费行为将这个社会定位进行强化，消费者的人际关系也映射到他们的消费之中。社交消费具有显著的社交性质，有行为一致性的要求，有时还会基于某一群体特有的价值认同，形成独有的圈层消费文化。在Z世代推动下，社交消费成为商业的增量。成长在中国经济社会急剧的变革时代，特殊的经历让Z世代的社交具有许多独有的特征。缺少同龄伙伴陪伴的孤独童年，父母、祖辈的高度关注和家庭资源的集中，让他们更渴望自由地社交，希望能被同龄人理解接纳，因而，也会在消费中通过某种标签化、符号化的认同来寻找自己的"同类项"。

社交消费在Z世代消费实践中的体现，是剧本杀里的你来我往，是密室逃脱中的共同体验，是寻找各种同道"搭子"的热衷，会在爱豆①的直播中热烈地交互。会玩带有社交"通行证"性质的热梗，会用体现自在平等的奶茶代替身份不对等的白酒……社交消费的形式并非千篇一律，在圈层、地域、人群上都有着明显的区隔，这种差异也同样体现在性别上。

> 人类最基本的需要就是理解和被理解。
> ——拉尔夫·尼科尔斯

为什么都爱剧本杀

"各位玩家，欢迎来到剧本杀的世界。在这里，你将体验到不同的人生，解开复杂的谜题。现在，让我们一起穿越时空，揭开藏在故事背后的真相。"

1. 剧本杀的"前世今生"

2013年，一款源于英国名为《死穿白》的剧本杀游戏首次传入国内。三年后，湖南卫视和芒果TV联合制作的实景演绎推理真人秀《明星大侦探》热播，将剧本杀带入主流大众的视野。此后，以剧本杀、密室逃脱为代表的沉浸式剧本游戏开始受到Z世代的追捧。

剧本杀是一种线下的具有社交属性的游戏，结合了戏剧、游戏和互动元素，它通过创造一个虚拟的故事剧本，将观众置身于其中，让观众成为故事的参与者。这种娱乐形式注重观众的沉浸

---

① 偶像，英文单词idol的音译。

感和参与度，通过互动、角色扮演、破案、解密等方式，使观众能够亲身体验和探索剧情的发展，也能与游戏中的其他伙伴在剧情中进行互动和交流。

剧本杀的"剧本"多样，参与者既可以在硬核本中推理、抓凶，也可以在欢乐本中放松心情，还能够在情感本中体会角色的悲欢离合。可选择在线上低成本方便快捷地加入，也可以在线下沉浸式感受。

2. 剧本杀是席卷Z世代的热潮

近年来，剧本杀在中国迅速风靡，成为Z世代社交和娱乐的新宠。

引人入胜的剧本，全然迥异的角色，几个或熟识或陌生的伙伴围坐在一起，在长达5个小时中感受、演绎不同的人生故事。这种感觉让人着迷。

2021年中国青年报社社会调查中心对1 543名受访者展开过一项调查，受访者中，"00后"占24.9%，"90后"占51.6%，"80后"占19.9%，"70后"占3.1%，其他占0.5%。结果显示：83.6%的受访者参与过线下游戏社交；73.9%的受访者觉得这类游戏有助于拓展社交圈，增加线下联系；90.2%的受访者认为线下游戏社交会成为年轻人社交新方式。[1]

百度指数"剧本杀"关键词搜索显示（见图4-1），年龄小于19岁和年龄在20~29岁的人群是搜索该话题的主要群体，该

---

[1] 孙山，陈文琪. 九成受访者认为线下游戏会成为年轻人社交新方式 [N]. 中国青年报，2021-07-22（010）.

年龄群体对剧本杀的搜索量大、话题度高。此外，小于19岁和20~29岁人群的TGI指数①均大于100，说明该群体在讨论剧本杀上具有更高的偏好和更强的兴趣。这表明，"剧本杀"玩家的主要群体就是当下的Z世代。

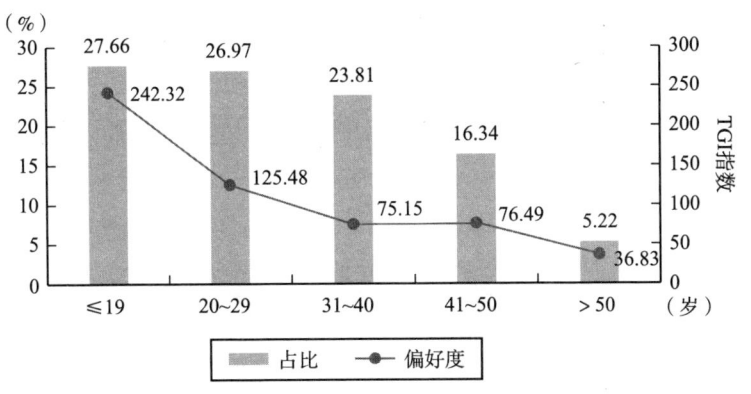

图4-1 "剧本杀"人群属性

注：热度用来描述某个话题、产品、事件或其他事物在一定时间范围内的社会影响力和受关注程度，通常用流行度（是否成为大众关注和讨论的焦点）、受欢迎程度（是否得到大量人群的支持、喜爱或参与）、趋势分析（观察变化趋势推断事物的发展方向和潜在影响）来表示。常用关注人数来表示受欢迎程度。

偏好度（TGI）指数：TGI指数用来衡量特定目标群体在某一特征上的偏好程度，与整体平均水平进行比较。具体计算方法是用目标群体中具有某一特征的群体所占比例与总体中具有相同特征的群体所占比例的比值再乘以标准数100。

资料来源：百度指数，图4-2同。

---

① TGI指数：通过比较目标群体与总体群体在某一特征或行为上的差异，来反映目标群体的特征和偏好。TGI＞100：表示目标群体在某一特征或行为上的表现强度高于总体平均水平。TGI＝100：表示目标群体在某一特征或行为上的表现强度与总体平均水平相当。TGI＜100：表示目标群体在某一特征或行为上的表现强度低于总体平均水平。

3. 剧本杀的流量密码

Z世代为什么都爱剧本杀？

在本团队调研中，被调查者对于"放松心情""维护友情，提高亲密度"的回答为肯定态度的"认同"和"非常认同"的占比最高，分别为67.12%和62.4%（见图4-2）。总体上，对于带有社交性质的选项，受访者都给予了积极的回应，表明游戏过程中的参与感、获得的自我认同感和成就感也是剧本杀玩家考量的因素。

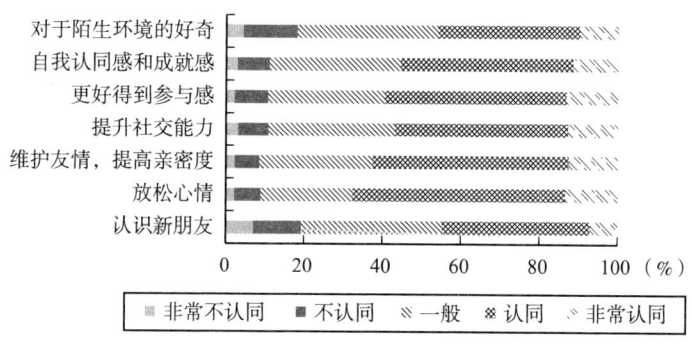

图4-2 Z世代喜欢"剧本杀"的原因

资料来源：本团队调研。

在社交功能上，剧本杀作为一种社交手段，让相熟的朋友或者是"拼车开局"的素未谋面的陌生人相聚在同一个空间内交流互动，在游戏中通过推理通关，获得自我成就感、团队认同感。

访谈：喜欢和朋友一起玩剧本杀

受访者：张宣，2004年生，女，在读大学生，现居地：福建厦门

我是一名在校的大三学生，剧本杀算日常爱好。要说对剧本杀最初的印象应该来源于《明星大侦探》，一部由撒贝宁和何炅坐镇的网络综艺，内容是嘉宾各自扮演角色，搜证破案，相当于大型实景剧本杀。

为什么喜欢剧本杀，于我而言，有四重原因。第一，我从小就喜欢看侦探小说和探案综艺这一类东西，当我自己玩剧本杀，参与进去并且真正推出一些东西的时候，我也会很有成就感和畅快感。第二，剧本杀不仅有推理部分，也有剧情部分，又像机制本类似一个大型桌游，或者像恐怖本让人肾上腺素飙升，每个剧本独特的设定都会给我很不一样的体验。第三，我有一批和我一样喜欢剧本杀的好朋友。剧本杀是一种互动性很强的游戏，因为我们彼此是相互了解的，气场是相合的，我可以很轻松地抛梗调动现场气氛，大家一起说说笑笑，也一起开动脑筋，我很珍惜和朋友们有这样一起交流的时间。第四，和其他娱乐项目的对比。与之相类似的密室逃脱项目往往因为人太多，只有少数的人能参与破解谜题的过程，体验感不足。而且由于时间更短、价格更贵，以及恐怖氛围的烘托，密室的流程比较紧张，朋友之间的交流机会更少，不像剧本杀有很多聊天说笑的时间。

剧本杀的消费，线上本人均几块钱，并且不挑时间地点，如果平时大家相隔很远可以选择线上本，几块钱可以一起玩四五个小时，非常划算。线下本的话，一般是一百元上下，玩过最便宜

的五六十元。对于大部分大学生来说,这样的消费是可承受的。我们会挑选体验好、性价比高的店,用一百元左右的价格买到一次与朋友共同拥有的愉快体验。

当然,偶尔也会遇到逻辑不那么严密的剧本,或者不那么熟练的主持人(dm),但是这不影响我下一次去玩的热情。

和好朋友一起出去玩剧本杀是难得的机会,也是一种精神上的放松和享受。

网红带货:消费的新宠儿

1. 网红经济真的很吃香

近年来,网红作为社会热词频繁地出现在大众视野中。当你关注很久的网红或者明星,通过直播或短视频倾情推荐一款好物。或许是在直播间活跃气氛的烘托下,或许出于对达人的喜爱和对评论区网友的信任,你是否会毫不犹豫地下单购买,甚至在这个过程中还莫名地感受到一种身为"家人们"的认同感和归属感?

网红通过社交媒体平台积累大量粉丝,利用其影响力和号召力进行商品推广,从而带动消费。"网红经济"则是在2015年淘宝召开的"网红现象研讨会"上被提出的一种新的"互联网经济形态",指由网络红人所带来的经济活动及经济收益。[1] 根据艾瑞咨询的报告,2025年中国的网红经济市场规模将突破7 000亿元。[2] Z世代是"网红经济"线上环节的绝对主力军,作为

---

[1] 刘嫱,吕欣. 网红经济与MCN管理机制研究 [J]. 传媒,2023 (3):86-89.
[2] 艾瑞咨询 & 天下秀.《2023年中国红人新经济行业发展报告》[EB/OL]. http://www.inmyshow.com/themes/ims/public/assets/media/report/20230825.pdf.

"数字原住民"的Z世代，在中国互联网上的活跃用户占比高达83.6%。

2. 社交互动的"助攻"

"网络原住民"Z世代高度依赖社交媒体进行信息获取和消费决策，网红带货正是利用了这一点，通过社交平台与Z世代消费者无缝连接。

网红们会分享自己的日常生活、兴趣爱好甚至是一些小秘密，这种真实的交流让粉丝感觉网红就像身边的朋友一样。当网红推荐某个产品时，这种基于信任的关系就会让年轻的粉丝更愿意去尝试和购买，这些产品也成为一种"社交货币"。

他们还会利用社交媒体上的社群功能，比如微信群、QQ群等，将粉丝聚集在一起。在这个社群里，粉丝可以交流使用心得、分享购物体验，甚至还可以组织一些线下活动。这种社群的存在，让网红与粉丝之间的社交关系更加紧密和深入，在潜移默化中，产生更多优质的社交消费。

通过购买和使用网红推荐的产品，Z世代可以在社交媒体上分享自己的购物体验和产品评价，增强自己的社交影响力和认同感。同时，Z世代可以通过网红认识更多志同道合的朋友，拓宽社交圈，拓展涟漪式社交消费。

3. 个性化互动的无限魅力

"东方甄选"一场直播高达千万元级的销售额，令人咋舌。这种直播带货形式，不再是简单的产品推销，更是依托产品诉说的诗和远方,有专业知识的传授,也有诙谐幽默的互动。直播风格融合了教育和娱乐元素,让观众在轻松愉快的氛围中了解产品特色与价值,极大地提升了观众的参与感和购买欲望。而这种个性鲜明的传播形式极好地聚集了"文化偏好型"消费者,大大增加了粉丝黏性。

在直播中回答粉丝的问题,与粉丝进行实时交流,甚至邀请粉丝参与一些具有自己个性特色的互动环节。这种即时的反馈和互动,不仅让粉丝感受到被重视,也让他们更加信任和依赖网红。带货达人们通过个性化互动来增强与粉丝的特有社交关系,从而诱导他们产生消费行为。

网红带货中的社交关系主要体现在网红与粉丝之间的信任、个性化互动和社群建设上。这种社交关系的建立,不仅让网红带货更加有说服力,也让消费者的购物体验更加愉悦,给消费者带来满足感。

你是"鼠鼠"还是"吗喽"

1. 托物言志:当代年轻人生活哲学

"我真的好喜欢鼠鼠文学啊!这段时间生活很压抑很焦虑,但今天刷到了鼠鼠文学,感觉突然有了面对现实的力量。当我自称是鼠鼠的时候,会有一种和其他鼠鼠是同一阵营的踏实感。"某网友对"鼠鼠文学"评论道。

因为稳定的情绪和呆萌可爱的形象,"卡皮巴拉"(水豚)在网络上走红,成为无数 Z 世代网友的心头好,这不仅表达了喜好水豚,更是集体宣示"随遇而安"的佛系生活态度。他们甚至创造了"KPBL人格",将卡皮巴拉当作一种人生态度。抖音"卡皮巴拉"话题自2022年12月产生,热度持续高涨,月热度最高达到40万,说明卡皮巴拉在抖音上拥有极高的关注度和观看量。从观众特征数据看,Z世代的占比遥遥领先(见图4-3)。

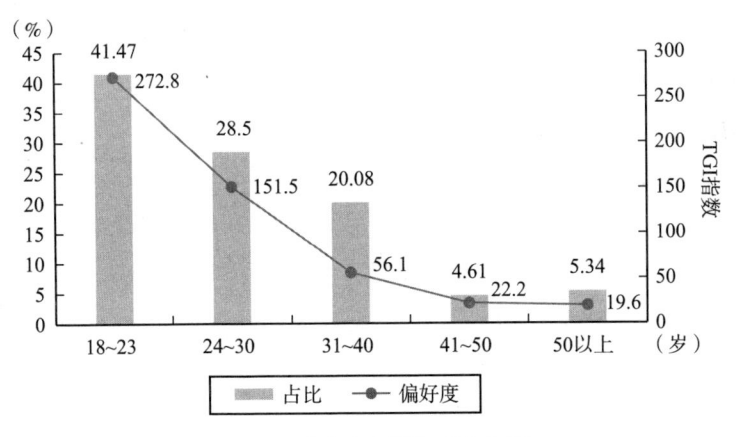

图4-3 "卡皮巴拉"观众特征

资料来源:抖音热点宝(2024-06-20至2024-07-20)。

Z世代在群体社交中,不断寻找自己的精神图腾。

当他们面临着巨大的生活与心理压力时,就需要一种能代表他们的集体图腾,通过群体间的交流分享,达到纾解压力的目的。而呆萌的动物形象,成了Z世代抒发情绪、表达情感的首选。

2. "X门永存"的群体狂欢

"鼠鼠文学"爆火后,很多网友以"鼠鼠"之称来自嘲,形容自己作为底层打工人像老鼠一样微不足道,在阴暗的角落里生活。而"吗喽"（猴子）也凭借一个表情包和轻松搞笑的特质，进入了许多年轻人的表情包收藏夹。年轻人用"吗喽"自嘲，用戏谑的方式释放压力。

"鼠门""豚门""猴门"等流行将网络世界中拥有相同爱好通过"吗喽""鼠鼠"等话题表达情感的一类群体划分在一起，形成"X门"群体。这些基于网络平台所构建的虚拟社区逐渐发展成年轻人的一种交流方式，并获得身份认同感。

"动物门"被赋予了"有着共同追求、共同爱好、共同理想的组织"的含义。让拥有同样爱好的人通过"X门"这一结构找到与自己爱好相同的群体，以对某事物的共同喜好为纽带找到不同的趣缘群体，跳过复杂的社交关系培养阶段，以更高的效率让个体获得群体的认同。

当"动物门"话题流行起来，趣缘群体逐渐形成了一种亚文化圈层。属于该圈层的用户不仅深入参与和个性化表达自己，如口头禅"鼠鼠我啊快累死了""斯密吗喽"，并且还促进彼此在多个平台的多样化互动。"动物门"的生产与传播遵循了"生产－传播－二次创作－再传播"的逻辑链条。在"生产"环节，"动物门"作为用户表达情感的符号参与"传播过程"。而在"二次创作"与"再传播"的过程中，"动物门"不可避免地成为一种社交互动的手段。

3. 动物热梗打造消费新 IP

当"动物门"话题逐渐火热，许多品牌逐渐放大此类 IP 的价值，搭建全新消费图景，将动物热梗从线上社交带到线下空间。

"奈雪的茶"推出与"吗喽"相关的芋泥奶茶及杯套、贴纸，印上"在打工勿扰""吗喽的命也是命"等词条，满足消费者玩梗需求；宜家的红猩猩玩偶因神似"吗喽"而走红，宜家借势变被动为主动，将红猩猩作为品牌宣传代言，拥有这只猩猩的人成为"猩门"；不仅"卡皮巴拉"玩偶、挂坠、手机壳等多种周边产品在线上线下出现，而且多个知名品牌与"卡皮巴拉"进行联名活动，如永和大王与"卡皮巴拉"联名推出"拼份美味，拼个朋友"。

Z世代的消费是多元的、立体的。他们的消费取向只有自己和自己的亚文化圈层才懂，他们将消费作为树立个人形象、折射精神世界、发布个性宣言的方式。[1] 因此，Z世代选择"动物门"的周边产品，从某种程度上说，是通过社交寻求宣泄和共鸣的一种方式。

"动物门"的流行不仅在线上促成了社交行为，增强了社交参与感，而且打造了新IP，促进新消费。无论是动物门，还是电竞圈、COS圈、国风圈，Z世代不仅基于消费进行社交，也基于社交进行消费。

喝酒还是喝奶茶

1. 酒桌文化的本质

在中国传统文化中，酒是一种社交工具和文化象征。古代的文人雅士常以酒会友，吟诗作对，关于饮酒的诗词歌赋不胜枚

---

[1] 敖成兵. Z世代消费理念的多元特质、现实成因及亚文化意义［J］. 中国青年研究，2021（6）：100-106.

举，形成了深厚的酒桌文化。酒桌文化的本质在于社交而不是饮酒，即通过聚会饮酒的方式以达成某种目的，如培养感情、表达感激，甚至是利益诉求，这种聚会本身就有尊卑秩序。

中国的酒桌文化深受传统儒家文化"礼制"的影响，同时还融合了佛家欲望控制的意旨、道家开明自由的精神。在传统文化的共同影响下，酒桌文化在中国人的祭祀、庆典和社交场合中扮演着重要角色。现代社会，交流更为密切，商业和政治交往中的应酬酒席变得更加频繁和重要。社会在发展，酒桌文化也在演变。

2. 不同世代的碰撞

随着时代的不断发展，不同世代对酒桌文化的理解大相径庭。

传统酒桌上的礼仪非常讲究，如敬酒、劝酒、斟酒等，都有特定的规矩和含义。社交场合下，X 世代和 Y 世代仍然是通过酒桌上的表现反映一个人的地位和权力，如座次安排、敬酒顺序等都蕴含着丰富的社会关系和地位的暗示。

Z 世代喝酒就随性很多，他们不太在意那么多严格的"规矩"，不喜欢体现在酒上的硬性社交内涵。事实上，Z 世代也渴望社交，但并不愿意把社交建立在利益交换的基础之上。与 X 世代和 Y 世代相比，Z 世代更注重个性表达，维系的是从心、随性的社交关系。和朋友一起喝酒仍然是他们主要的社交方式，但他们不愿意委屈自己而被人情世故绑架，对令人难受的高度白酒是排斥的，轻松自在的微醺最好。他们浅酌着精心调配的低度鸡尾酒，时而轻碰酒瓶，听着清脆悦耳的碰撞声，没有强迫感，也没有压力。

围绕酒桌上的社交礼仪和规矩，本团队深度访谈了两位不同世代的受访者，进一步了解他们对酒桌文化的不同理解。

访谈：酒桌上的江湖

受访者：周帆，男，2004年生，在读大学生，现居地：湖南长沙
受访者：胡旭，男，1978年生，销售经理，现居地：湖南长沙

Q：你了解到在酒桌上有哪些礼仪和规矩是必须遵守的？

周：如果是同辈，就没那么多规矩，如果是长辈或者领导的话，还是会去尊重一下的，比如主动敬酒和主动倒酒。

胡：酒桌上有很多规矩的，稍不注意可能就会让对方感觉到被冒犯了。譬如碰杯，一定要把酒杯举得比对方低，稍微弯弯腰才能表示尊重。

Q：你通常在什么场合喝酒？

周：通常就是在和朋友聚餐的时候喝酒，放松一下。

胡：大部分是公司应酬，和客户喝酒，有时候也会一个人在家喝点。

Q：喝酒对你来说主要是为了社交、放松，还是有其他目的？

周：那当然是为了放松呀！

胡：当然是为了一些利益归属，毕竟喝多了也伤不起。

Q：你如何看待劝酒和被劝酒的情况？

周：我很讨厌劝酒这个行为，我也不会去劝酒。

胡：劝酒和被劝酒都是常事，都习惯了。

Q：你如何看待在工作应酬中喝酒？

周：喝酒应酬很累的，完全没有必要呀。

胡：那是必须的呀！很多难题在酒桌上就变得简单了。

Q：你在酒桌上是否感受到来自同辈或长辈的压力？你如何应对这种压力？

周：当然感受得到，所以有些酒局就是给自己制造焦虑和让自己难受的。我觉得这种压力完全是可以避免的，所以这种酒局我都是能不去就不去。

胡：我这么大的人了，压力肯定是有的，都习惯了。这种压力说到底也是暂时的，过几天就都忘记了，不往心里去就行了。

在社会上打拼已久的 X 世代，对于酒桌文化的规矩和礼节早已轻车熟路，喝酒已成为家常便饭，举杯痛饮不是"想喝而喝"，而是"为喝而喝"的必备技能。而 Z 世代当前大多数仍是象牙塔里的学生，认为酒只是放松身心、宣泄情绪的工具，无法共情 X 世代在酒桌文化背后面临的社会压力。

3. Z 世代更爱奶茶

"你喝上秋天的第一杯奶茶了吗？"立秋时节，Z 世代在各类社交平台花式炫奶茶。奶茶成为一种高效拉近 Z 世代之间关系的社交工具，从某种意义而言，请喝奶茶本身就是一种社交活动。

访谈：奶茶社交常态化

受访者：赵米米，女，2000 年生，公司职员（广告设计），现居地：河南洛阳大多数Z世代肯定都了解奶茶社交。我刚入职的时候，主管就请我们组喝奶茶，帮助我快速融入新环境。平时几个女生也经常一起点奶茶，一起讨论喝什么、味道怎样，也算给我们添加了一个闲聊话题。像平时感激同事的小帮忙，请对方喝奶茶也不会给他带去心理负担。

在大多数Z世代的奶茶爱好者眼里，奶茶被视为一种时尚且社交化的饮品，适合与朋友聚会、聊天以及拍照分享。同时，Z世代发现在一些场景下很适合用奶茶表达感激、拉近彼此距离。奶茶文化近几年在Z世代群体中兴起，很多奶茶品牌瞄准年轻受众，通过创意营销和社交媒体推广吸引了大量年轻消费者。

请出示你的"社交货币"

1. 病毒式传播的热梗

"City不City""已老实、求放过""因为他善"，这些近期爆红的网络热梗，成为Z世代的社交密码，在社交媒体上迅速传播开来。

你是否也曾有过这样的经历？刷着小红书或抖音，发现评论区突然被新晋的网络热梗刷屏，于是迅速搜索其背后的含义，只为在下一场对话中成为那个"懂梗"的人。又或者，为了能参与一部热门剧集的讨论盛宴，甘愿熬夜追剧，甚至为剧中同款产品买单，只为那份"共同语言"的归属感。这些看似微不足道的举动，实则都是社交货币在生活中的生动演绎。

就像实体货币能够买到商品或服务，使用社交货币，能够买到个体所需的归属感和认同感，和他人建立起联系。

每当一个新梗诞生，就如同开启了一场全民狂欢，网民纷纷参与其中，通过刷梗得到点赞、评论和关注，进而获得身份认同和情感共鸣。在这个过程中，网络热梗成了一种社交货币。个体通过快速掌握流行的梗，获得融入群体的通行证，迅速找到与他人的共同话题，拉近彼此的距离。法国社会学家塔尔德的模仿理论认为，模仿是"基本的社会现象"。个体通过相互之间的模仿来保持行为的一致性，进而寻求群体归属感。在如今这个信息快速更迭的社会，一旦个体落后于潮流，就可能会被边缘化，其社交活动也将受阻。

法国社会学家皮埃尔·布尔迪厄（Pierre Bourdieu）在其社会资本理论中提到"社交货币可以用来描述所有真实而又潜在的资源，它来源于社交网络和群体，既存在于虚拟的网络，也存在于离线的现实"。更直白点说，社交货币可以理解为帮助个体融入群体的"谈资"，也就是个体在社交场合中用来交流的话题。从兴趣爱好到社会热点，任何能引发共鸣、促进交流的内容都可以成为社交货币。

2. 消费中发放的社交"名片"

蜂花品牌利用"花西子币"梗，实现单日交易总额（GMV）破千万元；肯德基借助"V我50""疯四文学"，在Z世代中掀起狂澜。

如果说网络热梗是虚拟世界中的社交货币，那么对相关产品的消费行为就是现实生活中另一种重要的社交货币。

以奶茶为例，在Z世代群体中，一杯精致的奶茶早已超越了简单的饮品范畴，成为个体展示自我、寻求归属的媒介。个体手捧一杯奶茶，拍照打卡、分享心得，实际上是在向周围的人展示自己的生活方式、审美品位和价值观。这种展示，就像是在社交场合中发放"名片"。而围绕奶茶展开的评价、分享和推荐行为，更是为他们提供了源源不断的谈资。无论是讨论哪家店的口感更佳，还是分享点单攻略，这些话题都能迅速拉近人与人之间的距离，让个体在群体中找到共鸣。

社交货币的使用通常会带来利他与利己双重效用。当个体主动分享有趣的见解、参与热门话题的讨论，或是推荐一款令人心动的产品时，这些行为满足了他人获取信息和得到情感共鸣的需求，同时也为自己赢得了关注、尊重和归属感。这种分享行为，既是对他人的一种慷慨馈赠，也是自我表达和价值实现的重要方式。

值得注意的是，这种社交货币也可能是资本推广、致力打造的结果。[①] 资本将个体的社交圈作为营销对象，让每一次分享都成为产品传播的契机，诱导消费者的购买欲。这时，资本不仅是产品的提供者，更是社交货币的铸造者，用情感编织出无形的网，让每一次消费都成为社交货币的积累。

3. 社交货币下的情感和消费泡沫

社交货币带来的情感交流、群体归属感和消费动机能够维持多久呢？

---

① 刘威，温暖. 从"快乐水"到"社交货币"——币世代新式茶饮消费的社会学分析 [J]. 中国青年研究，2022（6）：92–100.

打开社交媒体，满屏的网络热梗和表情包仿佛成了交流的"标准答案"。当遇到需要表达情感的场景，个体习惯性地寻找那些热门的梗或图，以此代替内心深处的真实感受。由于网络的狂欢性质，热梗迭代速度极快（见表4-1），当旧梗迅速被新梗取代时，个体往往会陷入追逐与遗忘的循环，不断消耗着自己的时间和精力，却难以获得真正的情感交流和长久的群体归属感。

表4-1　　　　2022~2024年中国网络迭代的热梗

2022年	2023年	2024年
互联网嘴替	家人们谁懂啊	古希腊掌管××的神
嗯？怎么不算呢	鸡哔你	city不city
这是可以说的吗？	恐龙扛狼扛狼扛	北京到底有谁在
听我说谢谢你	泰裤辣	你真是饿了
大冤种	吗喽的命也是命	偷感很重
退！退！退！	孔乙己的长衫	电子布洛芬
芭比Q	想你的风吹到了××	猫meme
刘畊宏女孩	哈基米	已老实，求放过
王心凌男孩	鼠鼠我啊	亚比~囝囝囝
你是我的神	泼天的富贵	邪恶摇粒绒
我没惹你们任何人	尊嘟假嘟	没事哒没事哒

资料来源：本团队收集整理。

在社交货币的驱动下，部分Z世代群体的消费观发生了变化。

一旦个体获得了某种社交货币，就会激发更多的交流和关注。为了巩固并扩大这份社交资本，个体往往会不自觉地投身于无尽的消费循环之中，持续购买那些被标榜为社交货币的产品。这种消费行为，不再是为了满足自身的真实需求，在某种程度上已经成为一种维护和强化社交圈层的手段。这种建立在物质消费之上的关系，往往是脆弱且短暂的，无法触及个体心灵的深处，更无法满足其真正的情感需求。当新的潮流不断涌现，热梗或相关产品退场时，曾经靠社交货币维系的关系也会随之消散。

社交消费的性别图鉴

1. 社交消费决策的考量因素

在社交消费中，男性与女性的消费偏好存在着一定差异。这种差异总是在潜移默化中影响人们的消费决策，进而带来消费行为上的更大差异。社交消费的性别差异，在本团队调研结果中也得到印证。受访者对社交消费影响因素的回答如表4-2所示。

表4-2　　Z世代社交消费影响因素的性别差异　　单位：%

影响因素	性别	非常不认同	不认同	一般	认同	非常认同
性价比	男生	1.31	4.92	24.92	48.85	20.00
	女生	1.36	1.95	17.12	59.73	19.84
服务态度	男生	0.98	5.90	28.85	47.54	16.72
	女生	0.58	3.11	21.60	58.75	15.95
明星同款	男生	13.11	20.00	39.34	20.98	6.56
	女生	7.39	17.70	43.00	23.74	8.17
口碑	男生	1.97	3.61	22.62	51.80	20.00
	女生	1.17	3.11	20.82	58.56	16.34
内涵情感传递	男生	1.97	7.87	31.15	43.28	15.74
	女生	1.95	4.47	30.54	45.72	17.32
他人参与度	男生	3.93	12.13	36.72	33.44	13.77
	女生	3.70	9.34	36.96	39.88	10.12

续表

影响因素	性别	非常不认同	不认同	一般	认同	非常认同
他人评价	男生	2.95	11.48	37.70	37.70	10.16
	女生	2.92	7.39	30.16	47.47	12.06
他人邀请或推荐	男生	2.62	6.89	33.77	43.61	13.11
	女生	2.33	5.45	30.35	50.78	11.09
安全性和隐私性	男生	3.28	5.57	31.48	39.34	20.33
	女生	1.75	3.50	28.02	50.97	15.76

Z世代在进行社交消费决策时，普遍将性价比、服务态度及口碑评价视为优先考量因素。其中，就性价比而言，女生回答的"一般""认同"和"非常认同"的总共占比高达96.69%，男生也高达93.77%。

同时，不论性别，Z世代皆认同内涵情感传递这一因素能够促使其进行更多的社交消费。他们在社交消费中对于精神方面因素的追求较高，希望社交不是简单的喝喝茶、聊聊天，而是能通过一场社交实现情感上的共鸣。

男性和女性在社交消费上的差异主要体现在他人评价、安全期待上。

从具体的数据来看，他人评价会使得自己更愿意进行社交消费，男生认同和非常认同的占比为47.86%，女生该选项占比则高达59.53%。表明相比女性，男性在社交消费上更加自持，更倾向于独立作出消费决策。

在关于安全性和隐私性的问题上，女生的认同率也出现了明显高于男生的情况。女性客观上在社交场合更容易面临安全威胁，意识上也更注重个人隐私。

2. 社交消费的感受

性别之间决策理性或感性的差异，可以用这么一句俗话形容："男人来自火星，女人来自金星"。酣畅的社交消费过后，愉悦、满足者有之，疲惫、焦虑者有之，且性别之间也有显著的不同。本团队调研数据也体现了男性和女性在社交消费后的感受差异（见表4-3）。

表4-3　　Z世代社交消费主观感受的性别差异　　单位：%

主观感受	性别	非常不认同	不认同	一般	认同	非常认同
发展友情	男生	1.97	3.93	28.85	51.80	13.44
	女生	2.14	2.92	25.29	56.23	13.42
缓解压力	男生	1.64	9.51	32.13	43.61	13.11
	女生	1.36	6.61	31.52	44.94	15.56
提高归属感	男生	2.95	9.84	36.07	39.67	11.48
	女生	1.95	6.42	33.27	47.47	10.89
提高社交能力	男生	1.31	4.92	33.44	45.90	14.43
	女生	2.14	4.86	31.32	50.00	11.67
花费时间和精力	男生	4.59	20.98	35.08	29.51	9.84
	女生	5.25	17.12	35.41	33.85	8.37
产生不必要的花销	男生	5.90	20.00	37.70	27.54	8.85
	女生	5.84	17.12	38.13	32.10	6.81
导致社交疲惫	男生	4.92	14.10	33.44	34.75	12.79
	女生	4.09	11.48	35.41	38.72	10.31

资料来源：本团队调研。

在社交消费是否能够有利于发展友情的问题上，男女之间没有太大的偏差，他们大体上均对此持肯定态度。

对于社交消费能缓解压力和找到归属感的观点，女生赞同的声音大于男生。女生更需要社交消费带来的治愈力，而男生可能更希望"独自承受"；在社交消费能够提高社交和表达能力的观点上，持非常认同和认同的比例总体相差不大。对社交消费带来的负面影响的认同度调查中，总体上女生持消极态度的占比略大。她们在接受社交消费带来的情绪价值的同时，对其缺陷也更加敏感。

3. "小哥哥"和"小姐姐"的倾诉

为更深入地探索不同性别消费者在社交消费中的选择差异，我们通过深度访谈展开了系列问答，期待揭示出男性和女性之间在社交消费中既有趣又深刻的差异。

访谈：社交消费的性别差异

受访者：唐宇鑫，男，2000年生，公司职员，现居地：云南大理
受访者：林霖，女，1999年生，公司职员，现居地：广东广州

Q：您通常喜欢参加哪些类型的社交活动？

男：我比较喜欢聚餐，个人比较享受那种氛围。

女：我相对喜欢聚餐，或者派对和运动，女孩子嘛，当然喜欢美食和享乐。

Q：您的主要社交圈主要是哪些人？

男：主要是朋友，更放得开一些。

女：朋友和同事，因为家里人不在身边。

Q：您参加社交活动时会考虑哪些因素？比如说兴趣爱好、人际关系、职业需求等。

男：兴趣爱好吧，能在一起玩的肯定都是有相同兴趣爱好的。

女：最主要的是看到场的人和职业需求，跟舒服的人一起，玩什么都可以。

Q：您在社交活动中最看重哪些方面？比如放松心情、建立人脉等。

男：应该是交流和建立人脉，认识更多的人也是好事。

女：放松吧，不去想太多了，太累了。

Q：您在社交活动中通常会花费在哪些方面？比如说餐饮、娱乐、礼物等。

男：主要花销在餐饮和娱乐上，玩得舒服最重要！

女：我觉得餐饮和礼物都重要，一般会和朋友一个负责餐饮，一个负责礼物，双方都能收获快乐。

Q：您的消费决策中，哪部分是为了社交活动而特别支出的？

男：没有啥具体的。

女：购物，比如衣服、化妆品，因为穿得美美的才足够尊重人。

Q：您是否会为了迎合他人或某个圈子的期望而改变自己的消费习惯？

男：分情况，如果是上位者就会去迎合。

女：可能会，毕竟有时候也需要融入。

Q：您认为基于社交的消费对于维持和拓展人际关系重要吗？

男：很重要的，因为这是快速增进感情的方法。

女：我觉得是重要的，因为人际关系确实需要社交来维护。

Q：您认为在社交的花费上男性和女性有什么不同？

男：我觉得女生比男生更喜欢聚餐，男生很多社交都是在游戏里进行，线下社交都只是吃个饭就回去了。

女：我觉得大部分的男生会在社交中把钱花在吃上面，而不是购物。

通过以上访谈可以看出，在社交消费的品类上存在较大的性别差异。女性更关注美妆、服装等，而男性更偏爱运动和游戏。但不论男性还是女性，Z世代社交消费最大的特点是注重自己在消费过程中获得的真实感受和情感体验。

在社交中找寻坐标，在消费中强化坐标，Z世代在社交消费中塑造与他人的关系。

当下的时代，流动性加快，不确定性增多，生活愈加碎片化，年轻人为摆脱孤独困境，社交需求愈发凸显。

人设即圈层。年轻人正在重塑与世界的边界，他们以兴趣划分社交圈，在相互认可的文化中形成一种集体意识。

圈层促消费。为更好地融入圈层，强化人设获取认同，以社交娱乐为核心的消费场景成为年轻人最主要的消费场景之一。

社交是商业的增量。

05　随兴消费：即时满足的冲动购买

　　随兴消费体现了消费者与消费环境之间的关系，消费的场景、氛围和交易、链接的便利性，促发了消费者随兴消费行为。随兴的底气和表现出来的无所谓态度来自较低的购买决策代价，在"买买买"带来的即时满足和愉悦体验中，优渥环境里成长的Z世代，不需要也不会考虑在小额的消费中精打细算。即便决策失误，其所带来的损失相较于他们的消费能力，也是他们能够也愿意承受的。

　　所以，事实上消费并非要经过周密的事先计划，随手消费的情况时有发生。低成本的购买决策叠加即时满足的快感，很容易让人产生随兴的冲动。及时满足的体验来自科技和商业模式创新带给消费的便捷。铺天盖地的网络营销，无处不在的直播带货，快速响应的快递外卖，秒级服务回应，消费金融和无感支付，十分钟本地生活圈，四小时跨城送达……叫人如何不"随兴"所欲？随兴消费的驱动下，基于本地生活的即时零售必将成为未来商业的主要发展方向之一。

　　卖场上，信任与氛围的鼓动常常会让人放松警惕，一时兴起而产生购买的冲动。低价使人产生占便宜的满足感，买了大堆看起来划算但不是真正需要的物品，"抠抠搜搜花了很多钱"；因为熟人推荐、明星代言，或相信多数人的选择而决定跟随消费，

"同样的也要来一款"；商家精准的计算、刻意烘托的氛围，更加能够勾起消费者的好奇心，瞬间的冲动里充斥着强烈的消费欲望。

> 只花一元的顾客比花一百元的顾客，对生意的兴隆更具有根本的影响力。
>
> ——松下幸之助

抠抠搜搜花了很多钱

1. 低价的陷阱

"新品奶茶，才 15 块钱，尝尝鲜！"

"抖音上的 T 恤也太便宜了吧，30 块钱买不了吃亏买不了上当！"

"这么上头的剧为什么要 VIP！9 块 9 连续包月？划算，充！"

随着商品供应越来越充足，商品的竞争也变得愈发激烈，低价策略也就成了让商品从琳琅满目的竞品中突出重围吸引 Z 世代眼球的利器。在即时满足心理的驱使下，Z 世代容易被那些看起来性价比高的商品所吸引，而迅速作出购买决策。原本只是随意刷刷抖音、翻翻小红书，看到常见的商品价格那么便宜，也不管自己想不想要，就不假思索地下了单。这是一种即时满足的冲动，很可能只是一时的兴起，或者只是为了填补某种即时的空虚感。

"我感觉自己很节省，那些贵的物件我基本没买过，怎么就省不下来钱呢？"尽管单次购买的价格确实不高，甚至很低廉，可仍然有许多Z世代在月底盘算每月花费时，会对自己竟然在不经意间花费了那么多而备感惊诧。频繁的随兴购买，哪怕每次都是平价或者低价产品，每月开支仍像涓涓细流慢慢汇聚，最终变成惊人的数字。

2. 家庭支撑的消费自由

虽然Z世代是不经意间的小额消费高手，但还没有成为钱包鼓鼓的金主。当下，Z世代以在读学生和初入职场的上班族为主，该群体的月可支配收入并不高。本团队调研显示，月可支配收入在2000元以下的Z世代占比将近一半（见表5-1）。

表5-1　　Z世代每月可支配收入及人群占比

可支配收入（元）	人群占比（%）
1 000 以下	9.21
1 000~2 000	40.64
2 001~3 000	23.42
3 001~4 000	8.71
4 000 以上	18.02

资料来源：本团队调研。

来自家庭的财力支持是Z世代自由消费的底气。随着社会经济水平的提高，Z世代的父辈或祖辈都有相对稳定的财富积累，愿意也能够在一定程度上给他们提供经济上的支持。这种家庭支持，使得Z世代在面对琳琅满目的低价商品时，能够更加及时地做出购买决定，并不过多考虑未来的经济压力。

访谈：来自家庭的消费支撑

受访者：袁沐晨，女，2004年生，在读大学生，现居地：湖南郴州

Q：你平时消费有记账的行为吗？

A：那太麻烦了，但我花钱应该还挺节省的，没怎么买过大牌的化妆品衣服啥的，对于那些贵的东西，我都是敬而远之。

Q：你每个月的花费大概是多少？

A：每个月初，我爸妈都会给我1 500元生活费，花完再问他们要，平均下来每个月2 500元吧。我经常逛逛淘宝，也忍不住买些小玩意，价格也还挺便宜的，通常不超过50块钱，但累积起来花费也不少了。

3. "买买买""退退退"

2024年"6·18"购物狂欢活动刚刚落下帷幕，还没等各大电商平台公布战果，"女装退货率"的词条就时不时挂上了热搜。一家网店老板称自己的店有400多条裙子被退回，退货率高达80%多。根据电商行业资深人士的反映，近年来，女装退货率普遍达到了50%，一些同行的产品严重货不对板、做工翻车，其退货率甚至能达到90%，飙升的退货率让女装电商的创业者叫苦不迭。[①] 事实上，退货率居高不下的不只是女装品类，整个电商行业也大多如此。36K研究院发布的《2020年中国直播电

---

① 阿瑞. 女装退货率高达80%，别都怪"仅退款"［EB/OL］. 新周刊 https：//mp.weixin.qq.com/s/dwN-wkzp9izyJ7_0-D5XoQ.

商行业研究报告》显示，直播电商平均退货率为30%～50%，传统电商的平均退货率为20%～35%。

根据各电商平台的购物评价，消费者退货退款频率最高的两大原因为"与预期不符"和"冲动消费"。

商品与预期不符，即商品的质量、尺寸、颜色等方面与消费者预期存在差距，商家有意地美化产品，通过产品图片的精修，放大消费者预期，从而吸引消费者购买。冲动消费，指的是消费者在电商平台上容易因促销、优惠等因素冲动购买，收到商品后反悔，继而退货。现在各电商平台竞争激烈，经常通过低价促销的活动引发消费者购买欲望。然而，当冲动褪去，消费者发现所购买的产品并不是自己真正需要的，退货便理所当然了。

Oh My God！买它买它

1. 信任与跟风并存，下单仅在一瞬

很多消费者都有过这样的经历：浏览社交平台的你无意间点进某个直播间，在专业的产品介绍和活跃的直播氛围带动下，在"3、2、1"的秒杀倒计时中，购买热情被瞬间点燃，很容易在极短的时间内匆匆作出计划之外的购买决策。

随着社交电商和短视频平台的快速发展，网络直播行业迎来爆发式增长，尤其是直播带货领域，增速最为迅猛。越来越多的Z世代成为直播的受众，其中，不少Z世代在直播氛围的烘托下快速下单商品，完成消费。

除直播之外，关键意见领袖（KOL）的社区分享也成为推动Z世代消费的关键因素。KOL们在社交媒体上对产品的详细评测和体验分享赢得了 Z 世代的信任，并凭借其在社交媒体上的影响力引领新的产品潮流。铺天盖地的产品分享让 Z 世代在信任 KOL 和追求潮流的基础上不假思索地快速下单。本团队调研的访谈中，受访者也表示会被 KOL 的展示所吸引而快速下单。

> **访谈：属于 Z 世代的选择困难症**

受访者：吴柯，2004 年生，女，在读大学生，现居地：江苏徐州

Q：是否经常因为网红博主/专业人士（KOL）的推荐而购买商品？

A：这是经常的事，我最近又买了一套化妆品，就是因为美妆博主的直播演示太吸引人了，看完上脸效果就直接买了。

Q：那是什么促使你在那一刻直接决定购买呢？

A：主要我自己也不知道哪种产品适合我，听听她们的意见，找对产品的概率更大。

2. 被销售拿捏的 Z 世代

线上，Z 世代会受到带货主播、KOL 们的影响而随兴消费；线下，面对销售员层出不穷的"套路"，Z 世代同样防不胜防。

在线下门店里，"清澈"的 Z 世代容易在销售人员引导下购买计划之外的产品，销售人员巧妙地运用各种话术和营销手段，针对 Z 世代的心理和社会特点进行精准引导，从而促使 Z 世代在短时间内进行消费决策，产生计划之外的消费。

"我们的活动快结束了哦，再不买就来不及了。"紧迫感与

稀缺性，是销售员的一大法宝。销售员利用限时优惠、特价促销和限量版产品等手段，强调产品的独特性和稀缺性，营造出一种"机不可失，时不再来"的氛围，激发Z世代的购买欲望。

专业展示与热情服务也是销售人员的重要法宝。专业的演示技能和倒背如流的产品介绍，清晰生动地向Z世代消费者展示产品的特点和优势，让其感受产品效果，从而对产品产生兴趣，激发Z世代的购买欲望。此外，销售员的热情也会让人难以拒绝，不得不购买。受访者孙浩文在接受本团队的采访时表示，"有时销售人员太热情了，不买不好意思。而且感觉她们很专业，推荐的东西应该没错。"

朋友的选择就是我的选择

1. "这个，你可以拥有"

Z世代不仅是社交媒体的深度参与者，更是深受社交影响的消费者。Z世代的消费行为不仅受到个人喜好的影响，在很大程度上也受到朋友圈的驱动。朋友圈不仅是生活的一部分，更是随兴消费决策的重要参考。朋友圈的每一次点赞、评价、转发，都像是在无声地告诉他们："这个，你可以拥有。"

21世纪经济研究院2022年发布的《Z世代青年线上消费洞察报告》显示，62.76%的Z世代在发现自己喜欢的品牌时会向身边朋友"种草"，而52.03%的Z世代则是通过朋友的"种草"了解到新的品牌，在"种草"和"被种草"中，最终形成"分享—购买—分享—再购买"的裂变模式。

2. 信任即购买，朋友的选择为何如此重要

朋友的推荐不仅仅是一种信息传递，更是一种信任的传递。朋友推荐的产品，往往被认为具有更高的可靠性和可信度。这种信任感，来源于朋友之间的亲密关系和长期的互动。消费者在看到朋友的推荐时，往往会不自觉地产生信任感，从而影响购买决策，产生计划之外的冲动消费。

朋友推荐产品给消费者带来感知愉快和感知诊断性，而感知愉快和感知诊断性显著正向影响购买意愿。[1] 朋友的选择极大程度上影响了 Z 世代对产品的选择。每当看到朋友晒出新买的商品，或是在动态中推荐某个品牌，Z 世代的消费者们往往会不自觉地被吸引，会考虑是否跟随购买。

本团队调研结果也表明，Z 世代的购物行为受到购物伙伴和其他消费者行为的显著影响，他们倾向于模仿他人的消费选择，尤其是在朋友圈中看到朋友的推荐时，更容易产生计划之外的购买冲动。

信任是人际关系中的重要纽带，尤其在消费决策中，朋友的推荐或评价具有不可替代的作用。在访谈中，受访者表示，朋友的推荐往往能够引发他们对产品的信任感，或多或少地影响他们的购买决策。这种信任感不仅来源于朋友之间的亲密关系，更源于朋友对产品的真实体验和评价。对于家庭同辈缺失的 Z 世代，这种信任感的影响力更为显著，他们更愿意、更信任朋友的评价和推荐。这种基于朋友的推荐，往往能够激发购买欲望，甚至导

---

[1] 梁妮，李琪，乔志林，等. 朋友推荐产品来源对于消费者感知及其购买意愿影响的实证研究——以微信平台为例 [J]. 管理评论，2020，32（4）：183-193.

致非计划性、超出预算的购物行为。

看到排队就想买

1. 排的是队伍,拍的是潮流

喜茶、海底捞、外婆家、耐克、烤匠……永远在排队、预订、抢购。网红品牌层出不穷,排队仿佛成了探访网红品牌的标准"姿势"。

在重庆排队 4 小时买一杯茶颜悦色(新中式奶茶品牌),代购费被炒到 180 元;上海来福士楼下的喜茶店门口,早上 8 点开门便挤满了人;茶颜悦色武汉店开业排队 8 小时,一杯 500 元的"盛况"更是一度爬上微博热搜。排长龙的奶茶店,不是喝奶茶,是跟随潮流!

对相当大一部分消费者来说,排队购买并不是事先计划的安排,"别人都在排,应该是值得期待的",仿佛排着长队的就是值得追的潮流。2024 年五一期间,长沙市五一商圈"零食很忙"旗下的新品牌"零食很大"异常火爆(见图 5-1),体型夸张的零食包装吊足了年轻人的胃口。虽然小雨一直不停,他们排队进店的热情依旧不减,临街的人行道上出现了近一公里的排队奇观,商家也"贴心"地在路边的栏杆上挂上"您此处排队等候的时间预计 2.5 小时"的温馨提示。街道上成群结队的年轻人扛着 XXXL 版零食——足足 1 人高的乐事薯片、1 米长的双仔辣片、1.5 米高的王老吉。不少受访者解释为什么排队时,表示"我觉得排他的队很好玩""看见别人排队我也想排队买""买这个全是图个拍照发朋友圈"……

图 5-1　长沙五一商圈新消费品牌门前的长队

资料来源：本书作者拍摄。

2. 排队带来的随兴消费

"排队"似乎是消费者评判一家门店的重要"显性指标"，尤其是年轻消费群体，他们对于外界事物有着强烈的探索欲和新鲜感，在看到商家门口大排长龙时，难以避免会产生好奇心从而参与排队。

事实上，Z 世代比我们想象的更能排队，他们可以到网红糕点店鲍师傅排队 7 小时，也可以在喜茶排队 2~3 小时。这种排队行为不局限于"网红"品牌，也经常出现在新餐厅开业、限量售卖美妆产品、热门电影的首映票等场合。

在本团队调研中，关于 Z 世代随兴消费的原因，28% 的受访者表示"逛街时偶然看到某个产品大家都在排队；刷手机时突然看到某个产品最近很火,于是我也打算买回来试一下"(见表 5-2)。排队现象让 Z 世代对原本没有计划购买的东西产生了好奇,从而成为随兴消费的影响因素之一。

表 5-2　　　　Z 世代随兴消费原因

问题选项	占比(%)
1. 逛街时偶然看到某个产品大家都在排队;刷手机时突然看到某个产品最近很火,于是我也打算买回来试一下	27.84
2. 逛街时我的购物搭子买了某样产品,于是我也买了类似或一样的产品	22.86
3. 看喜欢的主播直播,发现某个我经常用的产品在直播间内折扣力度特别大,于是"剁手"囤货	24.43
4. 逛街时看到了有促销活动,"过了这村就没这店了",于是我临时起意购买	21.80
5. 其他临时起意的消费	3.07

资料来源:本团队调研。

为有趣买单

1. Z 世代被"丑东西"拿捏了

2024 年第四届淘宝丑东西盛典成功举办,1999 年出生的小伙陈二沟拔得头筹,其无意中手塑的"碧绿青蛙勺"因独特的设计风格引得各位网友纷纷"打投"[1],成功获得"拔得头丑

---

[1] 网络流行词,"打榜+投票"或"打卡+投票"的简称,通常与评选或投票活动有关,主要是社交媒体或网络平台上对某个物品、选项或观点表示支持的行为。

奖"。"丑东西"的意外出圈，让这位创业小伙猝不及防，随之而来的大量订单更是让他陷入了甜蜜的烦恼中。

截至2024年7月，"95后、00后被丑东西拿捏住了"的微博话题阅读量达到2.3亿，讨论量达到了5.4万。一部分年轻人在随兴消费购物时，倾向于选择那些在传统审美标准下可能不被认为是"美"或"经典"的商品。而这些商品在外观设计上可能显得独特、非传统，甚至有时会被认为有些"丑"。这种现象在时尚、家居装饰、艺术品以及日常用品等多个领域都有体现。

具体来说，这些"丑东西"可能具有鲜明的个性特征，如奇特的形状、鲜艳而大胆的色彩搭配或融合了多种看似不搭调元素的设计。它们打破了传统美学的界限，挑战了大众对于美的普遍认知，从而吸引了一部分追求新颖、独特和差异化的年轻消费者。

2. 产品千篇一律，有趣万里挑一

"大家都在比美，我就不同了，我比丑。"

Z世代出生在一个物质充裕的世代，不断涌现的新产品，充分爆炸的信息，大量雷同的审美让部分Z世代产生了疲劳，甚至对于"颜值"的追求让他们有些焦虑，而丑东西能带来一种独特的松弛感。

Z世代，追求个性，崇尚自由，随兴消费的产品选择往往超越了传统功能的界限，更加注重情感共鸣与趣味体验，设计新颖、"有趣"的产品悄然走进Z世代的视野。它不仅仅是一件能够满足功能用途的商品，更是一个能够激发想象、触动心灵的创意之作，能够让Z世代从第一眼看到它的时刻起，就被独特的外观、巧妙的构思深深吸引。没有过多犹豫，也无须复杂的比较，仅凭"看上去很有趣"的直觉，Z世代们便会毫不犹豫地下单。Z世代的这份冲动并非盲目，而是对美好事物最纯粹的向往与追求。在快节奏的现代生活中，这样一份简单而纯粹的快乐，显得尤为珍贵。

"丑东西"的成功，也再次印证了Z世代消费观念的变化：有趣，正成为连接Z世代与品牌之间最坚实的桥梁。

访谈："丑东西"不丑

受访者：彭鹏，男，2004年生，在读大学生，现居地：安徽阜阳

Q：你对于"丑东西"是怎么看的？

A：其实我也买过（不好意思地笑了笑），我之前买过一个博物馆的文创产品，就是那个咧嘴的马的头套，虽然说没怎么戴过，但很有意思，我还挺喜欢的。

Q：你是出于什么原因买它的呢？

A：没有什么特别的原因，就是在小红书上看到它的图片，觉得很有趣，很切合我经常想发疯的特质，就马上去淘宝搜索下单了。

Q：发疯？为什么想发疯？

A：就是压力很大，我们这代人其实或多或少都有些压力，学业上的啊，未来就业啊啥的，虽然爸爸妈妈都很爱我，但总感觉生活充满了压力，也没人诉说，总是很焦虑，所以有时候看到这样的丑东西就有冲动想买。

Q：那你买了之后会后悔吗？

A：后悔？还好吧，虽然那个头套我没怎么戴过，但在宿舍一看到它，我就觉得很有意思，好像焦虑的情绪被缓解了。

便利又贴心，怎能不随兴

1. 想要就要得到

城市里随处可见的24小时便利店，各式各样眼花缭乱的购物软件，被"宠溺"的消费者足不出户便可获取需要的产品。在当今这个消费时代，消费的时间和空间局限已经被打破，Z世代通过一部手机便可以看到来自全世界的商品信息，并通过极其便捷的移动支付方式快速完成支付。

除了便捷的购物支付平台，花呗、借呗、白条等消费借贷平台的出现，使Z世代即使两手空空，也可随时购买到自己中意的产品。

本团队调研数据显示，有超过一半的受访者认为"线上支付"和"先用后付"为其提供了购买计划之外商品的可能和便利（见图5-2）。

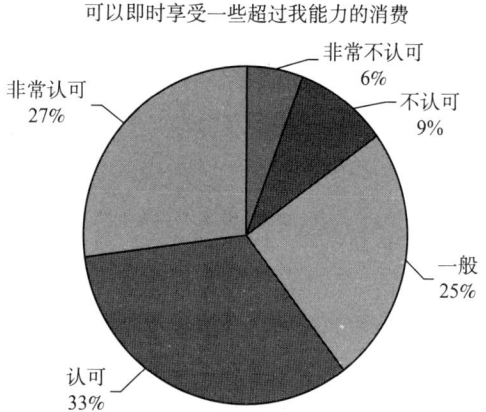

花呗和京东白条等各种信用卡的推介，让我可以即时享受一些超过我能力的消费

- 非常不认可 6%
- 不认可 9%
- 一般 25%
- 认可 33%
- 非常认可 27%

"先用后付"模式给我提供了购买计划之外
商品的可能和便利

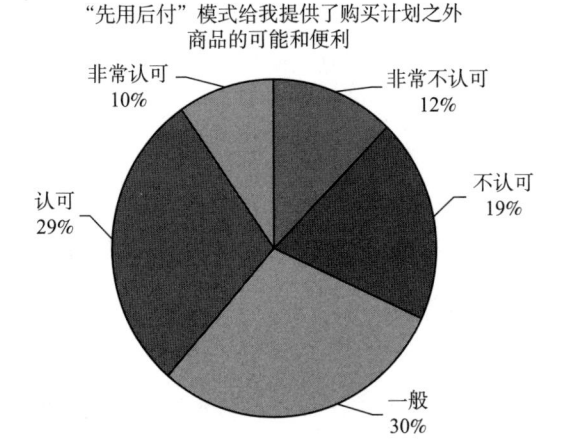

非常认可 10%
非常不认可 12%
不认可 19%
一般 30%
认可 29%

图 5-2 消费金融对 Z 世代随兴消费的影响

资料来源：本团队调研。

除此之外，在全渠道模式下，物流作为线上和线下的桥梁也成为推动 Z 世代随兴消费的重要因素。根据中国邮政统计，2023 年全国重点地区快递服务全程时限为 56.42 小时，72 小时妥投率为 80.97%。[①] 也就是说，在中国广袤的土地上，绝大部分快递能够在三天内送达。

访谈：便利的随兴

受访者：冯小雨，女，1997 年生，都市白领，现居地：浙江杭州

Q：你平时计划之外的消费多吗？

[①] 国家邮政局发布 2023 年快递服务满意度调查和时限测试结果 [EB/OL]. 中国邮政快递报社，2024-04-08. https://www.spb.gov.cn/gjyzj/c100015/c100016/202404/f48e7dcf71624e079aa7bc6f96aa55e8.shtml.

A：不是很清楚呢，没有太注意这个。我看下这个月的账单，（打开手机查看）啊？竟然这么多！真没想到竟然花了这么多钱！

Q：这些消费大多是哪些方面的？

A：（一边翻看手机一边回答）啥都有吧，外卖、打车、淘宝购物，花得最多的应该就是网购吧。我喜欢没事就刷刷抖音，本来没有买东西的想法，但总刷到东西要么特便宜要么特可爱，忍不住就下单了，然后就不知不觉就到货了。

Q：你觉得在线购物和支付对你的消费有影响吗？

A：影响肯定是有的。刚上大学那会，我没怎么用手机支付，每天最多就带100块钱出来，花完就再也不花了，那时候每个月2 000块的生活费从来不会超支。哪像现在，莫名其妙就花了很多钱，我还开通了免密支付，小额付款密码都省了。有时候超支了都不知道，好多钱都是从花呗里出的。

2. 大数据更懂你

假如你在社交平台点击并收藏了某博主关于"拍立得"的购买分享，那么电商平台的相关推荐里很可能就会出现"拍立得"相关产品。甚至，你只是在搜索引擎上搜索"蛋糕怎么做"，电商平台便会向你精准推荐各式各样的烘焙仪器和蛋糕原料。

没错，这就是大数据的力量。庞大的数据库帮Z世代们记录着衣食住行——兴趣爱好、消费水平、作息时间、运动情况、饮食习惯、社交对话……商家利用大数据的强大功能，了解年轻人的各种爱好，成为最懂年轻人的角色，购物平台精准地向他们推送所需的商品，重点是这些产品的品牌和价格都在他们的消费水平之内。

> **访谈：大数据比你更懂你**

受访者：夏晴，女，2005年生，大学生，现居地：天津

  Q：你常逛的社交平台会不会给你推荐产品呢？
  A：会的。
  Q：它们推荐的产品符合你的偏好吗？
  A：比较符合。记得有一次我暑假决定去海边玩，可能是因为我搜了有关的攻略，所以我常用的社交平台里插播的都是关于海边白色连衣裙穿搭的某购物软件广告，好看又不贵，我直接点进去买了。

  理性人假设，在现实生活中并非尽然。
  消费有时候也很随兴，追求"速度与激情"，消费者往往受他人或氛围的影响而产生种种"冲动"。
  社会在发展，年轻人的生活场景、商务场景和生活方式变得更加多样化。各式各样的产品让人眼花缭乱，推崇消费主义蔚然成风，不是所有人都能对"买买买"加以拒绝的。
  随兴消费和即时满足，年轻人把这种即兴的、事先没有计划的消费观念推向了新的高度。

06　炫耀消费：身份展示的符号竞争

炫耀消费的商品有可能偏离生活必需的实用价值，炫耀消费更多地体现了人们希望获得尊重和自尊的需要，其背后映射的依然是消费者的社会关系需求。炫耀不仅仅是为了向他人证明自己的身份、地位或价值的行为，还有可能是能带来某种心理优势的机会和能力。每个人都希望被人关注，或者成为社会关系中的主角，渴望被接纳、认可，甚至羡慕、崇拜、追捧。炫耀消费背后隐含着消费者某种寻求认可的强烈欲望，通过消费展示出的经济能力和社会地位达到为自己赋能、增值的目的。

但是，Z世代的炫耀消费似乎更难被人们准确理解。他们的炫耀不只是一般意义上的物质消费的价值展示，更是在宣扬某类价值、体现某种能力、展示某种实力或运气。最终目的是吸引关注点落在他们自身上，这似乎是一种心理的抚慰。小规模家庭里成长的Z世代，承载着家庭关注的压力，却很少有同龄人之间自由分享的经历，因而比任何一个群体都更渴望得到同龄人的认可和赞赏，哪怕偏离实际所需、产生浪费也在所不惜。

互联网时代便捷的社交工具、媒体为Z世代的炫耀消费推波助澜，以多种形式呈现在世人眼前。网络中Z世代的各种炫耀体现的是对大品牌带来的身份溢价的向往，是属于某个群体特殊身份的符号证明，是融入某个圈层的"敲门金砖"，是超越他人的能力、机会和运气的认可与赏赞。

> 气岸遥凌豪士前，风流肯落他人后？
> ——李白《流夜郎赠辛判官》

被疯抢的帆布包

580 元一只的帆布包，居然要排队抢购！

2023 年 6 月，LV 在上海联名三家咖啡店开设了三种不同颜色主题快闪店，[①] 消费者只要在快闪店购买两本书籍（每本最低售价 290 元），就可获赠一只对应颜色的限量款帆布包。

这种独特的"书籍＋咖啡＋奢侈品"的销售模式，引发了极高的热度。活动的半个月内 LV 关键词综合指数平均值高达 77 万，6 月 30 日更是达到峰值 277 万（见图 6-1）。"LV 帆布袋"迅速登上了热门搜索，快闪店的抢购更是火爆，热度较高的快闪店不到 11 点商品就告售罄。代购和黄牛随处可见，二手平台上，这款帆布包被炒到了 700 元甚至更高的价格。

对"LV"关键词搜索的人群年龄分析发现，18~30 岁所占比例最大，TGL 值均大于 100（见图 6-2）。这表明成年 Z 世代对此的关注度要远超其他群体。不少 Z 世代网友抢到帆布包后，

[①] 快闪店：英文又称 pop-up shop 或 temporary store，可以理解为短期经营的时尚潮店，指供应商在商业发达的地区设置临时性的铺位，抓住一些季节性的消费者推销其品牌。其商业模式通常为事先不做任何大型宣传，到时店铺突然涌现在街头某处，以达到快速吸引消费者的目的。

立即在社交平台上晒图并配上调侃的文字。

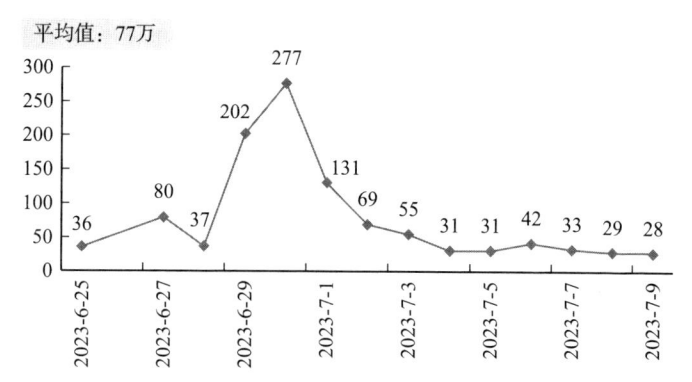

图 6-1 2023 年 LV 联名活动期间"LV"关键词搜索综合指数

资料来源：抖音巨量算数。

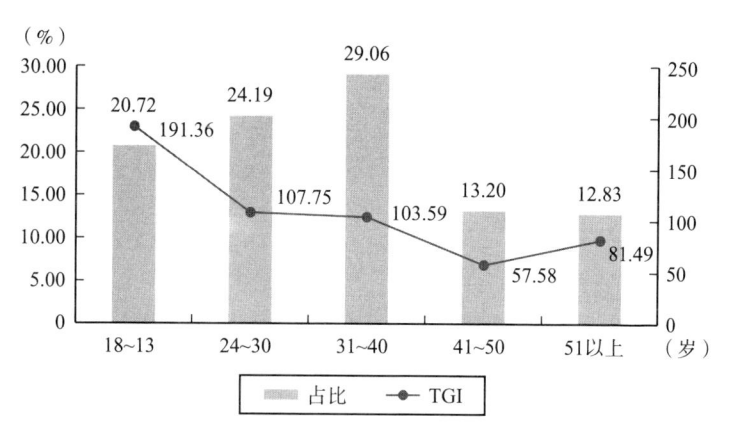

图 6-2 "LV"关键词搜索人群的年龄分布

资料来源：抖音巨量算数。

消费者对奢侈品品牌的关注点并非商品本身的实用价值，而是品牌背后赋予的身份符号。一只普通的帆布袋，印上 LV 的 Logo 后就具有了不同的意义，一定程度上也映衬出消费者对奢侈品品牌 LV 的向往和认可。

Z 世代的消费潜力是所有品牌都十分重视的，不论是"Fendi 联名喜茶"还是"LV 联名咖啡店"，高端品牌的跨界联名，都是为了吸引以 Z 世代为主体的活跃度高、时尚感知力强的年轻消费群体。

同样，Z 世代对奢侈品品牌也表现出强烈的兴趣和欲望，奢侈品市场年轻化趋势明显，消费需求增长迅速（见图 6-3）。

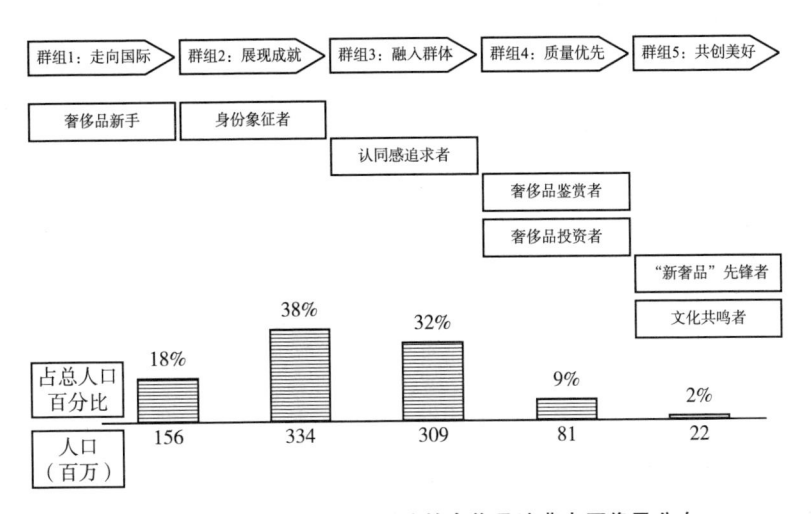

群组	群组1：走向国际	群组2：展现成就	群组3：融入群体	群组4：质量优先	群组5：共创美好
画像	奢侈品新手	身份象征者	认同感追求者	奢侈品鉴赏者 / 奢侈品投资者	"新奢品"先锋者 / 文化共鸣者
占总人口百分比	18%	38%	32%	9%	2%
人口（百万）	156	334	309	81	22

图 6-3　按消费思维群组划分的奢侈品消费者画像及分布

资料来源：毕马威中国《2023 年中国奢侈品行业报告》。

若按照消费心态进行分类，"展现成就"的身份象征者和"融入群体"的认同感追求者所占比例超过七成，这意味着人们对奢侈品的消费多数源于某种炫耀性质的社会认同。耀眼奢华的服饰不仅是 Z 世代取悦自己的手段,更是他们展示身份和社会地位的形式。他们将社会成就与奢侈品消费联系起来,以此来彰显社会地位与经济能力。

千金一掷追潮流

1. 乐此不疲的"鞋迷"[①]

潮牌穿搭标榜个性,富有设计感,成为 Z 世代消费者追捧的风向。

2023 年末,Nike 旗下球鞋 app "SNKRS"出炉了"2023 最受欢迎球鞋榜单",位居"球鞋之首"的依然是 Travis Scott "倒钩之作"——橄榄绿配色 AJ1,在"最后一钩"噱头的加持下,这款鞋子的热度居高不下,市价保持在 5 000 元以上,被网友戏称"最后亿钩"。

尽管潮牌普遍价格不菲,但以潮鞋为代表的潮牌穿搭仍吸引了不少身处时代潮流前端的 Z 世代。从市场观察可以看出,Z 世代消费者已然成为潮鞋消费的主要用户群体(见图 6-4)。由于 Z 世代消费者的热衷,各类潮鞋均存在数倍于发售价格的溢价。

Z 世代对潮鞋的追求,很大程度上源于"限量""特供""联名"所带来的稀缺性。潮鞋也代表着不同的文化风格,从街头嘻哈到高端时尚,都有对应的潮品。购买并展示潮鞋成了 Z 世代一种代表身份、炫耀品位的符号选择。

[①] 高售价搭配高品牌调性的潮鞋,以国际头部奢侈品品牌为主。

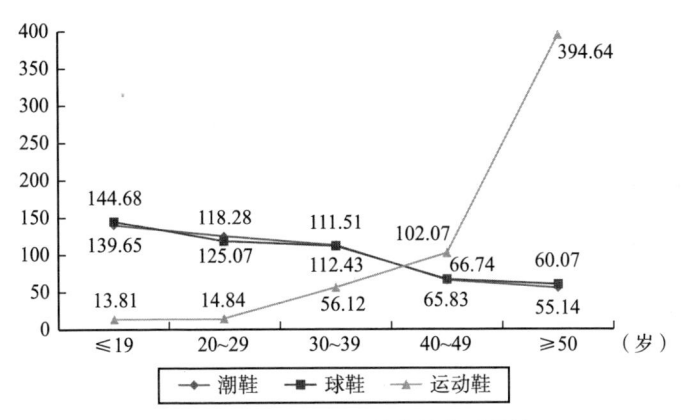

图 6-4　2024 年不同鞋款的人群属性

资料来源：百度指数（2024-06-01 至 2024-06-30）。

2. "钞能力"的玲娜贝儿

不只是潮鞋，Z 世代也在不断追捧中制造各种潮流。

2022 年 9 月，上海迪士尼推出最新款"玲娜贝儿"的玩偶。仅仅数月，这款玩偶就被消费者炒成顶流，展示出非凡的"钞能力"，被网友称为"川沙妲己"。

由于迪士尼官方采取的"饥饿"营销，甚至滋生出玲娜贝儿的"专业"代购群体。在某二手购物平台，一个 159 元的玲娜贝儿挂件，被标以 1 629 元的高价转售。

一"贝"难求之下，拥有"贝宝"成为值得炫耀和骄傲的事。各种社交平台上，晒玲娜贝儿的笔记常会引来一大批点赞和羡慕，有人晒一整面墙大小不同、服装不同的玲娜贝儿；有人晒改过的圆头圆脑的玲娜贝儿；有人晒自己精心打扮的玲娜贝儿……

爆火的潮鞋和玲娜贝儿，展现了锁定年轻客户群体的潮流市场的火爆。Z 世代的潮流市场，既包括以国潮文化、美式嘻哈文化、日韩街头文化等为内核的服饰鞋包消费，也包括诸如手办、高达、盲盒等兼具艺术文化与娱乐价值的"潮玩"消费。潮流市场拥有独特的产品概念及风格、兼具创意和时尚，在我国的市场规模已突破 400 亿元。[①]

Z 世代追求的潮流具有鲜明的个人标签特征，早已超出零售商品的范畴，从"火遍外网的 Stanley 杯子"到"健身女孩都有的 Lululemon 瑜伽裤"，从"必打卡的旅游景点"到"明星光顾过的小吃店"，哪怕只是"朋友圈爆火的拍照姿势"，也都会成为他们眼中的"潮流单品"。

至于 Z 世代为什么要炫耀自己购买的潮品？本团队调研结果显示，多数受访者是为了"获得更多的关注度和认可""想拥有别人没有的东西"或"提高自信和满足感"（见图 6-5）。因而，拥有购买潮流单品的金钱与精力，比获得潮流单品本身更值得炫耀。

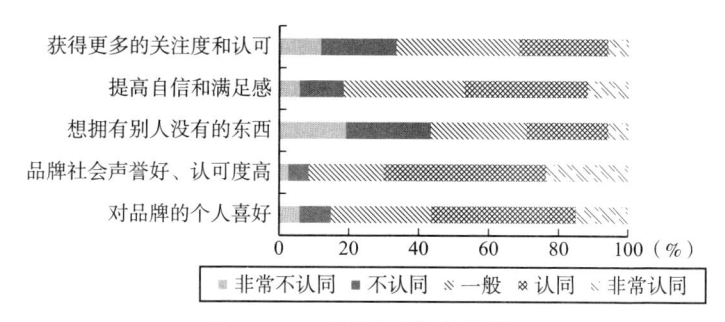

图 6-5 Z 世代购买潮品的原因

资料来源：本团队调研。

[①] 超越潮流：千亿级潮玩产业彰显人文经济价值——潮玩产业发展报告（2023）[EB/OL]. 新华网联合中国社会科学院财经战略研究院, https://www.xinhuanet.com/tech/20231009/2f1267ca3d8d4a60b0871112405e8c44/c.html.

优雅"吃土"① 的"精致穷"

为追求大牌高端消费品,省钱"吃土"也成为部分 Z 世代的生活常态:花钱追限量款,拼单买日用品;花大几千听演唱会,却舍不得充几十块的音乐会员。

这种追求精致化生活的高端消费,或出于身份的向往,或基于物质的享受。对涉世未深的 Z 世代来说,往往伴随的是与之不匹配的低收入水平的现实"精致穷"生活。

"奢""平"混搭便是他们独创的"两全其美"的省钱方法。他们可以重金购买国际大牌,也青睐几十元甚至几元的平价彩妆。"几百元的口红可以买,几十元的护肤品也能用"。除了"奢""平"混搭,Z 世代也是催生"小样经济"的主要推动力量。在小红书平台上,大牌小样拥有极高的话题热度,而 Z 世代是这类话题的主要制造者。大品牌小样品,意味着总价不会太高,在可承受的范围内。即使财力有限,也可以不掏空腰包享受拥有大牌产品的美好体验。

部分 Z 世代在人前追求着生活品质,不惜花重金打卡网红餐厅,炫耀自己的精致生活,购买各种奢侈品和潮流单品来证明自身配得感,甚至不惜超出自己的支付能力。而当以上方法不能满足他们的精致生活追求时,只能通过在人后降低生活标准,缩减一些必要开支,过上"吃土"的生活。

---

① 网络流行语,意思是"穷到没钱吃饭"。

访谈：即使穷，也要活得精致闪亮

受访者：祁闻，女，1998年生，律师，现居地：黑龙江哈尔滨

Q：您有过为了买奢侈品而省吃俭用的经历吗？购买后的体验如何呢？

A：有。两年前为了虚荣心买了爱马仕的包，花了我大半年的工资，那段时间基本上没有什么娱乐活动了，都比较节省。但是因为我出行都是坐公共交通，根本不舍得背，怕碰坏弄脏，买回来才背了几次。现在想想还不如几十块钱的帆布包实用，要是这个包不买我的存款能多好几万，还是有点后悔的。

事实上，不少Z世代也意识到：超出支付水平的消费，不仅需要很长的决策时间和过高的准备成本，还会挤占其他方面的资金分配，华而不实的奢侈品消费还会给Z世代带来不同程度的罪恶感（见图6-6）。

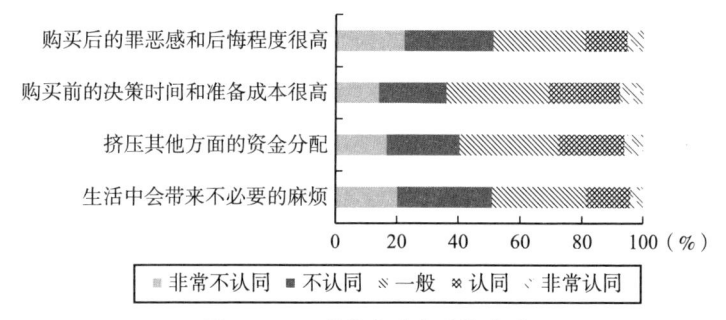

图6-6　Z世代高消费后的感受

资料来源：本团队调研。

夸夸即是动力

Z世代炫耀的本意也并非完全是出于对经济或地位的认同，或许是向他人展示某方面的运气或能力，并以此来肯定和愉悦自己。

1. 隐藏款来之不易，都来吸吸欧气！

多元且激变环境中生活的Z世代，往往更期待消费中的不确定性所带来的惊喜，"开盲盒""抓娃娃"等需要"欧气"① 的游戏也成为最受他们欢迎的消费类型。

均价100元以内的盲盒，既能满足Z世代赌"欧气"的心理，又不至于有太大的经济负担。随机的盲盒使消费者很难事先知道自己选中的是什么，商家甚至还设置了抽中概率很低的"隐藏款""稀有款"来激发玩家的购买欲望。泡泡玛特盲盒系列隐藏款出现的概率仅为1/144，在很多盲盒玩家眼中，抽到"隐藏款""稀有款"的"欧气"是值得炫耀的资本。

"长隆的动物盲盒45块一个，我觉得还是有点小贵。虽然我觉得它不值这个价，但抽到了隐藏款我还是很开心，忍不住发了个小红书，也在朋友圈里晒出来了。"在我们的现场访谈中，一位女性Z世代受访者表示，购买的动机就是抽到这款稀有的隐藏款动物盲盒。盲盒本身的价值不重要了，大家期待的是能向别人炫耀的"欧气"。

---

① 欧气：Z世代网络流行语，意思是运气好或有钱人散发的气息，指好运气或财运。

2. 毛坯的人生，精装的朋友圈

在咬紧牙关顶着瑟瑟寒风打卡"日照金山"的同时，朋友圈也要"跨越山海，奔赴浪漫"；

哪怕围炉煮茶被高价地瓜气得发抖，也要来张"偷得浮生半日闲"的氛围感照片……

似乎Z世代的现实哪怕是一地鸡毛，朋友圈也要岁月静好，"历经千辛万苦只为出片"。"毛坯人生，精装的圈"是积极自我赞赏和肯定，还是"服美役"①的自我欺骗和虚荣？

> **访谈：小小泰山，拿下！**

受访者：郭菁，女，2004年生，在读大学生，现居地：四川成都

Q：网络上最近很流行"毛坯的人生，精装的圈"这句话，你对此怎么看？

A：哈哈哈，我觉得这就是我。

Q：那这句话哪里戳到你？

A：举个例子，去年五月我去武汉看樱花，那几天下雨，天气很冷，外面还要套个薄羽绒服。为了能有足够的时间化妆，我专门定了4点半的闹钟。一整天都穿着新买的硬底鞋暴走，去了很多网红景点拍照。每次拍照都冻成狗，来来回回也累惨了，但拍的照片都很棒，朋友圈点赞数量也超级多。感觉一天的辛苦也

---

① 服美役：最初指女性为了迎合社会观念的审美付出了巨大的成本，甚至不惜去做不利于身体健康的事情。后来扩展成人们为了追求个人美而做出影响自己健康、浪费时间的事。

值得了,我可能就是那种"一生要出片的中国女人"。

Z世代的炫耀性消费,本质上是一种更高层次的社交认同需要。社交媒体的广泛应用为Z世代打造"人设"提供了天然舞台,他们利用服饰打扮、修图软件、语言修饰等方法创造出一个理想中"完美"的自己,并通过社交窗口完成不同于现实世界中的自己的形象设计。Z世代借助朋友圈向外发布正向表达的同时,也期待收到朋友圈肯定的回应与赞扬。不论是高点赞数还是大浏览量,都展现了社交媒体朋友圈的单向度①特点。

朋友圈不仅是Z世代分享日常点滴和职场生活获得认同感的主要渠道,更是他人了解Z世代的重要途径。精装修的、炫耀的朋友圈实际上是Z世代寻求社交认同的表现,而他们对社交认同的追求反过来进一步促进了其炫耀性消费。

3. "炫的就是我!"

期望自己的能力能够得到认可,是Z世代炫耀的另一个目的。并非只有高端的物质生活才是Z世代炫耀的主题,自身实现的社会成就和能力价值也是他们炫耀的主要内容。

成长在传统"高标准"约束下的Z世代,在自我实现方面的努力超乎想象,小红书平台上有关"投资自己"的笔记多达256万篇。即便不想变成"别人家的孩子",也要努力成为"拿得出手的自己"。

---

① 单向度:表示人们对各方面的评价都只是单向的肯定或认可,不具有批判性和否定性。

本团队调研发现，相较于拥有奢侈品、出入高档场所等高端物质生活，Z世代更希望通过高学历、高薪水和工作能力来获得社会认可。有别于传统观念中带有偏见的物质上炫耀消费，他们期望这种对外凸显自我价值的全新消费能获得来自外界的赞赏，给自己提供奋斗的动力（见表6-1）。

表6-1　　　　　　Z世代彰显社会地位的方式

选项	人群占比（%）
拥有奢侈品（豪车、名表、名牌包等）	9.98
出入高档场所（高级俱乐部、高档聚会等）	5.51
跻身上流社交圈（名人圈等）	6.64
高学历	26.90
更高水平的工作能力	19.57
高薪水	29.27
其他	2.14

资料来源：本团队调研。

为什么而炫耀，为什么要炫耀？是个复杂的问题。

Z世代，特立独行、标新立异，拒绝别人贴标签，但也不自觉地给自己贴上某种标签。

他们渴望"存在感"，期待那些符号化的标签给他们带来赞赏和认可，甚至希望能引起他人的羡慕和向往，这也是一种社会关系的定义。

炫耀消费的背后是一种符号化的期望或优越感，可能是有关经济实力的，可能是体现身份地位的，也可能是他们认为的运气或能力。

07　理性消费：价值比较下的消费选择

理性消费不只是对消费主义的祛魅，也体现了消费者对自己现在和未来消费的态度。某种意义上来说，消费中的理性实际上是对消费关系中近期与远期资源配置的考量结果。

理性消费追求物有所值，在Z世代群体消费上则主要体现为更加关注质价比。Z世代消费决策考虑的首要因素可能并不是价格，打动他们的往往是商品身上他们认可并愿意接纳的价值和品质，是他们内心认定的"值得"，哪怕这种"值得"有悖于一般的社会衡量准则。理性消费不等于低价消费，Z世代奉行"可以买贵的，但不能买贵了"，只要符合他们认定的价值标准，再高价格的商品也是愿意接受的。这个高速发展、物质充裕、信息流畅的时代，带给Z世代足够的自信和选择的底气。他们在消费中不再在乎华而不实的面子，也不讲究毫无意义的排场，能够真正回归到消费的价值本身上来。追求独立与自由，也让Z世代具有强烈的消费预期管理意识，他们懂得如何在短期与长期的价值比较中做出取舍。

信奉理性消费的Z世代，在消费决策中会利用比价搜索等途径自觉撇去商品的虚浮溢价。他们信奉"万物皆可平替"，也不会轻易地被关键意见领袖"带节奏"，这种消费是"货比N家"的精打细算，是薅羊毛的"反向攀比"，是追求长期收益的价值投资,也是二手交换平台上的惊喜不断。

> 历遍人间,谙知物外。看透虚空,免被花迷,不为酒困。
> ——[宋]朱敦儒

可以买贵的,但不能买贵了

1. 一代人有一代人的消费哲学

500块钱的衣服说买就买,8块钱的运费坚决不行;

几千块的演唱会说去就去,而15块一个月的视频会员必须借。

Z世代一边抠抠搜搜能省则省,一边豪迈大方该花就花。"可以买贵的,但不能买贵了"是他们的消费哲学,所谓"贵的"是指价格高,而"贵了"则是质价比低。Z世代对品质和价格持"既要、又要"的消费态度。

对待消费,Z世代仿佛达成共识:质价比是王道,冤枉钱是不能花的。他们积极加入各类"反消费""抠门"小组,但不拒绝消费,也不会降低消费。可以买贵的,但一定要买对的。

在本团队调研中,77.3%的受访者表示在消费时会受到价格的影响,超过80%的受访者看重商品的品质。认为性价比对自己消费非常重要的受访者高达84.91%,其中,表示非常认可的受访者达42.6%(见表7-1)。

表7-1　　　　　Z世代消费的决策因素　　　　　单位：%

态度	价格	品质	性价比	服务	品牌知名度
非常不认同	1.50	1.00	0.90	1.60	2.70
不认同	3.30	2.50	2.50	4.90	9.30
一般	17.90	15.60	12.60	29.30	32.80
认同	45.80	45.30	41.50	44.30	40.00
非常认同	31.50	35.60	42.60	19.90	15.20

资料来源：本团队调研。

2. "货比N家"只为得到最优解

每次下单，Z世代总会秉持"科学消费，认真生活"的宗旨，在各种购物app、社交媒体上比对价格、浏览评价，用尽解数"货比N家"，只为得到最优解。

本团队调研发现，超过60%的受访者表示朋友或家人的推荐、促销活动和优惠券会影响自己的消费决策，68.2%的受访者认为网络评价和口碑也是影响其消费行为的主要因素（见表7-2）。

表7-2　　　Z世代消费决策的外部影响因素　　　单位：%

态度	网络评价和口碑	朋友或家人的推荐	促销活动和优惠券
非常不认同	2.20	1.70	3.10
不认同	5.30	7.50	7.30
一般	24.20	29.40	29.00
认同	48.60	43.30	41.40
非常认同	19.60	18.10	19.20

资料来源：本团队调研。

各大电商平台的比价搜索、专业的比价 app 或小程序，也为 Z 世代消费提供了诸多便利，"什么值得买""识货""慢慢买""购物党""历史价格查询"等比价平台比价功能非常全面，甚至还提供优惠券搜索、折扣搜索、降价提醒等服务。其中，"识货"主要面向 18～35 岁的年轻人，主打"全网正品比价·好价安心购"，"省钱""好物推荐""全价位推荐"等是其热门搜索词。

访谈：比价降低了信息收集成本

受访者：罗傅源，男，2003 年生，在读大学生，现居地：河北唐山

我一般用"识货"买鞋，也会购买电子产品。它汇总了每个平台的低价，点击就会跳转，解决了比价信息收集成本。有时也会有优惠券之类的。

价格只要不跟常规差得太离谱就行，差太多了就会怀疑真假。"识货"上买鞋性价比比较高，其他平台就要贵些。

现在这个阶段生活费有限，电子产品主要选国产的。虽然现在技术更新迭代快，但是事实上落后几代也不影响使用。

万物皆可平替

1. 48 元的军大衣也能暖和整个冬天

星巴克均价 40 元一杯，9 块 9 "瑞"[①] 一下岂不更好？

[①] "瑞"一下指花 9.9 元购买瑞幸咖啡。

山姆的麻薯固然美味，但"阿里1688"（下文简称1688）上不用会员费的半价平替岂不更香？

1 000块钱只能买一个SKⅡ的小白瓶，为什么不选择Olay的大礼包？

对大牌Logo祛魅，对品牌溢价免疫，Z世代在消费上愈发冷静自持。鲍德里亚认为，少数人购买物品是"当作优越感来耍弄"。Z世代主导的平替风潮则表明消费的实用性比优越感更重要，"平替"消费的出现，既是对Z世代消费观念转变的反映，同时也预示着市场格局和消费趋势的新变化。

万物皆可平替，"不是大牌买不起，而是平替更有性价比"。平替指的是价格更低但功能相似的替代品。在当前消费符号化的裹挟下，Z世代却更加看重商品本身价值、回归消费理性，掀起一片反消费主义的浪潮。

本团队调研数据显示，Z世代对"该省省，该花花"认同程度高达92.69%，在他们看来，"能省则省，该花就花。既能享受当下生活，又能为未来做好准备。"这表明，Z世代消费者越来越能够聚焦于自己的实际需要，对品牌带来的溢价忍耐度下降，更加理性"精明"。

消费观念的转变，使越来越多的Z世代加入了平替大军。例如，咖啡消费从40元的星巴克，到9.9元的瑞幸，8.8元的库迪，到低至5元的幸运咖。打价格战的是商家，背后的推动力和受益者却是越来越理性的Z世代消费者。他们是一群精明的消费新力量，致力将平替作为一种"生活方式"保持下去。

因为没钱才买平替？事实上在各年龄段人群中，Z世代收入上涨幅度高于其他群体，他们的财务状况和消费水平明显平稳向好（见图7-1）。选择平替，绝不等同于"消费降级"。新京报贝壳财经发布的《2024中国青年消费趋势报告》显示（见图7-2），询问Z世代为何选择平替，其中51.5%的受访者是因为"能够满足基本品质需求"，45.4%是因为"有更多优惠或折扣"，仅有27.3%是由于"预算有限"。在需求导向下，Z世代会进行更为客观的价值评估，作出理性消费决策，而不是单一刻板地遵循预算规划。

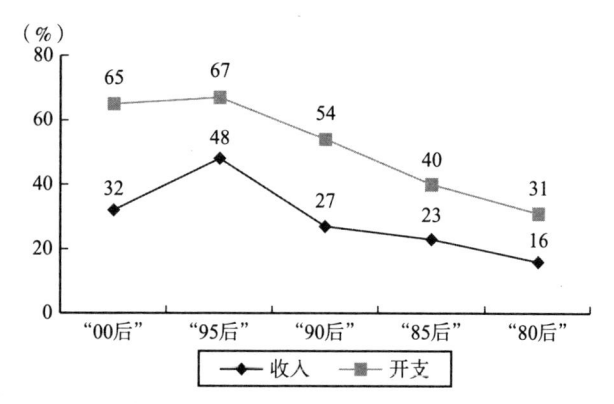

图7-1 各年龄段收支均有提升的人群占比（2023年）

资料来源：DT研究院《2023青年消费调研》。

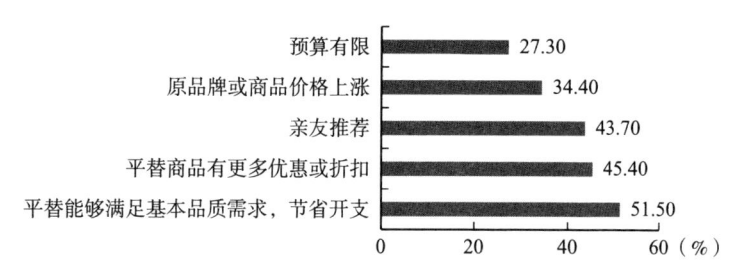

图7-2 年轻人选择平替商品的原因

资料来源：新京报贝壳财经《2024中国青年消费趋势报告》。

平替的背后，是消费者更加注重商品自身的价值。Z世代善于合理评估品牌带来的情绪、社交价值。他们务实，但并不一味节俭，平替是他们主观悦纳的生活方式，并非外界认为的"我穷故我抠"。

2. "1688平替"绝对不是噱头

1688，一个扎根B2B领域20多年的交易平台，居然对标C端零售做起"包邮买免费退"的"用户为先"买家保障服务，甚至形成了被称为"1688女孩"的粉丝群体。"1688女孩"会先在社交平台搜索该物品的"1688平替"，或者拿着照片通过1688识图去找同款产品甚至源头代工厂。可以说，1688的转型与Z世代理性消费需求形成了良好契合。同样，因为白牌平替产品的价格优势，拼多多也超越淘宝、京东在Z世代消费者中拥有极高的使用率（见表7-3）。

表7-3　青年群体青睐的购物app类型　　　　单位：%

选择该渠道的人数比例	"00后"	"95后"	"90后"	"85后"	"80后"
拼多多	54	50	44	37	37
淘宝	54	37	40	33	36
抖音	34	31	31	32	30
京东	27	24	28	30	21
小红书	18	20	17	18	12

资料来源：DT研究院《2024年一线城市青年消费报告》数据。

年轻人消费观念转变，从追求奢华转向注重实用和品质，是平替消费兴起的根本原因。平替流行的另一面，是国内品牌崛起和产品质量提升（见表7-4）。

表7-4　青年群体频繁使用app考虑的因素　　单位：%

价格	质量	app使用体验	物流	售后
70.20	38.20	32.20	30.70	29.40

资料来源：DT研究院《2024年一线城市青年消费报告》数据。

生产能力的提高，国产商品与国际大品牌差距缩小甚至品质更优，使平替有了更多的选择。平替作为一种理性的消费选择，必将成为一种新的消费趋势。

"薅羊毛"有什么丢人的

1. 年轻人开始"反向攀比"

Z世代的"反向攀比"，你中了几条？

以前：我这双鞋五千元！　　现在：我这提纸一分钱！
以前：V我50疯狂星期四！　　现在：1块钱吃华莱士！
以前：团购的质量能好吗？　　现在：某团优选真的好用！
以前：这条裙子499呢！　　现在：38元买的防晒衣真香！

前有大妈"薅羊毛织毛衣"，现有年轻人薅羊毛为省钱。

以前比谁花的钱多，如今比谁花的钱少，这届年轻人生怕自己漏薅羊毛，逆向消费出现在众多年轻人的日常生活中。

"花更少的钱买和别人同等质量的东西，做梦都会笑醒好吗！""一身反骨"的Z世代熟稔各种领优惠券、线上团购、拼单的省钱手段。本团队调研发现，受访者中，69%曾"参与线上团购"，75%会"利用优惠，参加促销活动"，60%会参与各种线上购物节。购买临期食品、折扣产品的也有25%（见图7-3）。

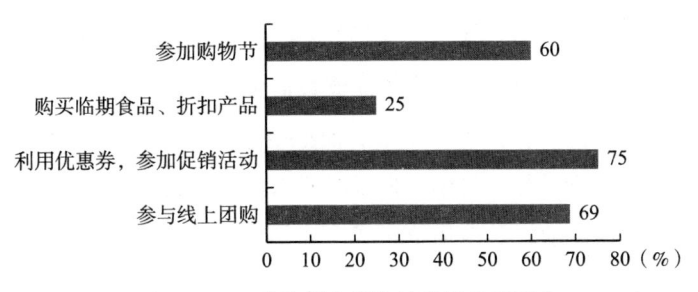

省钱形态	比例(%)
参加购物节	60
购买临期食品、折扣产品	25
利用优惠券，参加促销活动	75
参与线上团购	69

图7-3　Z世代"省钱"消费的常见形态

资料来源：本团队调研。

访谈中，大多数受访者表示"很多同学都用团购，一般就是买日常用品、一些吃的""我会在上面领优惠券，有些时候用会员省钱包只要3.9元就能拿下，对于我们天天吃外卖的人很友好了""每周能在上面领一张奶茶优惠券，算是给自己一周一次的奖励"。在他们看来，能低价买到中意的产品显得更有本事，也就有了"反向攀比"。

2. "抠"亦有道

提及"薅羊毛"，豆瓣上的"抠组"青年还能藏得住？

"抠组"的"抠子"人数早已突破百万。其中，"抠门女性联合会"组员达60余万人，小组宣言是"因为穷，所以抠"，组员以 18~35 岁的大学生或打工人为主。"抠门男性联合会"也有 20 余万名成员，他们的宣言是"我们抠不是因为穷，我们就是抠"。抠门男女宣言似乎大相径庭，目的都是一样的，他们更像是一个志同道合、清醒自持的反消费主义联盟。

虽要省钱，但抠组女孩们还是会追求生活的品质，比如她们不会为了省钱而停止使用洗面奶等基础护肤品，而是提倡量入为出，不囤货。同时，她们也关注着如何买才划算，精华帖中便有诸多经验交流、省钱小妙招等。而抠组男孩们更直接，把"抠"践行到衣、食、住、行中，抠得明明白白，而且大大方方地分享自己的抠门体验，甚至还抠出了"幸福感"。

"仅退款"事件闹得沸沸扬扬时，"抠组"成员，1997 年出生的何湖如是说：

"如果商品有问题，我会首先联系商家问下怎么处理，不会选那个'仅退款'，单纯想薅羊毛的仅退款就有点过分，没原则地占便宜，我过不了自己那一关。虽然抠，但也不想在这种地方省钱，毕竟君子爱财取之有道。"

Z 世代虽然"抠"，但是"抠"亦有道，他们乐于分享省钱妙招，把奥卡姆剃刀定律的"若无必要，勿增实体"当成万能的省钱指南，认得清自己最真实的需求，同时也没有一味拒绝消费，并会对无下限占便宜的行为嗤之以鼻。

3. "薅到羊毛也是我的本事"

Z 世代并没有把薅羊毛看成不体面的行为，有羊毛不薅才是不正常的，同时他们乐于将薅羊毛之道分享给同伴，也不太在意被人称为"抠门"。毫无疑问,薅羊毛更像是一个技能,一个并不是所有人都能具备的技能。当有人1分钱买到一提纸、1块钱喜得汉堡套餐时,同伴也会惊呼:"你是怎么做到的?"继而加入薅羊毛大军。

结合本团队调研,我们发现,大多数Z世代并不会在乎自己的省钱行为是否会被别人看成"抠门"(见图7-4)。

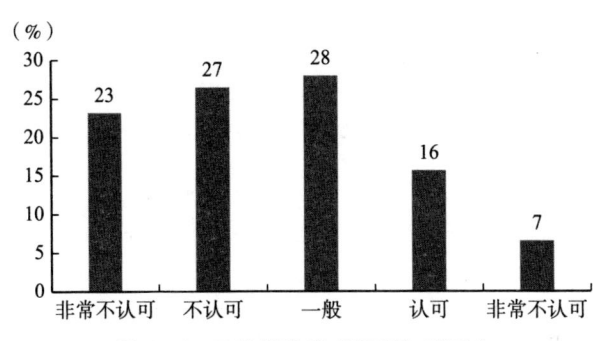

图7-4 Z世代消费"抠门"认可度

认可度	非常不认可	不认可	一般	认可	非常不认可
百分比(%)	23	27	28	16	7

资料来源:本团队调研。

他们总是恰如其分地保持着自信,因此"抠抠搜搜"也脱离了贬义的色彩,成为他们自我调侃的热词。自我意识的觉醒,让他们在薅羊毛的赛道上展现出"我'抠'故我在"的肆意姿态。

访谈:能薅到羊毛也是我的本事

受访者:何湖,女,1997年生,在读研究生,现居地:贵州贵阳

Q:你平时会薅羊毛吗?

A：我可是省钱小能手，绝对不会多花一分钱，能薅羊毛肯定要薅。

Q：平时都是通过哪些渠道获取优惠信息？

A：我很喜欢玩某书，买东西都会在上面做一下攻略，会看一些好物分享，有些时候也会刷到一些领优惠券的经验。这几天还买了个防晒衣，才38元，但是颜值很高，真的是"书"中自有黄金屋。

Q：喜欢"薅羊毛"就是"抠门"，你怎么看待这个观点？

A：能薅到羊毛也是我的本事，我也不怕别人觉得我抠门，而且我会把这些羊毛信息分享给我的朋友们，大家一起薅。

Q：对于别人的抠门评价，你会很在意吗？

A：我觉得我们更注重自己当下的感受，像"抠门"这种评价我不太会在意，而且我认为薅羊毛也不能叫一毛不拔的抠门吧，我们虽然会薅羊毛，但是购物开销还是很多的。

Q：你觉得找优惠券之类精打细算的购物方式浪费时间吗？

A：有些时候会意识到这个问题，但可能还是控制不住花一些时间在这上面，一边精打细算一边花了很多钱。

从"安利"到"拔草"，你经历了什么

1. 风靡的种草和安利，真的亲测有效吗

"3、2、1……买它！""学生党锁死""亲测有效""好好看，被种草了！"但凡是Z世代，估计都见过或听过这些话。Z世代是网络原住民，也成了"被种草"比率最高的人群。在网购中，"草"字通常可以理解为长势凶猛的购买欲。种草即为产生购买

欲望。

精致的妆容加新潮的穿搭，配上合适的背景音乐（BGM）、精准狙击你的标签（tag）和目的性更弱的日常感分享，这样的博主向你安利美妆产品或者时尚单品时，确实很难让人拒绝。随着"种草经济"的发展，意见领袖（KOL）们完成了原始的流量和粉丝积累，大量品牌方也盯上了这块带货的大蛋糕。于是，安利的帖子或视频质量变得良莠不齐，博主"恰烂饭"的事件也屡屡发生。越来越多的 Z 世代发现，他们跟风入手的产品，不是货不对板，就是品牌溢价严重，甚至根本不符合自己的需求。

泥沙俱下的"种草"之下，Z 世代的热情逐渐开始冷却，消费慢慢回归理性。

DT 研究院《2023 青年消费调研》数据显示，仅有 3% 的 Z 世代愿意为喜欢的 KOL 或明星代言的新品买单，至于复购，KOL 或明星代言产生的影响更是低至 1.3%（见图 7-5、图 7-6）。值得注意的是，这是他们理性思考的答案，与现实的消费行为可能存在一些出入，现实中无可避免地会出现某些冲动消费行为。但此调查结果足以反映出，Z 世代最重视的是消费体验和质量，并不会盲目追捧 KOL 或明星"意志"。

Z 世代对 KOL 种草持开放态度的同时，对网红和过度营销保持警惕。他们追寻真实、真诚、有深度的推荐，会根据自己的条件、预算和需求选择购买与自己相匹配、更加个性化的商品。

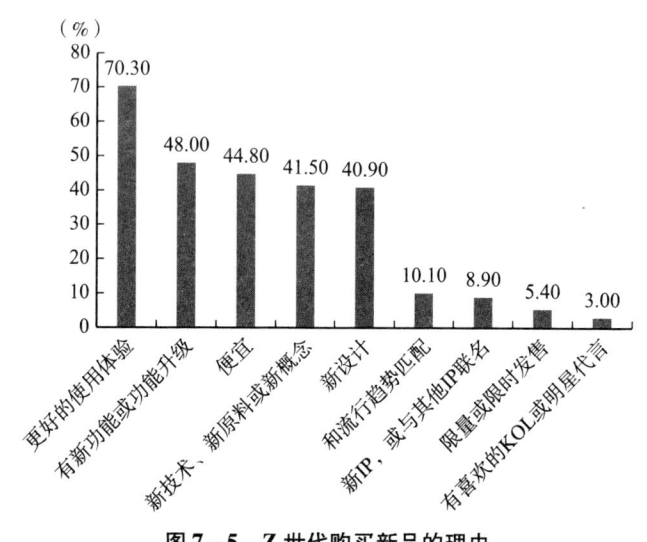

图 7-5　Z 世代购买新品的理由

理由	百分比(%)
更好的使用体验	70.30
有新功能或功能升级	48.00
便宜	44.80
新技术、新原料或新概念	41.50
新设计	40.90
和流行趋势匹配	10.10
新IP，或与其他IP联名	8.90
限量或限时发售	5.40
有喜欢的KOL或明星代言	3.00

资料来源：DT 研究院《2023 青年消费调研》。

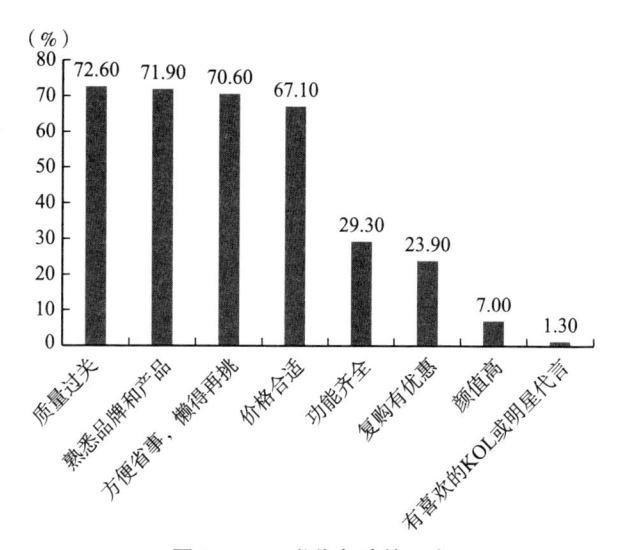

图 7-6　Z 世代复购的理由

理由	百分比(%)
质量过关	72.60
熟悉品牌和产品	71.90
方便省事，懒得再挑	70.60
价格合适	67.10
功能齐全	29.30
复购有优惠	23.90
颜值高	7.00
有喜欢的KOL或明星代言	1.30

资料来源：DT 研究院《2023 青年消费调研》。

2. KOL 全是雷品和"拔草",那我走

为了走出"种草经济"的圈套,Z 世代开始在网络上"求拔草"。

"爆款避雷""谁买谁后悔""拔草"等词条的点赞量、评论量不断飙升。以词条"避雷"为例,仅根据小红书 2024 年 7 月 14~20 日一周的数据,美妆和家居家装类的避雷笔记数已分别高达 2 000 条和 1 200 条,互动量最高达到 40 万条。

抖音、B 站、小红书上,不乏各类专业测评"红黑榜"的博主。有的关掉美颜滤镜,以最贴近普通人的身材容貌亲身试用,分享产品测评,表达最真实的使用感受,让消费者避雷;有的则引用相关科普观点和试验数据,或直接收集一手试验数据,科学地帮助消费者"拔草"。

以前,Z 世代看"种草",经常会被安利一些不具性价比的风靡商品。现在通过看"拔草",Z 世代的目光回归到商品本身的性能和价格,并在买单前重新审视自己的需求。

3. KOC 锐评:不是无人区玫瑰,是医院消毒水

相比于 KOL,Z 世代似乎更愿意倾听 KOC(关键意见消费者)的声音。

"随着避雷帖越来越多,我感觉拔草也逐渐发展成了博主的流量变现手段。单纯的流量能有多少钱?现在的博主打着拔草的幌子,一面忽悠粉丝避雷黑榜,一面将合作品牌方的产品植入红榜。反正我是越来越不信任那些大博主了。不管是避雷帖还是拔草视频,都是为了从负面评价里获得真实的产品信息,再与自己的预

期相比,看能不能接受,避免盲目消费。"受访者刘鹏这样说。

本团队调研结果显示,在回答"网络评价和口碑会对你们的理性消费产生影响吗?"的问题时,69%的Z世代选择"认同"或"非常认同"(见图7-7)。这里的网络评价和口碑,是他们识别广告之外、来自真实用户的自发性反馈。

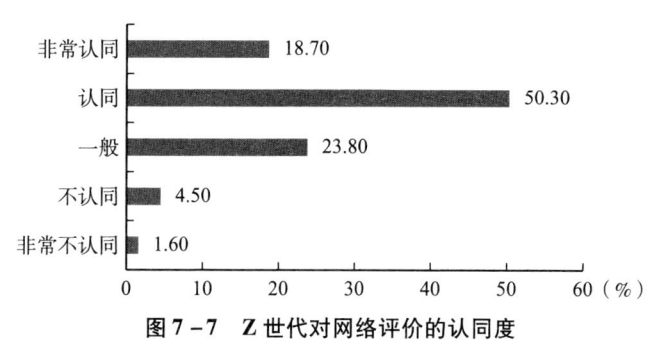

评价	百分比
非常认同	18.70
认同	50.30
一般	23.80
不认同	4.50
非常不认同	1.60

图7-7 Z世代对网络评价的认同度

资料来源:本团队调研。

Z世代习惯于通过以B站、小红书为代表的平台小博主(KOC)来了解产品信息,试图减少踩雷的可能。在Z世代看来,虽然KOC仍旧无法排除"暗广"的可能,但相比于粉丝基数庞大的知名博主,其分享的内容多基于个人体验和感受,更真实,也更接地气。KOC提供的有效评价能有效辅助Z世代作出更加理性的消费决策。

4. Z世代会自我"拔草"

不仅通过外部的评价,当下的年轻消费者也学会了自我拔草。

本团队调研显示,82.4%的Z世代的受访者认同理性消费是有必要的,79.6%的受访者会在购物过程中考虑自己的消费是否值得，72%的受访者有减少冲动消费的意识（见表7-5）。

表7-5　　Z世代对理性消费和冲动消费的态度　　单位：%

内容	非常不认同	不认同	一般	认同	非常认同
理性消费是有必要的	0.90	1.50	14.20	42.80	39.60
会考虑消费是否值得	0.70	2.90	15.80	43.40	36.20
打算减少冲动性消费	1.40	4.50	21.10	42.80	29.20

资料来源：本团队调研。

Z世代在消费过程中主动抵制冲动购买，避免不必要的开支。他们能清晰地区分需求和欲望，以制定预算、设立等待期、比较价格、考虑长期价值等手段自发地实现财务上的拔草，力求理性消费。

访谈：我有购物冷静期

受访者：蔡婷，女，2003年生，大学生，现居地：辽宁大连

我可能算是生活费比较充裕的，所以有存钱的可能和动机。每个月我都会转出一部分钱存到不经常动用的银行卡里，同时也就给每月能花的钱设定了金额上限。

我是那种经常刷小红书的女生，还经常吃到别人的"安利"，但是这时候我会认真考虑值不值得入手，毕竟我一般不动用我的小私库。于是，我会先在小红书和购物平台的评论区收集一些负面评论，这时候购物欲自然而然就会冷却一些。这时候，我考虑的一般也就三个固定的问题：我真的需要吗？价格合理吗？品质有保证吗？一段时间之后，如果我还惦记它，并且能接

受它的一些缺陷，我就会果断下手。当然，如果念头已经打消了，那自然就没必要买了。

为何 Z 世代热衷于"拔草"？他们具有追求个性化、擅长自我表达和不盲从的特点，当发现"种草笔记"难辨真假时，会选择独立思考，判断商品的品质，"拔草"算是一种理性的回归。

从接受"安利"到自觉拔草，可以说是外部影响下 Z 世代消费心理的自我调节，最终达到冲动消费和理性消费的平衡。

攒金豆——"钱好像花了又没花"

1. "淘金客"上线

深圳水贝市场作为国内最大的黄金批发市场，这些年不知不觉多了一批年轻的"淘金客"（见图 7-8）。从质疑"大妈"、理解"大妈"到成为"大妈"，这届年轻人经历了什么？

图 7-8 深圳水贝黄金市场的年轻人

资料来源：作者拍摄。

访谈：攒金豆既能保值还能攒钱

受访者：谭乐，男，2000年生，在读大学生，现居地：福建福州（攒金：6.8克，入手均价：467.73元）

  我攒金豆的起因是看到一篇帖子："如果管不住自己花钱，就买一颗小金豆约束自己。"我每个月的生活费是2 500元，基本是两个月入手一颗金豆，一颗的价格差不多500元，在app上偶尔也会买。攒金豆之后，现在慢慢地也会关注下国际金价的变动。我认为自己不买黄金，钱还是会花在其他地方，买了黄金还能保值，何乐而不为。像其他的理财，比如基金这些我不太懂就不会碰，害怕最后颗粒无收，我属于低风险偏好者。

  世界黄金协会发布的《2021中国黄金珠宝消费调查白皮书》显示，Z世代人群对金饰的购买意愿已从2016年的16%升至2021年的59%。天猫珠宝饰品、淘宝珠宝饰品联合智篆GI发布的《2023珠宝饰品行业趋势白皮书》指出"00后"消费黄金的热情高涨。在购买黄金的人群中，年轻人摩拳擦掌，毫不逊色于当年在金店门口排长队的"中国大妈"[①]们。

  在本团队调研中，13%的受访者表示自己有过攒金豆或者投资黄金的经历，而朴睿联合见数发布的《2023 Z世代奢侈品消费观念及趋势研究报告》指出，在黄金消费上，超58%的受访者更看重它的保值性，黄金一定程度上被赋予投资属性。同时，

[①] 媒体调侃国内中年女性大量购买黄金引起世界金价变动而产生的新兴名词。

20%的人越来越认可黄金饰品。还有一部分人认为，攒金豆是一种比较灵活的消费方式，黄金不仅能保值，还可以换成自己喜欢又有颜值的黄金首饰。

结合相关调查我们发现，Z世代对黄金的热爱恰恰与他们"既要又要"的消费观不谋而合——理性消费是必要的，同时审美也不能落下。

2. 轻奢哪有黄金香

所谓轻奢，它的英文直译过来就是"可以负担得起的奢侈品"，它定位不属于高级奢侈品牌，但又比大众品牌更能体现品质，可称得上是极具性价比的奢侈品。

曾几何时，初入社会的"80后""90后"女孩们，拥有一只能拿得出手的包仿佛就能给自己安全感。但在经济条件限制下，奢侈品包包买起来过于肉疼，而"轻奢"则正中下怀……哪能料到，当年咬牙买下的轻奢包包已沦落为"时代的眼泪"。

是Z世代不买奢侈品了吗？其实不然，而是轻奢在Z世代眼里好像没法"装"了！

访谈：买轻奢不如买黄金

受访者：丁叮，女，1997年生，互联网运营，现居地：上海

我的很多包包都是之前买的，基本都是轻奢品牌，都是2 000~5 000元入手的，我的月收入6 000元多点吧。刚上班的时候觉得需要用包包来撑撑面子，但是大牌又买不起。后面发现这些包包只是偶尔用一下，基本不保值，几千块的东西磨损又会

心疼，总体上还没有9块9的帆布包好用。现在基本不会再买包了，我更愿意买黄金之类的，黄金有种花钱买了东西但是还有钱的感觉，比包包香多了。

朴睿铂尔联合见数发布的《2023 Z世代奢侈品消费观念及趋势研究报告》显示，超过60%的Z世代最关注经典大牌类的奢侈品品牌，所占比例远超新潮高奢、高端国潮及设计师品牌。有25%的Z世代表示喜欢大面积覆盖品牌经典元素的产品，同时有超18%的Z世代认为这是保值的体现。但是，在奢侈品涨价方面，认为"不影响其购买"的人数与"不愿意为高溢价买单"的人数基本持平。同时，28%的调查对象认为"涨价不影响消费"，但比较讨厌涨价这种行为。

"轻奢"的概念好像在Z世代这里不灵了，年轻人对奢侈品消费的态度逐渐回归价值本身。

3. 安全感是自己给的

丁叮大学毕业已经5年，2023年3月份还清欠款之后，决定开始攒钱。除了存钱，到现在她已经买入26克黄金。她每天都会习惯性地看下账户里的余额，这让她有着前所未有的安全感。"我之前有过很长时间的超前消费，简直就是血泪教训，所以现在开始用app记录自己的花销，一些没必要的花销变少之后，才能存到钱。之所以买黄金，是感觉很保值，可以跑赢通货膨胀，但也不会买太多，存款的20%就差不多。太多了也会有危机感，其他的一部分资金是存款，还有一部分会买基金。"

回归理性的Z世代，在面对消费和投资时都开始变得谨慎。在本团队调研中，超过81.1%的调查对象认为理性消费可以帮助他们避免不必要的开支与债务，同时也能提高家庭经济的抗风险能力；73.6%的调查对象认为理性消费实现了自身经济能力和实际需求的合理匹配；同时，超过半数的调查对象认为理性消费可以在一定程度上改善生活的品质和消费习惯（见表7-6）。

表7-6　　　　Z世代认为理性消费的积极影响　　　　单位：%

态度	避免不必要的开支和债务，提高家庭经济的抗风险能力	实现了自身经济能力与实际需求的合理匹配	可以购买平时舍不得买的物品，提高生活质量	改善了消费习惯
非常不认同	2.10	1.10	2.20	2.00
不认同	4.10	3.50	5.30	7.10
一般	12.70	21.80	30.00	30.90
不认同	28.50	44.00	39.80	40.90
非常认同	52.60	29.60	22.70	19.00

资料来源：本团队调研。

超前消费的即时满足可以让人开怀一笑，但随之而来的危机感更让人手足无措。身处VUCA时代①，Z世代的安全感从何而来？这个问题也许要用很长的时间去解答。但是，手持用途灵活的黄金的Z世代，仿佛变身乐于雕琢的匠人，掌控着金子，也掌控了自己的安全感。

---

① VUCA时代：指当前volatile（动荡）、uncertain（不确定）、complex（复杂），以及ambiguous（模糊）合一的时代。

"闲鱼"不"闲"

1. 日均 GMV[①] 突破 10 亿，闲鱼实现大翻身

起初，作为阿里旗下主打闲置用品交易的子公司，闲鱼并没有引起多大的关注。由于二手的属性限制，闲鱼在一众电商平台中似乎没有太大的竞争优势。

但，数据会说话。

在本团队调研中，受访的 1 385 位 Z 世代中有 464 位表示使用过二手交易平台，占比高达 33%。2024 年 3 月，闲鱼官方发布消息，称其日均 GMV 已经突破 10 亿元，活跃用户超 8 000 万人。

截至 2024 年 4 月，凭借极高的活跃渗透率，闲鱼已经一跃成为年轻人最青睐的主流电商平台，坐拥 1.62 亿人次的月活用户，其中年轻人群占比高达 49.4%（见表 7－7、图 7－9）。年轻一代已然成为促成闲鱼发展的中坚力量。

表 7－7　亿级电商平台 app 年轻人群用户规模（2024 年 4 月）

平台分类	闲置电商（闲鱼）	直播电商（快手）	综合电商（淘宝）	综合电商（京东）	综合电商（拼多多）	直播电商（抖音）
app 整体用户规模（亿人）	1.62	4.22	9.16	4.85	6.62	7.65

资料来源：QuestMobile《2024 泛年轻人群营销洞察报告》。

---

① GMV：商品交易总额（gross merchandise volume），多用于电商行业，一般包含拍下未支付订单金额。

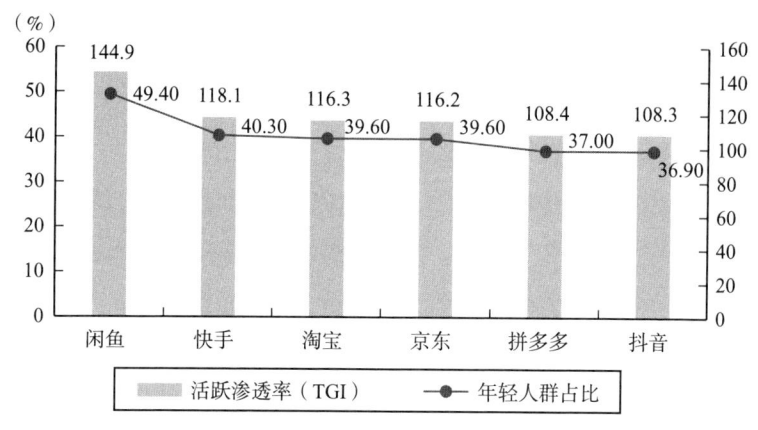

图 7-9 亿级电商平台 app 年轻人群活跃渗透率 TGI 及占比（2024 年 4 月）

资料来源：QuestMobile《2024 泛年轻人群营销洞察报告》。

在理性消费趋势下，Z 世代对消费提出了更低价、更环保的愿望和要求。天时、地利与人和兼具，以 C2C 为主的闲置交易平台闲鱼实现了平台、供方、需方的三赢。这不仅是一个购物平台崛起的故事，也是 Z 世代消费转型的一个缩影。

2. 该省省，该花花，在闲鱼凑齐一个家

"本租房党花百来块买到一个九成新微波炉，我是天选之子。"

"五折买到龙年限定皮肤，速来膜拜！"

"七折的奶茶券和电影票它不香吗？"

2023 年末，闲鱼总结了年轻人十大省钱信息差——在线捡装备、无痛换新机、低价代缴费、娱乐圈批发价、轻松上车、百

元级安家、内部价代购、低成本上岸、出游靠闲鱼、吃喝听券。不管是"入二手",还是"找优惠",主打的都是一个"低成本、高享受"。本团队调研显示,被问及"相比老款,买新款会让我更有经济压力"时,32.7%的Z世代表示赞同。他们说自己追求的是性价比,而无所谓是否为最新款。

Z世代消费逐步展现出第四消费时代①的特征,他们具有更加务实的消费观和对闲置文化的认同,消费趋于理性化。

理性消费的背景使二手电商焕发生命力。闲鱼为这种需求提供了平台,让物品重获新生,也使得消费更具可持续性。对Z世代而言,他们一方面能出手闲置物品,弥合以前的冲动消费,给自己的钱包回回血,一方面又能通过入手闲置物品,实现自己对极致性价比的追求。

访谈:闲鱼超低价,买到就是赚到

受访者:于意,女,1998年生,培训机构HR,现居地:广西桂林

我算是闲鱼的忠实用户了。平时主要在闲鱼上买二手书籍、买优惠券和借会员,像这些都比较频繁,毕竟能用低价买到同质的产品和服务。其次是数码产品,一般要求走验货宝就不会有大问题,超低价买到就是赚到。最划算的是找演出票,开演前1~2天上闲鱼疯狂刷,总能看见因为各种原因去不了现场的朋友原价出票,相比黄牛可友好太多了。

---

① 第四消费时代:日本知名社会观察家三浦展将日本消费社会归纳为四个层面:重视家庭的第一消费,追求奢侈品的第二消费,崇尚个性的第三消费,以及重视环保、乐于共享、追求内心充实的第四消费时代。

其实我上闲鱼之前先会去淘宝和京东等电商平台看看,这首先是一个比价的过程,其次会比质,也就是考虑省下的钱值不值得我买二手。所以要说偏爱闲鱼的原因,其实很简单,一来我追求一个"省"字,二来我也能接受别人的二手。毕竟谁的钱也不是大风刮来的,能用更低的价格满足自己的需求,何乐而不为呢。

我就说今天少了点儿什么,原来是还没打开闲鱼。

3. 有闲鱼,还过什么"6·18"

每年一度的"6·18""11·11",各大电商平台加大促销优惠力度,开启全天常态化直播,争先恐后提升流量,试图赢得消费者青睐,平台竞争进入白热化阶段。

但是,多数Z世代受访者对大促的热情并不高。不管是送福利还是大促销,Z世代看起来对商家的手段并不买账。"第一个,找补贴、凑满减对我来说时间成本高,而且避免不了冲动或随手买一些本来不需要的东西,这种脱离掌控的感觉让人不太舒服;第二个,现在可能市场比较饱和,不同商家之间竞争激烈,平时大大小小的折扣不断,没必要等到'6·18'再囤货。"在我们的深度访谈中,受访者李姗如是说。

Z世代消费者开始变得更加成熟和理性,更注重当下的、实际的需求。

本团队调研数据显示,近半数Z世代认同他们常常花费很多的时间与精力计算如何购买商品才能获得最大优惠(见图7-10)。一方面反映年轻人在消费上越来越精明,另一方面反映花哨的促销策略给消费者带来隐性成本的上升。容易冲动消费、隐性成本高、特定时间段的限制成了传统大促无法掩盖的缺陷。

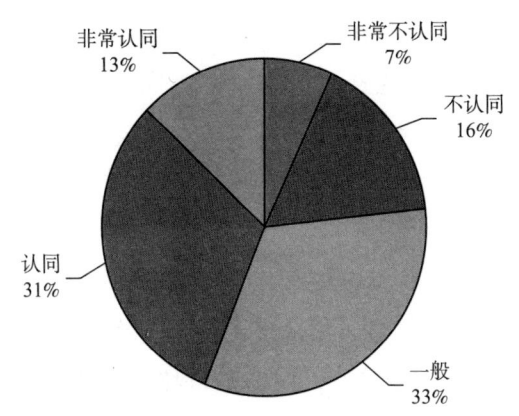

图7-10　Z世代为获得最大优惠所耗费时间与精力的意愿

资料来源：本团队调研。

此时，闲鱼打出了"有闲鱼，还过什么6·18"的独特旗号。与其在大促蹲点抢限时新机折扣，不如上闲鱼看高成色靓机，二手价格享一手品质；与其在大促大肆囤，不如上闲鱼买工厂货。简单来说，这是以Z世代消费者的理性消费需求为锚点，打出一套差异化营销策略，将"上闲鱼，天天都是低价"的口号植入消费者心中，以获得可被预料的长尾效应。

传统电商大促"买新换旧"的特点已经不适宜Z世代的年轻人，消费者有需求，闲鱼做创新。"有闲鱼，还过什么6·18！"这是一次平台和Z世代消费者的双向奔赴。

3. "绿色双11"让绿色流通,让惊喜发生

上闲鱼,不仅仅是为了省钱。

"很多东西根本就没坏,而且根本也不存在过时的问题,这种情况我会考虑上闲鱼挂闲置或者入手别人的闲置。不是说完全出于环保意识,但这种低碳行为确实会让我有一定的满足感。"拥有时惜物,闲置时让物流通起来,需要时拥抱二手闲置,这是李姗的消费观。

认知上,高达54%的Z世代对可持续消费的了解程度高,仅有10%表示不太清楚;态度上,超半数的Z世代在生活中支持并践行可持续消费观,积极选购可持续产品(见图7-11、图7-12)。

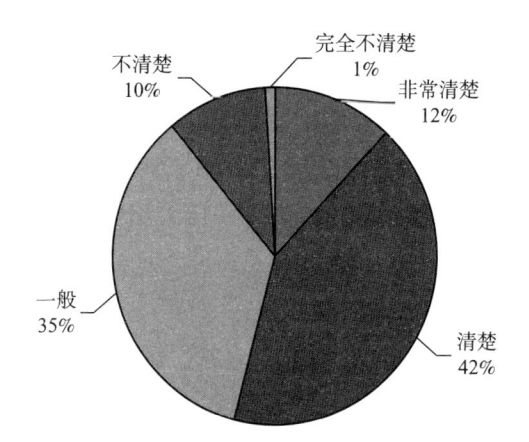

图7-11 Z世代对可持续消费的认知

- 完全不清楚 1%
- 不清楚 10%
- 非常清楚 12%
- 一般 35%
- 清楚 42%

资料来源:VOGUE BUSSINESS2022年《解码中国Z世代的可持续消费观》白皮书。

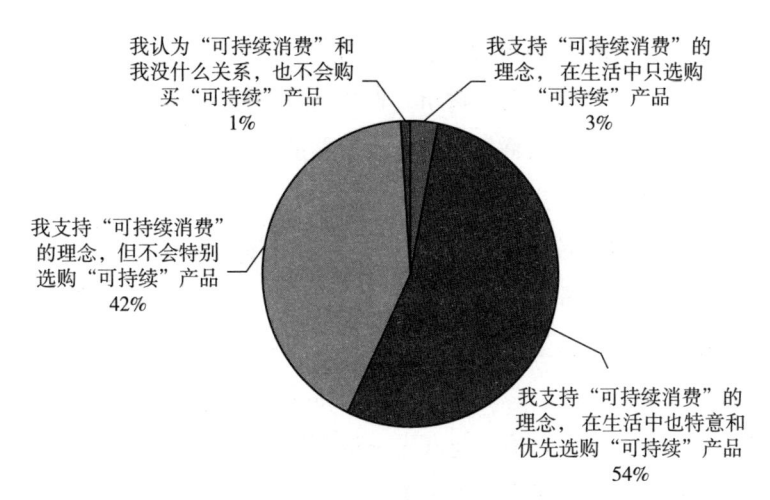

我认为"可持续消费"和我没什么关系，也不会购买"可持续"产品 1%

我支持"可持续消费"的理念，在生活中只选购"可持续"产品 3%

我支持"可持续消费"的理念，但不会特别选购"可持续"产品 42%

我支持"可持续消费"的理念，在生活中也特意和优先选购"可持续"产品 54%

图7-12　Z世代对可持续消费的态度

资料来源：同图7-11。

这一代年轻人深谙"可持续的"智慧。为迎合Z世代这种"惜物""循环"和"可持续"的观念，闲鱼开始默默发力。作为二手闲置交易平台的领军者，闲鱼为闲置物品的"流转"和"新生"提供了高效渠道。在毕业季，数以万计无处可去的学习资料、校园小电驴、收纳用品等找到了下一任主人，实现"焕新"。

2023年的"双11"，闲鱼更是成为整片大促"红"里的一抹"绿"。在"让绿色流通，让惊喜发生"的口号下，它打出了一套绿色低碳组合拳。一方面是"超级流通机"计划，邀请了欧莱雅中国、星巴克、蜂花、滴滴拼车等具有绿色心智的品牌加入，发起了"空瓶换新瓶""拿铁换拿铁""零碳买卖""1块绿色出行"等活动；另一方面是"擦亮乡村夜空"计划，在"双

11"期间，用户在闲鱼的一切绿色行为都能积攒能量，用该能量可点亮路灯，照亮云南、贵州、青海三地的村庄。此外，以具体可感的形式传递减碳喜报，如大象的重量、小汽车行驶的碳排放量等，让用户获得更大的成就感。

作为一种循环经济，闲鱼二手交易促进了商品回收和再利用。通过共享资源，提高了资源利用效率，减少了资源浪费和环境污染，符合可持续发展理念。闲鱼公开数据显示，闲鱼日均交易额已突破10亿元。① 而仅是交易一部手机，其碳减排量就相当于592个8瓦的电灯泡一起发光一整晚所产生的碳排放量。毫无疑问，闲鱼这个二手交易市场为地球资源的循环利用和节能减排作出了重要的贡献。

完成闲置流通，实现轻松减碳，闲鱼提供的平台让环保的齿轮不停转动。而Z世代的消费理性，不仅停留在追求性价比的消费观上，更体现在推崇绿色、低碳、循环、可持续的价值观上。

无论线上线下，供给端的竞争愈演愈烈，相比于X世代、Y世代，Z世代消费者"对战"商家有天然的优势，并且他们试图谋求更强的需求端优势地位和话语权。他们的消费观念越来越理性，出手也越来越稳健。

闲鱼总裁丁健给出三个关键词来形容当代年轻人——能赚、会省、会玩，并立足于此不断完善和更新闲鱼业务。2023年11月，阿里巴巴财报会议上，CEO吴泳铭宣布闲鱼为阿里第一批战

---

① "绿色风"吹热新市场，年轻人每天在闲鱼交易超10亿［EB/OL］.新华网，https：//www.xinhuanet.com/tech/20240313/43a27dffab6242c7a61a73dd560a56ed/c.html.

略级创新业务。① 十年前的那条"咸鱼"已然一跃成为阿里四小龙之一,在未来,以闲鱼为代表的二手交易平台仍大有可为。

这是存量博弈的时代,低价、可持续的理性已成为博弈中的一张明牌。

Z世代的消费理性让人诧异!

一开始就背上了各种负面标签的"互联网世代",似乎与理性务实相去甚远。然而,经历高速发展的时代浪潮,Z世代似乎更能理解变化的眼花缭乱背后的本质是什么?

他们在被发展奇迹不断影响和改变的过程中,也在不断创造改变,妥善地调整着当下与未来的关系。

Z世代的理性,是看惯繁华的充实富足,是回归本真的宠辱不惊,是去掉虚浮的自在洒脱。

---

① 吴泳铭公布阿里第一批战略级创新业务:1688,闲鱼,钉钉,夸克 [EB/OL]. 新浪财经, https://finance.sina.com.cn/jjxw/2023-11-16/doc-imzuvnvk6558539.shtml.

第三篇

激荡时代

08　钱袋子鼓了

　　Z世代见证了中国经济飞速发展的奇迹,他们也是中国发展的最大受益者。

　　经济腾飞给国人带来硬朗的底气,也带来了更好的机遇。

　　收入水平大幅提升,商品生产能力增强,消费潜力在供需两端得到极大释放。

　　互联网的普及与发展,不仅改变了人们的生活方式,也影响了一代人的消费方式。

　　完备的基础设施建设使消费不再受空间与时间的约束,宣告随时随地随心所欲的消费时代到来。

　　急剧的变化,多样的选择,让Z世代在消费中更加特立独行强调个体特征,也让更多的Z世代消费偏向于理智与务实。

> 　　经济发展的最终目的,就是以人为本,提高人们的生活水平,扩大人们的选择余地。
>
> ——P. 斯特里顿

消费力的空前释放

　　"小时候,父亲每天骑着自行车去工厂上班,母亲会做好简单的早餐。家里只有一台老式收音机,放暑假时我们会帮忙做家务。周末,母亲会带着我们去城里的市场买菜。"

这些零碎的记忆片段,勾勒出上一代人生活的轮廓。那是一个物资相对匮乏但人情味十足的年代。每一幅画面都承载着那个时代特有的温度和质感。然而,当我们将目光转向今天,眼前的景象却是如此不同。

站在高楼大厦的顶端,眼前是一片灯火辉煌的都市景象,那是中国经济腾飞的象征,也是创新与梦想交织的现实。这座城市的每一个角落,Z世代正以敏锐的洞察力和无限的热情,探索着生活的无限可能。

从叮叮当当的自行车到驰骋街头的私家车,从沙沙作响的收音机到功能繁多的智能手机,从喧闹而杂乱的菜市场到设计精美、商品琳琅满目的大型商场。

回顾过去,中国的消费市场就像一个不断成长的孩子。早些年,还只懂得哭喊着要求最基本的"衣食住行"。转眼间,就已经蹒跚学步、渐渐长大,不再满足于"填饱肚子""遮风挡雨",开始用自己的方式去诠释丰富多彩的生活。

还记得长辈们常说的"能吃是福"吗?对于Z世代来说,这句话已经悄然变成了"会吃才是福"。这个变化的背后是消费观念的变革。从追求填饱肚子到追求美味体验,从单纯的"衣食住行"到丰富多彩的生活方式,中国的消费市场正在经历一场翻天覆地的变革。

但是,这位"少年"的成长故事并非一夜之间写就的童话。就像父母为孩子的成长提供支持一样,伴随着中国整个产业供给体系的深刻转型,"少年"日益增长的需求不再是遥不可及的梦想,而是描绘出的一幅跨越时空的壮丽画卷。作为这一历史旅程的见证者,Z世代的生活同样承载了一个时代的精彩故事,他们在享受经济红利的同时,也正试图在这幅跨越时空的画卷中添上属于自己的绚丽一笔。

1. 飙升的"高度":经济爆发式增长

自2001年加入世贸组织(WTO)以来,中国产业发展像一匹脱缰狂奔的野马,持续保持高速增长态势。2023年第一产业、第二产业和第三产业年均增长率分别为9.44%、43.23%和47.33%。全球500多种主要工业产品中,中国有220多种产量居全球第一![1] 除了数字上的突飞猛进,完备的产业门类、全面的产业结构也形成了独特的聚合优势,为我国产业链奠定了深厚的发展基础。

按照联合国产业分类标准,2019年中国就已成为全球唯一拥有全部工业门类的国家。官方数据显示,2023年中国制造业增加值约占全球比重30%,总体规模连续14年位列全球首位。持续的经济发展,带来了国民财富快速积累和生活的日益富足,国人对未来发展有了更多的期许和信心,自然也有了更大的勇气和底气去消费。Z世代出生和成长在中国经济快速增长期,经济的发展为他们的精彩生活奠定了基础。没有父辈物质匮乏的经历,他们比任何一代人更有底气去消费。

---

[1] 崔卫杰. 入世二十年 中国产业发展成就辉煌[N]. 第一财经日报,2021-12-13.

2. 升级的"技能":生产"质"的飞跃

各个领域的发明专利数量同样进步显著(见图8-1)。中国的企业也有不俗表现,仅用短短20余年就完成了惊人蜕变。1995年世界500强企业榜单中国只有1家金融企业上榜,而到了2024年中国(包括香港、澳门,不包括台湾)上榜公司的数量达到128家,制造领域除汽车外都已全面超越美国、日本、德国三国。在国际上,中国企业从默默无闻的配角到站上世界舞台的主角,龙头企业的产业结构也逐步趋于多元化。

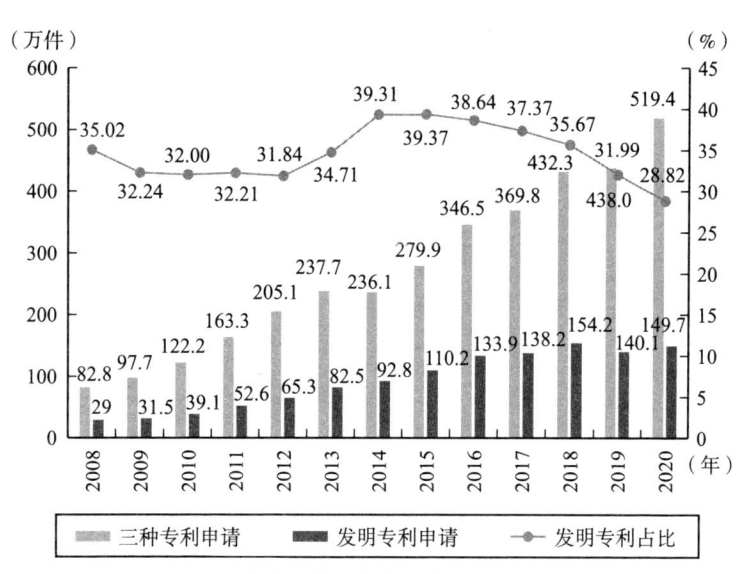

年份	三种专利申请(万件)	发明专利申请(万件)	发明专利占比(%)
2008	82.8	29	35.02
2009	97.7	31.5	32.24
2010	122.2	39.1	32.00
2011	163.3	52.6	32.21
2012	205.1	65.3	31.84
2013	237.7	82.5	34.71
2014	236.1	92.8	39.31
2015	279.9	110.2	39.37
2016	346.5	133.9	38.64
2017	369.8	138.2	37.37
2018	432.3	154.2	35.67
2019	438.0	140.1	31.99
2020	519.4	149.7	28.82

图8-1 2008~2020年中国专利申请量变化趋势及发明专利占比情况

资料来源:国家统计局。

旧日街头巷尾丁零作响的自行车铃声渐渐远去,不经意间,鳞次栉比的高楼大厦、功能强大的智能终端和内容丰富的自媒体平台，俨然已是Z世代的基础配置，他们消费的内容和体验已迥异于父辈。

3. 暴增的"零花钱"：消费力量的尽情释放

Z世代身上，似乎已看不到我们一直奉为美德的"勤俭节约"传统，他们好像更爱花钱，也更敢花钱。这些改变是什么因素导致的？又为什么在Z世代身上得以强化？

1995年以来与国民经济同样不断飙升的居民可支配收入（见图8-2）也许能为我们给出解释：Z世代口袋里的"零花钱"迅速增加，这不仅意味着能够购买更多心仪的东西，更代表着消费水平的全面升级。从"省吃俭用"到"追求品质"，从"饱食暖衣"到"知书达理"，从"必须消费"到"享受生活"。

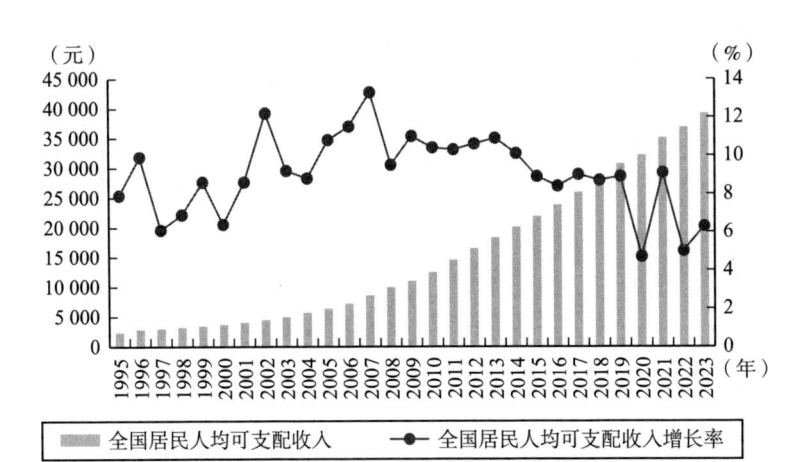

图8-2 1995~2023年中国居民人均可支配收入及增长率

资料来源：国家统计局。

充实的口袋和雄厚的资本为人们寻求不同的选择与发展提供了强大的后盾，恩格尔系数的持续下降（见图8-3），也表明人们不再局限于生活温饱，开始具备不断实现自我升级的耐心与动力，一步步从青涩的"入门学徒"到技艺精湛的"大师"。

图8-3 1995~2023年中国居民恩格尔系数

资料来源：国家统计局。

与收入相对应的是，改革开放以来，社会消费品零售总额同样在不断上升（见图8-4）。中国消费者钱包迅速充实，同时也得益于中国生产规模及生产质量突飞猛进，过去几十年被压抑的购买力和消费意愿得以释放，给市场注入了澎湃的活力。人们不断追求更为多元、更高品质的商品和服务，消费结构也悄然发生变化：电子产品、时尚服饰、旅游度假等曾经是遥远的奢侈品，如今已经成为大众家庭的"标配"。随着互联网的蓬勃发展和电商平台的快速崛起，身处全新消费环境下的Z世代的消费选择及购物渠道更为多样化、便捷化。由此，全新消费力量的崛起不断带动供给侧的产业升级和企业创新能力的全面塑造，这一群体为未来消费的增长提供了无限的可能性。

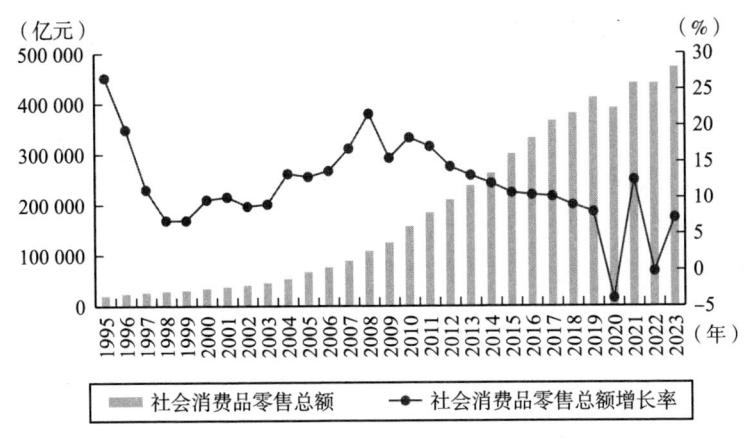

图 8-4 1995~2023 年中国社会消费品零售总额及增长率

资料来源：国家统计局。

如前文所述，高增长的产业规模、势头强劲的企业发展和不断提升的收入水平勾勒出了一幅令人振奋的经济图景。如果仅停留在数字层面，我们仍旧不能全面理解经济变革对年轻人生活的深远影响。要揭开这个谜题，我们还需将目光投向宏观角度下的经济发展，仔细观察国内市场是如何以及从哪些渠道做到有的放矢地推出产品和服务来满足这些需求。

网络经济下消费方式的变革

自 1995 年开始，中国正式步入网络时代，诞生于这一时期的 Z 世代成了名副其实的"网生代"。互联网不仅拓展了社会交往的疆域，更彻底颠覆了人们的消费生活方式。互联网时代，传统消费模式经历了翻天覆地的变化，从商品生产到市场流通，从经营策略到销售方式，无一不展现出全新的消费生态。

中国互联网的发展历程，是一部波澜壮阔的进化史。从1997年仅有62万网民，到2021年这个数字已超过10亿（见图8-5），成为全球网民群体最大的国家。在这场数字革命中，Z世代无疑是最闪耀的主角，他们从出生起便游弋在网络的海洋中，熟练运用社交媒体、移动应用和在线服务，展现出与前两代人截然不同的消费行为。

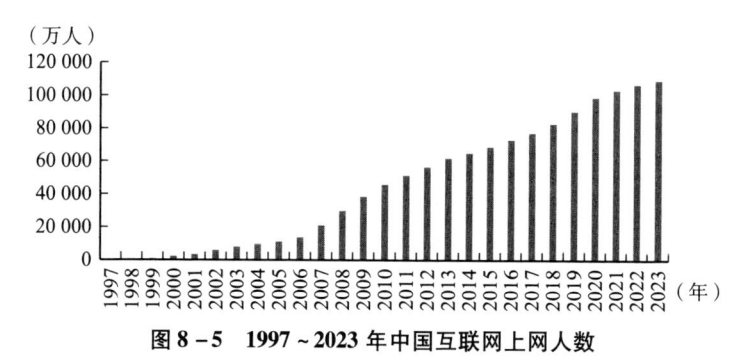

图8-5 1997~2023年中国互联网上网人数

资料来源：国家统计局。

Z世代是互联网的"天生高手"，他们的生活方式早已与互联网紧密相连。对Z世代而言，互联网早已不仅仅是一个工具，而是生活的核心。无论是购物、社交还是娱乐，他们的行为模式与X世代、Y世代有着天壤之别，这不仅是代际差异，更是一场潜移默化的消费革命（见表8-1）。当下，这场革命仍在继续。2024年6月，中国5G基站总数达到391.7万个，占移动基站总数的33%。未来,中国的5G网络将更加普及,全新的5G数字经济时代即将到来,互联网经济将迎来新一轮的蓬勃发展。

表8-1　　　　　　　不同世代消费差异对比

特征	Z世代	Y世代	X世代
购物方式	在线购物、社交媒体购买、移动支付	早期在线购物、实体店购物	主要在实体店购物
购物限制	随时随地购物,全球购物成为可能	购物受地域和时间限制	购物受地域和时间限制
消费习惯	追求个性化、定制化和高品质,乐于尝试新鲜事物,如网红产品、潮牌	消费更多基于实际需求	消费更多基于实际需求
商品发现渠道	社交媒体、KOL推荐、广告	互联网搜索、电视广告	电视广告、杂志、报纸
支付方式	移动支付、加密货币、电子钱包	信用卡、借记卡、网上银行转账	现金、支票、信用卡
交付选项	快速送货、当日达、次日达	标准送货、邮寄	实体店购买、邮寄
社交互动	通过社交媒体和电商平台进行在线社交 分享购物心得、兴趣爱好,建立广泛的社交网络 虚拟社交成为重要组成部分	面对面交流是主要社交方式 电话交流 较少通过虚拟平台进行社交	面对面交流是主要社交方式 社交活动受限于地理位置和时间
信息获取	主要通过互联网和社交媒体获取信息 实时获取全球新闻和事件 搜索引擎成为重要工具	通过电视、报纸、广播等传统媒体获取	信息获取速度慢,受地域限制

注:本团队根据相关资料整理。

1. 指尖上的欲望：Z 世代"随心所欲"的购物时代

从前，逛街才是购物休闲；如今，"滑屏"最为时尚。舒适地躺在沙发上，手指轻轻在屏幕上一划，全球的商品便呈现在眼前。中国网上零售交易额逐年攀升（见图 8-6），至 2023 年全国网上零售总额达到 15.42 万亿元。[①] 数字的背后，是一幅热闹非凡的图景：数量庞大的网购达人在线上释放着他们的购买力，每天有数以亿计的订单在虚拟与现实之间穿梭，编织出一张庞大而复杂的线上交易网络。

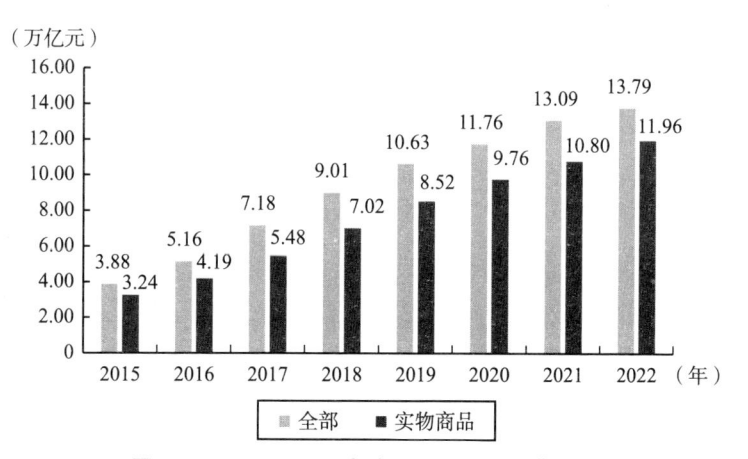

图 8-6 2015~2022 年中国网上零售消费金额

资料来源：国家统计局。

在互联网时代，网上购物是一种最普通不过的生活方式。互

[①] 中国新电商发展报告 2024 ［EB/OL］，央视网，https：//gongyi.cctv.com/2024/09/27/ARTIrmlLfmcpuerD1VtJQZX9240927.shtml.

联网消费对于国民消费的重要性日益提升,直播电商等新型购物形式不断涌现,在激发消费潜力、引领市场新风向中发挥着巨大作用。Z世代以他们独特的方式诠释"足不出户,尽享全球"的购物宗旨,不仅引领了人们消费习惯的改变,更重塑了整个零售行业的未来。这场由网络经济主导的消费革命,正以前所未有的速度和规模,改变着我们的生活,重塑商业格局。在这个瞬息万变的数字世界里,唯一不变的,或许就是变化本身。

2. 沟通无界:消费的社交化

移动互联网、大数据、云计算、人工智能……各种信息技术融合在一起,打造了一个全球互联、实时交互的网络社会。在这个世界里,"微信""QQ""抖音""知乎""小红书"等成了Z世代的社交魔杖,让沟通变得无处不在,无所不能,它们构建了一个丰富多彩的社交生态系统,文字、语音、视频、朋友圈、公众号……每一个功能都像是一块拼图,共同拼凑出Z世代缤纷多彩的社交图景。

当Z世代意识到自己能够通过消费分享获得即时的"口碑"反馈时,这些基于信任的推荐和分享,往往比任何广告都更有说服力,"消费社交化"正在悄悄地改变着整个消费生态。

"信息获取"的革命:消费社交化彻底改变了我们获取产品信息的方式。消费者不再仅仅依赖官方广告或专业评测,而更倾向于通过朋友圈、社交群组等渠道获取"真实用户"的体验和评价。这种口碑传播模式使信息更加真实、可信,也更具针对性。

"售后体验"的延伸:消费不再局限于购买行为本身,而是延伸到整个社交过程中。从产品推荐、购买、使用到分享心得，每一个环节都可以成为社交的话题和内容。这大大延长了消费的生命周期，也丰富了消费体验。

消费者权益的提升：社交化消费使得消费者的声音更容易被听到。不论是产品评价还是售后服务，消费者都能通过社交平台更有效地表达自己的意见，这在某种程度上也促进了商家提升服务质量和产品体验。

消费观念的演变：在社交化消费的环境中，消费不再仅仅是满足需求，还成了一种自我表达和身份认同的方式。人们通过分享消费行为来展示自己的品位、价值观和生活方式。

3. 搜索引航：Z 世代的理性消费之旅

网络搜索让消费者获取商品信息更为便捷，丰富的信息也为消费者提供了贴心的比价服务。只要轻点查询按钮，就能迅速汇集商品信息，进行跨平台、跨品牌的全方位对比。互联网消弭了供需双方的信息不对称，增强了信息透明度，极大地提升消费者的选择自由度和议价能力。消费者可以根据个人需求、预算范围及品牌偏好，灵活调整购物策略，从而作出更加明智和理性的消费决策，尽量让每一次点击都能转化为满意的购物体验。在网络消费中，Z 世代表现得越来越理性，他们更热衷于通过搜索引擎细致研读商品实时价格走势和用户评价，选择最优惠的购买渠道，不放过任何有关折扣、促销和优惠券的信息，确保自己能够以最合适的价格购买到心仪的商品。"薅羊毛""找平替"是消费常态，"拔草贴""红黑榜"也经常被留意。

在本团队调研中，38.4% 的人认为互联网经济提供了更多元化的产品选择；23.36%的人认为在购买产品时，更容易找到质量和服务上乘的产品；36.09%的人认为购买产品时，会在不同平台、商家进行比较，更加注重性价比。正所谓"可以买贵的，不可以买贵了"（见图8-7）。

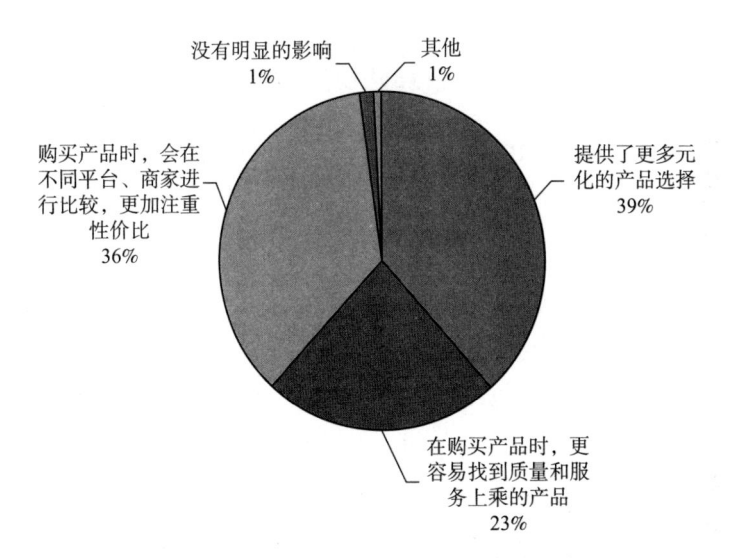

图8-7 互联网经济对Z世代消费的影响

资料来源：本团队调研。

网络消费飞速发展的背后，互联网支付和消费金融是重要推动力。"刷脸"或"扫码"，只需轻轻一点，就可以完成从线上到线下的购物支付。支付宝、财付通、拉卡拉等支付服务，让我们摆脱了现金的束缚，大大提高了支付的便捷性和安全性，让消费变得更加的简单而随意，第三方移动支付交易规模爆发式的增长。"花呗""白条"等消费金融的诞生，为消费者提供了更多的资金支持，极大地提升了消费者的消费能力和信心，激发了消费潜力，也让Z世代更想花钱、更敢花钱。

互联网经济正在以一种不可思议的速度，改变着人们的消费方式和生活方式，让选择更加多元，让交易更加高效，让世界变得触手可及。

基础设施织就繁荣网

火神山医院：10天建成，堪称神话。

港珠澳大桥：一桥连三地，天堑变通途，在造不了桥的海域创造奇迹。

重庆五桥同转的"空中芭蕾"：五座长达383.5米、累积质量高达21 500吨（相当于约15 000辆家用轿车的总重）的巨型混凝土梁桥，实现了无缝且精确的对接。

高铁时代：高铁总里程为4.5万千米，是全球其他国家高铁总里程的2倍。

南水北调：跨流域调水，润泽北方，惠及亿万苍生。

号称"基建狂魔"的中国，闪亮登场的不仅仅是上述特大项目。21世纪初，"村村通"就纳入了国家系统工程，涵盖了公路、电力、生活和饮用水、电话网、有线电视网、互联网等，织就了四通八达无处不在的电力、交通、通信网络，本身就是个世界奇迹。扎实的基础建设让城乡面貌焕然一新，人民的生活质量显著提升。在消费领域也有着深远影响，不仅使全天候的3A消费（anytime、anywhere、anyhow）成为现实，也让长距离、跨空间的交易成为常态，还促生了"说走就走"体验消费。

1. 说走就走的便捷

近年来，中国的交通网络的建设速度堪称"火箭级"。根据中国国家铁路集团有限公司官方网站的数据，截至2023年，我国公路总里程为543.7万千米，铁路总里程为15.9万千米。当下中国早已进入高铁时代，高铁总里程为4.5万千米，是全球其他国家高铁总里程的2倍。高铁规划从原来的"四横四纵"进化为"八横八纵"，高铁网越织越密。依托高速公路、高速铁路、城际轨道交通等形成了许许多多的"一小时经济圈"，让"千里江陵一日还"的梦想照进了现实，也让"世界那么大，我想去看看""说走就走"的旅行变得稀松平常。与X世代、Y世代年轻时一次长途旅行需要在拥挤的绿皮火车上颠簸好几天苦不堪言的经历相比，Z世代的出行显得多么便捷轻松且丰富多彩。因此，他们更加追求高效与自由，乐于探索未知的世界，享受多样化的生活体验。他们热衷于各种演唱会、音乐节、Livehouse的沉浸式现场体验，而正是交通的便利使他们更容易抵达活动现场。

2. 通达无界的流通

交通的发展带来了物流的繁荣，极大地促进了区域经济的融合，加速了资源流通，为消费市场提供了坚实的基础支撑。伴随电子商务的崛起，中国的物流业得到飞速的发展。2004年全国快递业务量仅为1.9亿件，而2023年达到了惊人的1 320.7亿件，日均业务量高达3.6亿件，相当于每秒钟就有超过4 000件快递在流转（见图8-8）。物流的"最后一公里"难题正在逐步破解，无论深山老林里的土特产，还是沿海地区的新鲜海鲜，只要消费者有需求，就能准时送达。

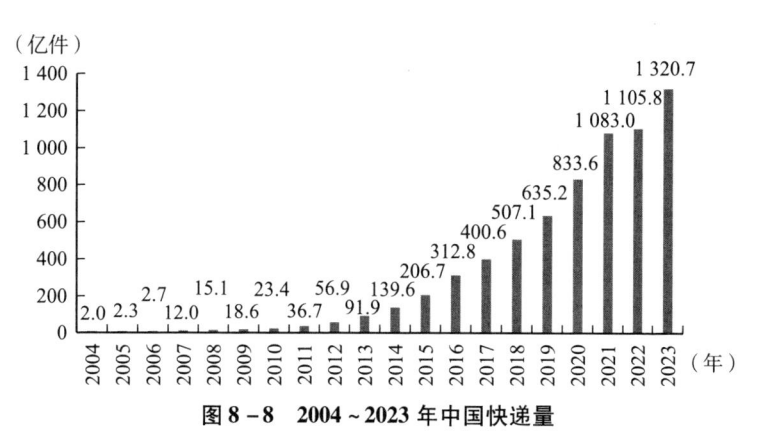

（亿件）

年份	数量
2004	2.0
2005	2.3
2006	2.7
2007	12.0
2008	15.1
2009	18.6
2010	23.4
2011	36.7
2012	56.9
2013	91.9
2014	139.6
2015	206.7
2016	312.8
2017	400.6
2018	507.1
2019	635.2
2020	833.6
2021	1 083.0
2022	1 105.8
2023	1 320.7

图8-8 2004~2023年中国快递量

资料来源：国家统计局。

在物流业的发展过程中，科学的多式联运策略，能有效拓展商品的市场触及面，推动商品经济的繁荣，还增加了市场上的产品多样性，也让消费者享受到了更广泛的选择，更优质的产品和更具竞争力的价格，增加了Z世代为高性价比的优质商品买单的可能性。

与此同时，物流业的蓬勃发展还催生了一系列新兴产业和商业模式。冷链物流、智能分拣，让消费者轻松尝鲜；即时配送实现"小时达"，满足"懒人经济"需求；逆向物流专业处理退货，优化流程，提升服务。

3. 跨越时空的体验

中国在工程技术和项目管理方面的不断积累和创新发展，推动了基础设施建设水平和能力的提升。催生了以新发展理念为指引，以技术创新为驱动，以信息网络为基础，面向高质量发展需要，提供数字转型、智能升级、融合创新等服务的全新的基础设施体系。新基建将会进一步夯实支撑中国经济新动能的基础网络，带动形成新的经济增长点，加速中国经济"全面在线"时代的到来。

新基建将带动数字化产业蓬勃发展，推动传统服务业、制造业向"在线产业"转型。新基建与产业化应用协调推进，带动了新消费、新业态、新商业模式的创新和拓展，成为消费升级的关键力量，彰显了强大经济驱动力。

随着经济的持续发展，中国消费品市场由供给短缺转向供给充裕，消费者的自由度和选择空间达到前所未有的高度，消费需求逐渐向多元化、品质化、个性化等方面发展。[1] Z 世代消费者更加追求个性化和体验式的新型消费，新基建的数字化、信息化、智能化发展让这种体验变得触手可及。在消费端，大数据分析帮助商家了解消费者的喜好，人工智能实现个性化的推荐和服务，高速通信技术提升了需求服务信息的高效传输和快速响应。在供给端，新基建促成了更好的个性化定制生产，与消费者的互动和沟通也更为便捷。通过数据分析和情景模拟，在产品设计阶

---

[1] 柳思维，陈薇. 改革开放以来中国消费品市场的历史性变化 [J]. 消费经济，2021，37（3）：3-11.

段就吸引用户深度参与，强化与消费者的互动，让消费者更加深入地了解产品并产生情感共鸣，从而为企业带来持续的业务增长和口碑传播。

Z世代消费者更看重消费体验，购物的惬意体验不单单来自对商品的占有，也包含来自消费过程中的心理契合与精神满足。[1] 中国完备的基础设施、便捷的网络体验和出行安排，打破了物理空间的限制，促进了虚拟现实结合，让消费者能够身临其境地感受消费的魅力，还能通过高度互动、个性化的场景设计，极大地丰富了消费者的体验维度。

中国基础设施建设早已实现从跟跑到领跑的转变，着眼未来，新基建绝不是基础建设的简单升级。在即将到来的数字经济时代，新基建将为中国经济实现高质量发展打下坚实的基础，也必将更加深远地影响国人的生活、生产的各个领域。

面向生活的消费革命

自20世纪90年代中国开启社会主义市场经济建设以来，从商品生产到市场流通，从经营策略到销售方式，都在经历着翻天覆地的变革：产业革命夯实了消费升级的经济基础，互联网经济带来了消费渠道的革命性进化，坚实的基础设施建设织就了一张便捷互通的消费网络。这三股力量的汇聚，创造了中国历史上前所未有的消费环境。对Z世代而言，消费不再是满足物质需求的简单工具，而是生活体验和自我表达的重要方式，与他们的前辈

---

[1] 敖成兵. Z世代消费理念的多元特质、现实成因及亚文化意义［J］. 中国青年研究，2021（6）：100-106.

有着天壤之别。Z世代在见证这场全新消费革命的同时，又在其中扮演着怎样的角色呢？

1．"效率至上"：消费的最优解

当剩余的市场空间被高度程序化、机械化生产的商品占领后，社会就开始考虑如何通过"创造消费"来实现新商品的再生产。生产已经不仅仅是产品的生产，而同时是消费欲望的生产和消费激情的生产，是消费者的生产。只有"生产"出一批有消费欲望和激情的消费者，产品才能卖得出去，商品生产的目的才能实现。

消费与生产似乎是同频并进的两条腿。人们总是期望流行的产品和服务能够更快、更便宜地出现在面前，以满足他们新的欲望。对此，鲍德里亚认为，人类除了"自我保存"的本能外，还有着一种与之对立的"尽自己全力"的冲动的本能。这种永远都希望"更多、更快、更频繁"的冲动，推动着人们消费升级。

事实上，在快节奏的消费生活中，Z世代的消费生活习惯也一度被"商品化"。一览无余地呈现在商家面前，成为驱动再生产、再消费循环的决策依据。例如，普遍的观点认为，消费能力的排序依次是女人、小孩、老人、宠物、男人。女性市场是商家赚钱的"核心密码"，因而商家都很重视设计针对女性群体的产品、服务以及消费场景。

为达到扩大人们消费需求的目的，商家不惜借助舆论、文化等因素创造各种消费主义诱惑，无止境地刺激消费，"高效率"地带动年轻人走向与生产相匹配的"最优解"。基于这种追求效率和最优解的目的，多年来各大电商平台纷纷打造诸如"双11"

"6·18"之类的购物狂欢节,创造了一场又一场震惊世界的中国消费奇观,也将电商平台的业绩推向了新的高度,与此同时,"消费得更多、更快、更频繁"也成为Z世代生活的主旋律。

2. 消费目的:独特的个人主义

站在Z世代的角度来看,"效率至上"确实是时代经济发展的主旋律:购物节兴起的背后,是大型促销下短期释放带来的错失恐惧(FOMO)心理、冲动消费欲、从众心理和炫耀欲等情绪上的驱动。追求"更快、更方便、更便宜"地买到正在流行的商品,正是对"效率"二字的诠释。但值得注意的是,这些情绪驱动下的消费,只是特定背景和时段下存在的经济现象,并不完全代表着人们消费的本质和目的。

那么,排除情绪驱动带来的短期影响,当Z世代的生活逐渐脱离了基本需求的限制后,其消费追求的所谓"本质"又是什么呢?事实上,近年来各种渲染情绪的购物节新鲜劲过去后,整体线上购物活动并没有出现萎靡。直播电商的销售快速崛起,抵消了购物网站的销售下滑,并产生了新的消费增长点。北京市消费者协会和河北省消费者权益保护委员会联合开展的直播带货消费调查显示,超六成受访者经常通过直播带货方式购物。61.82%的受访者表示经常通过网络直播带货方式购物,33%的受访者表示偶尔通过网络直播带货方式购物,只有5.18%的受访者表示从来没有网络直播带货购物经历。[1] 各品牌及电商平台

---

[1] 直播带货消费调查:超94%受访者通过直播带货购物,淘宝渠道占比53.69%[EB/OL]. 澎湃新闻, https://www.thepaper.cn/newsDetail_forward_13185487.

越来越重视购物内容的营销,实体店也紧随"热点"开始布局"即看、即买、即得"的线上线下融合新零售模式。Z世代消费的本质不再是"消耗某种物品",购物成了他们获取消费体验、享受消费过程的一种手段。

这些数据反映出,尽管Z世代会被高额的折扣力度所吸引,但他们消费决策的目标并不仅仅是节省,而是希望将有限的金钱尽可能地用于获得更多的即时乐趣。这意味着他们追求的不仅是消耗金钱和"物品"的多少,而是物质欲望在那一瞬间得以实现带来的满足感和精神上的自我充实感。

随着市场"可供选择"商品的增加,Z世代在不断选择中度过的自由时间也在增加。互相交流"最近有没有什么有意思的东西",实际上反映了Z世代在逐步探索属于自己的消费"最优解"——如何用极具性价比的方式、有限的资源和时间来获取更多的满足感和充实感。这仍是对"效率主义"的诠释,但已不同于传统意义上"更多、更快、更频繁"的消费方式。

由此,我们能从全新的"效率至上"消费模式中看出Z世代独特的个人主义消费观。这看起来背离了传统意义上消费与再生产的发展思路,但实际上这是消费理念的升级趋势,并在某种程度上推动整个经济从规模的高速增长向高质量发展转型。Z世代作为互联网经济下的"原住民",他们的成长及需求无疑在向传统产业链的数字化适应能力和自我革新能力提出挑战。发掘和创造新的经济增长点不仅成为企业抓住线上发展机遇的核心所在,同样也倒逼实体经济实现自我革新,不断融入相应的社交及娱乐元素,向更注重用户体验、提供定制化服务和沉浸式购物体验等方向发展。

消费也要独立自主

Z世代不断成长，他们的经济地位也在不断加强。越来越多的年轻人开始独立经营自己的"钱袋子"，即便父母依然是他们的"经济后盾"。在规划如何通过消费让生活更加充实之前，依然需要思考几个关键问题。

如何管理和看待自己个人的财务经济状况？

在当前的收入条件下，大概能够保持怎样的消费水平？

为了未来的生活，应该了解哪些理财和储蓄技能？

在当前经济背景中，要全面了解这些问题，我们还需理解究竟哪些经济指标会影响他们的决策和生活方式。

1. 储蓄与消费：此消彼长的博弈

作为居民可支配收入的两大去处，储蓄和消费一直都是被相提并论的重要话题。对大多数老一辈的人来说，存钱和花钱是对立的。在物质匮乏、收入水平低下的时代，他们省吃俭用也没能余下多少钱，还是千方百计想着存钱。当经济条件得到较大改善时，他们仍然不敢花钱，"没苦硬吃"，保持着较高的储蓄率。他们信奉巴菲特"不要在花费后再储蓄，而是储蓄后再消费"的箴言，认为储蓄和消费是一个此消彼长的博弈，极力压制自己的消费冲动。

图8-9表明，居民的储蓄率和消费率不断波动和起伏，大致处于一涨一跌的对应状态。储蓄率和消费率的波动，与中国经济的发展密切相关，通过图8-9，我们大致可以将其分为三个

阶段：2000年之前，国民的人均可支配收入水平普遍较低，除去生活必需的开支，没有更多的余钱可以储蓄，因此呈现出较高的消费率和较低的储蓄率；随着收入水平的不断提高，消费在可支配收入中所占的比例逐步下降，人们有了更多的余钱，储蓄率也逐年提升；进入21世纪，人们的理财渠道趋于多元化，储蓄已不是唯一选择，同时收入水平的持续提高也进一步刺激了消费，此时的消费率开始小幅提高，储蓄率逐年降低。

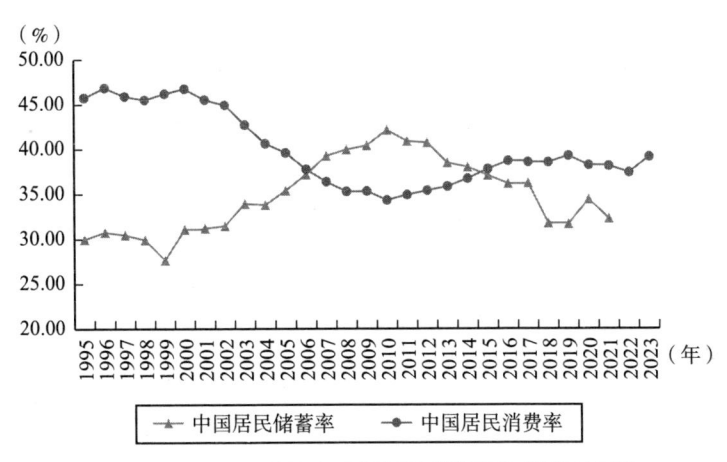

图8-9 1995~2023年中国居民消费率和储蓄率走势

资料来源：世界银行。

中国居民储蓄率和消费率的不断变化，Z世代也身处其中，并通过自己的行为对其施加影响。尽管不少Z世代也有储蓄的习惯，打小就有自己的"钱袋子"，存放着数量不小的压岁钱，但相比上一代，他们的储蓄观念淡化了不少。他们不会将储蓄和消费对立起来，认为存钱是为了消费而不是减少消费，而消费是为了更好地赚钱,"会花钱才能更赚钱"。不可否认,近几年来中国居民消费率的回升和储蓄率的下探,与Z世代成为消费生力军有一定的关系。

2. "独立且务实":回归消费体验

正如唐·塔斯考特所言:"互联网科技在影响新一代的思维方式和行为方式的同时,他们的思维和行为也在影响和塑造着互联网本身。"作为互联网的"原住民",Z世代在释放自我的同时也拥有更为强烈的自我意识和个人经营意识。

随着来自父母的关注与指导的削弱,来自数字网络的信息茧房、高效率的产品宣传和多样化的消费金融开始在Z世代的消费生活中占据主要地位。对未来收入的预期使得他们在独立生活初期不断受到各类营销信息的影响,将绝大部分的现款用于消费,甚至于通过举债消费来满足自己的需求。消费金融的兴起,在一定程度上也助长了Z世代这种消费决策。

然而,这并不意味着Z世代对数字媒体无底线的依赖和信任,强烈的经营意识、对生活品质的追求和个人打拼的艰辛,会逐渐让Z世代意识到社会信息茧房对自身的影响,拒绝不符合自身要求的产品或服务,并倾向于在同龄群体中获取新的信息。他们一方面仍期待着更有意思、更有兴趣的生活体验,一方面又无法容忍受到外部信息的欺骗和敷衍。因而,面对商家"越来越花"营销策略,变得更为挑剔和独立,甚至抛弃传统的信息获取渠道回避"欺骗"风险,"避雷"是他们保证良好消费体验的基本要求。据调查发现,多数Z世代对百度查询的结果持不相信的态度,他们更多地选择知乎、小红书、B站,或者用AI来解答自己的各种问题。

　　Z世代的这些表现，可以理解为一种务实的态度。这也从侧面反映Z世代"该省省，该花花"的独特"钱袋子"经营理念，他们仍是以消费过程中所获得的幸福感、满足感和仪式感为中心，通过更为谨慎和颇具策略的方式来逐步经营个人的爱好和生活，更偏向于追求精神反馈的务实行为。

09　时空观变了

这是一个日新月异、变幻莫测的时代。

全球化让世界变成了"地球村",科技革命所创造的社会财富超过了历史上任何时期。

这世界一直在变,激情澎湃、充满机会。

这是中国百年发展的关键节点,意义非凡!

城镇化汹涌而至,释放巨大发展动力的同时,也让许多人面临着身份转换的困惑。

全民教育普及,劳动力素质大幅提升,也进一步推动着责任意识的觉醒。

> If not now, when? If not me, who?
> ——马云

国际视野与本土情怀

1. 从封闭到开放:Z世代的成长背景

今天,全球化理念已深入地球的每个角落,互联网也将世界连接成了"地球村"。作为网络"原住民"的Z世代,一开始就沉浸在全球化带来的便利中。他们只需在智能终端上轻轻一点,就能和地球另一端的朋友无障碍交流，或者观看一场发生在千里之外的体育赛事直播。

Z世代的成长背景，完全可以用"开放"二字来概括。从1995年将全球视野带到文化和消费世界的互联网元年，到2001年中国正式加入世界贸易组织（WTO），全面融入全球贸易体系。从2008年向全世界展示中国文化魅力的北京奥运会，到2013年推出共建"一带一路"倡议，打造全新的国际公共产品和合作平台，这些无一不为Z世代的成长打开了认识世界的新窗口。由此，"地球村"不再只是一个遥不可及的概念，Z世代得以跨越地理的界限、超越文化的藩篱，感受着来自东西方文化的碰撞，置身于全球文化的激荡之中。

2. 频道多元的文化生活：Z世代的独特气质

互联网技术推动下的全球化，给Z世代的文化生活带来了各式各样的新思潮。个人意识和自由主义对中国青年的心态产生了冲击，个性与自由开始不断影响并融入年轻一代的非主流意识，并成为Z世代追求个人自由和自我表达的内心支柱。以时尚潮流和流行文化为核心的"韩流"也一度受到年轻人的青睐，独特的娱乐互动方式开始渗透于他们的日常生活，并抢占了Z世代的注意力。而动漫二次元的日系文化同样为年轻人带来了各色不同的故事和话题，具有丰富想象力和创造力的动漫作品无疑为年轻人提供了一个短暂逃避和放松自我的方式，同时他们也得以通过作品故事中的情感和共鸣，丰富自己对生活的理解和感悟，从而不断寻求现实中难以得到理解的自我认同与自信。

在这样的时代背景下，Z世代呈现出鲜明的群体特征：他们既重视个人意识和自由主义带来的自我独特感，又热衷于分享自己的生活体验、追求和同龄人之间兴趣爱好和生活态度的共鸣；既有开放包容、勇于尝鲜、追求多元化的强烈好奇心，又执着于自己的喜好圈子，具有一定的"领地意识"；既注重现实社会框架中对自我表达和爱好体验的追求，又难以平衡自我认同和社会期望，从而希望通过各色故事中的虚拟世界和角色来暂时忘记现实中的压力和烦恼。

社交媒体和短视频平台为Z世代提供了表达自我、对外发声的多维渠道。记录生活、交流观念和寻求共鸣已经成为Z世代的日常，他们热衷于消费有个性的产品、在网络社交中分享消费体验，也体现出更为显著的包容性。因各自的喜好形成以社交媒体和网络互动为基础的"粉丝"群体和独特的"话题圈"，用自成一派的语言逻辑和体系建立了不同的圈子和社群。如当下盛行的二次元圈、电竞圈、国风圈等。

Z世代通过互联网和社交媒体等工具，建立起自己的社交圈层，分享自己的兴趣爱好和价值观。为了不断满足自我的正向情感需求，在面对现实生活"严格规训"的同时，他们也需要能够容纳但不牵绊自己的"小乌托邦"。Z世代的圈层始终是流动、不稳定的液态结构，参与者可以自由地选择加入或退出某个圈子，也可以坚守成为它的忠实拥护者。正如齐格蒙特·鲍曼（Zygmunt Bauman）在论及液态化的社会时所讲的："流动的现代性的到来，已经改变了人类的状况。"随着互联网时代的到来，传统的社会结构和文化规范正在被打破，取而代之的是一种流动、不稳定的社会环境。[①] 在这种环境中,个人变得更加自由和独立,价值观念、行为模式和社会心态也随时处于变化之中,但是同时也面临着更多的不确定性和风险。

"圈层文化"是液态社会的产物,并影响 Z 世代的消费行为。本团队调研发现,70% 以上的 Z 世代认为他们在消费中都会有表达自我个性或获得归属认同的动机,同时也会因为商品背后所蕴含的文化内涵而进行消费(见表 9-1)。

表 9-1　　　　　Z 世代"圈层消费"的动机　　　　单位:%

态度	表达个性	获得归属感	商品背后的文化内涵
非常不认同	12.54	8.91	7.16
不认同	13.98	17.83	13.06
一般	31.54	32.26	26.12
认同	29.75	24.96	37.57
非常认同	12.19	16.04	16.10

资料来源:本团队调研。

3. 自觉与自醒:Z 世代的中国意识

液态社会的流动并不是完全无序的,Z 世代选择"圈子"就是不断地寻求多元化的生活内容和自由空间,其目的仍是希望找到自己的归属感与认同感。社会普遍对 Z 世代抱有一种偏见,认为他们具有追逐流行文化的狂热激情,却对社会宏大叙事反应迟

[①] [英]齐格蒙特·鲍曼. 流动的现代性 [M]. 北京:中国人民大学出版社, 2018.

钝，他们在享乐与自嗨中迷失了自我，不像 X 世代和 Y 世代那样关心国事，因而被贴上"冷漠的一代"的标签。然而，事实真是如此吗？

事实上，成长在经济社会高速发展时代的 Z 世代具有更强的国家意识和责任感。他们为中国建设的巨大成就自豪的同时，也对曾经蒙受的民族苦难感到异常的愤懑与不甘。网络短剧《逃出大英博物馆》的爆火，是 Z 世代青年群体情绪的宣泄。这个仅仅三集的短片，拟人化地讲述了中国在英文物逃出博物馆寻求"回家"的故事，感召无数国人，引发了强烈的认同感。这部短剧由一群 Z 世代青年远赴英国倾心打造，他们毫无背景，仅凭一腔热血，讲述民族情感深处的故事，让流量之花开在文化价值深处。

这些年不断涌起的"汉服热""国潮热""簪花热"等传统文化热潮，背后的主力军无一例外都是 Z 世代。全球文化交流日益频繁的背景下，Z 世代坚定地选择了本土文化作为他们最终的精神归属地。国潮文化的盛行作为 Z 世代追逐强烈民族认同的缩影，从另一个方面体现出了年轻人对民族文化的认同。他们并非迷失在全球化带来的文化浪潮之中，而是采取着与 X 世代、Y 世代不同的方式，表达出自己对民族文化的喜好立场和归属情怀。我国传统文化在当今文化浪潮中的滞后，更多源自人们对民族文化发掘程度的不够，而 Z 世代的喜爱与反馈，则是在倒逼传统文化摆脱"新瓶装陈酒"的方式，以一种全新的方式进行传承。根据极光数据 2021 年所推出的《2021 新青年国货消费研究报告》，超四成年轻人乐于承担传统文化"传承者"的角色，身体力行让更多人在日常消费中认识和感受传统文化之美，分别有 70% 的"90 后"和近 80% 的"00 后"消费者以购买国产品牌为主，新生代消费群体展现出更高的国货消费偏好。社会学家费孝通先生曾提出了"文化自觉"的概念，指的是生活在一定文化中的人对其文化有"自知之明"，明白它的由来、发展过程、所具特色和未来走向。由鸿星尔克引起的野性消费，到国潮崛起，再到非遗文化热，我们不难看出，Z世代的国家意识强烈，有着惊人的情感力量、充分的文化自觉，形成了强烈的文化自信，进而促使了中国文化和国货在全球竞争中崛起。

从生产到消费的科技创新

Z世代成长在工业化向信息化转变的第四次科技革命时代，以高精尖技术为基础的大数据、人工智能、云计算、移动互联网（"大智云移"）深刻地影响了人们的生活方式、生产方式，改变了消费者的需求、商品的供给以及消费的场景。

1. 消费升级：科技触发新需求

现代网络通信技术的发展推动消费由线下转到线上，消费不再受地理位置与营业时间限制，足不出户就能实现便捷的3A（anytime、anywhere、anyhow）购物体验。移动互联网的普及、大数据技术的挖掘以及5G网络的飞速部署，极大地增强了Z世代消费者捕捉与接纳新产品、新服务信息的能力，深刻改变了Z世代的行为习惯与偏好，也潜移默化地提升了Z世代的自我认知与价值表达，使得Z世代消费呈现定制化、个性化、多元化及特色化的特点。个性化与定制化服务也在塑造着Z世代的消费习惯，促进了情绪消费与悦己消费理念的盛行。研究机构TalkingData 2021年发布的《Y/Z世代消费洞察新趋势》报告指出，相较于Y世代，Z世代在消费决策中更加倾向于追求"自我满足"。

科技的蓬勃发展不仅重塑了人们的消费习惯，也促使消费结构发生了显著的变化。数字技术优势和模式创新，在更深层次上激发了Z世代群体对社交、尊重乃至自我实现需求的追求，促使消费结构由传统的实物型消费加速向虚拟型服务消费转型。在线阅读、知识付费到虚拟体验、文化消费极大地丰富了消费者的精神世界，满足了其精神文化需求。这种转变促进了Z世代从物质消费向精神消费的过渡，减少了对吃穿等基础物质需求的过度依赖，转而追求文化、教育、艺术、健康等更高层次的精神给养。Z世代不再仅满足于实物商品的购买，而是更加注重购物过程中的体验和服务享受。他们追求个性化、定制化的服务，随时随地通过视频通话实现面对面交流。线上教育、线上医疗等新型服务模式迅速成为消费主流，逐步取代传统消费模式。

现代通信技术的普及和移动终端的广泛应用，也为虚拟型服务消费的蓬勃发展提供了有力支撑。"虚拟现实性"的消费内容不仅极大地丰富了人们的消费选择，更深刻地改变了人们的消费观念和行为模式。在数字空间中，消费者不再是产品或服务的被动接受者，而是成为主动参与、创造和分享的主体。这种转变，不仅推动了数字经济的快速发展，也为消费市场的繁荣注入了新的活力。

2. 供给革命：新商品与新模式

科技革命带来新技术、新产品、新业态的出现，是驱动商品供给侧结构性改革的根本动力。

顾客的直接反馈往往只是他们表象需求的表达，并不能完全体现市场真实的本质需求。福特曾说，"如果当初我去问顾客到底想要什么，他们会回答说要一匹跑得更快的马"，而事实上，顾客真正的追求是拥有更为高效的交通出行工具。由于顾客的需求表达通常是基于对现有事物的认知，他们难以预见科技革命所带来的颠覆性的创新。乔布斯也发表过相同的观点："消费者并不知道自己需要什么，直到我们拿出自己的产品，他们才发现，这是我要的东西！"满足消费者最本质的需求，只有通过推出汽车、智能手机这类革命性商品才能得到真正解决。

科技的创新使得生产与消费环节关键性技术问题得以解决。通过科技创新推动技术创新，带动产品的创新，进而促进产业转型升级，形成新的业态，进而有效解决低端产品供给过剩的问题，助推中高端产品研发和制造，缓解中高端产品供给不足，创造出新的商品，满足消费者多样化的需求，增强商品供给对需求变化的适应性和灵活性。

科技赋能的智能化生产、自动化生产和数字化生产，新产品与新服务的数量与质量均实现了显著提升。涵盖智能制造、工业互联网、大数据分析、人工智能等多个领域的数字技术在推动产品创新、产业升级方面蕴含着巨大潜力，企业的数字化转型在提高生产效率方面取得了显著成效，也为数字经济的持续发展奠定了坚实的基础。

金融科技的发展催生了新型消费金融。通过大数据、人工智能等先进技术进行及时的风险评估和信用授信，实现了消费信贷的秒级审批和放款，极大地提升了人们的购物体验和支付效率。蚂蚁花呗和借呗、京东白条、美团月付等"先消费、后付款"的新型消费方式，已经成为Z世代的日常消费行为。电商平台、公众号、实时社交工具等多元化数字平台，极大拓展了大众表达自我需求的渠道，由此推动个性化、定制化消费成为新热点。

科技也让厂商在理解消费者需求方面更具优势。借助大数据、区块链、云计算和人工智能等技术，各大平台能够准确地捕捉到消费者真实的意图和精确的信息，商家能够对此迅速响应，进行用户行为分析实现精准营销，做到"比消费者更懂消费者"。甚至通过商业模式创新，有意地将消费者引入商品的设计、生产、销售等环节，让消费者从中体会到更多的成就感、参与感和认同感。这种情况下，消费者的身份发生了微妙的变化，他们不再只是单纯的消费客体和营销对象，而是在某种意义上成为厂商的合作者，他们或贡献自己的创意、参与商品的前端设计，或提供资源支持中端生产，或作为渠道承担起后端销售。近年来涌现的"创业合伙人""微商"现象，一定程度上就是科技创新的产物。这类模式创新，深受 Z 世代欢迎与支持，让他们的个性表达更容易得到实现和满足，从而容易滋生更加强调自我感受的个性化需求和标新立异的小众需求，推动市场上更加多元的新商品出现。

3. 场景创新：连接和体验的跨界融合

科技革命促进了供需链接和消费体验中的业态跨界与融合，打造了全新的消费生态，推动了消费场景的持续创新。

大数据、5G 网络等尖端数字技术的融合应用，通过网络协同的力量形成坚实的支撑平台，形成了新型的消费方式，为消费者提供了多样的消费选择空间。如淘宝、京东、美团、拼多多等电商平台凭借其强大的信息聚合与分发能力，着力发展平台经济、共享经济，为消费者搭建起连接消费潮流的桥梁，增加消费的多样选择性和便利性。由于具有更强的捕捉与接纳新产品、新服务信息的能力，Z世代在消费中更容易实现从被动接受到主动选择的转变，进而成为市场趋势的引领者、品牌口碑的塑造者以及个性化需求的表达者。各类电商客户端与直播平台的深度融合，生动的直播展示、详细的商品介绍、真实的用户评价，拓宽了信息获取的渠道，增强购物体验与信任感。

现代通信技术的普及和移动终端的广泛应用，也为虚拟型服务消费的蓬勃发展提供了有力支撑。随着消费需求由低端向高端转变，消费者对精神层面的消费体验有着越来越强烈的追求。从个性化定制到即时服务，从情感共鸣到社交分享，每一个消费环节，厂商都能通过先进的技术围绕消费者的需求与体验进行优化设计。

进入数字经济时代，越来越多的智能产品和服务进入大众消费领域，厂商也加强了对消费场景的数字化赋能。智能技术蕴藏着巨大的跨界融合潜力，扩大智能消费、拓展"人工智能+消费"应用场景成为新型消费模式，智慧商圈、智慧街区、智慧门店等消费新场景应运而生，"智能+零售""智能+医疗""智能+教育"等智能技术加持的消费模式也逐渐成为潮流。

城镇化中的社会结构重构

1. "城二代"的异化

中国的城镇化成就举世瞩目。根据国家统计局数据，截至2023年末，全国常住人口城镇化率达66.16%。越来越多的人口涌入城市，形成了庞大的消费群体，也为城市发展提供了强大的动力。城镇化在改善人们的生活的同时也打散了传统的社会结构，给不同世代的人们都造成了深刻的影响。

不少出生在农村的 X 世代和 Y 世代，跳出"农门"融入城市是他们曾经最为强烈的奋斗梦想，但实现梦想的方式迥然不同。大多 X 世代以进城务工的流动人口身份游离在城市的边缘，成为城市和农村的"两栖人"。Y 世代的"80 后"赶上高校扩招的浪潮，许多人通过升学或购房进入城市，却依然难以割舍"乡村情怀"，对农村生活深深怀念。农村经历在这两代人身上打上了深深的记忆烙印：物质匮乏，精神富足；生活简单，关系单纯；没有内卷，没有抑郁……他们依然遵循着"差序"社会的思维和原则，有很强的家族和亲情观念，习惯于"托熟人，找关系"的利益交换。[1]

X 世代和 Y 世代的"乡-城"流动，源于城乡之间巨大差距的推拉效应，某种程度上是作为城市发展的劳动力要素被"选择"而来的。他们的身份首先是生产者、建设者，然后才是消费者。Z 世代则完全不同，他们要么出生在城市，要么作为随迁子女从小就适应了城市生活，城市对他们来说有着完全不一样的理解。

对 X 世代和 Y 世代而言，城市意味着更为优越的致富机会、更好的社会保障和生活水平，融入城市是他们奋斗的"终极目标"，他们想方设法通过进城务工或升学就业或购房安家的方式在城市扎下根。而父辈的"终点"就是 Z 世代的"起点"，他们

---

[1] 费孝通. 乡土中国［M］. 成都：天地出版社，2019：39-47.

一开始生活在城市，有着更好的生活憧憬、更多样化的追求、更丰富的选择。成长环境的差异使他们和父辈在文化和理念上有着巨大的差异，他们弱化了对传统意义上社会角色、地缘关系和文化内涵的依赖，从而产生了与父辈强烈的割裂感，很难形成两代人之间的共情。

从"家族"到"个人"：上一辈之间"撕裂"般大幅变化的人生际遇、经济基础和生活目标削弱了家族内下一代人之间的血缘联系及邻里乡亲之间的地域联系，为Z世代"个人主义"的兴盛埋下了伏笔。

独特的"自我表达"：同龄人群之间阶层基础、外界环境的限制和生活内容的"断层式"差距，使得青年人之间的社会心态、认知及思维等方面出现了巨大差距。相比X世代、Y世代而言，Z世代在社交关系中更不愿容忍源自认知水平、眼界格局等方面的争论，也难以对不同阶层其他同龄人的生活方式做到"感同身受"，并期望逐步融入属于自己的"圈子"。

"快餐化"的价值认知：高速发展的网络短视频、社交软件等新媒体平台让不同环境下的每个人都能便利地接触到各色各样的价值观和生活方式，并且更为方便地感受"多巴胺"带来的精神刺激和即时快感。"海量信息"使年轻人需要通过"标签化"等快捷方式进行内容筛选，容易导致个人价值观的多元化和模糊化；身临其境般的视频体验和天差地别的生活差距，使年轻人在选择自己的人生道路和追求个人价值时，不同程度地注重物质享受和即时满足。

此外，Z世代中有很大比例是进城务工人员的随迁子女，有着"城二代"和"农二代"①双重身份,这种反差也给他们带来了很大的困扰。一方面,从小耳濡目染使他们早已习惯城市生活,在审美追求和生活品质上向城市水准看齐。另一方面,家庭经济状况和来自父母期望的压力,让他们在消费追求上感到无力。

2. "差序"结构的瓦解

随着城镇化的持续推进,城市和农村居住人口的比重倒置。大量农村青壮年的流失,传统基于血缘关系和大家族聚居的稳定的"差序"乡土社会结构被打散,家庭结构出现原子化趋势,以前"多子多孙"的大家庭被分解成几个小规模家庭,并且以远距离离散居住的状态分布各处。

居住距离的阻隔,亲戚之间的来往走动减少,使传统家庭关系网络的结构和功能进一步弱化,难以在生活上或情感上提供更多的实质性的支持和帮助。许多"农二代"只是随着父母每年候鸟式的迁徙回到陌生的农村家庭,Z世代对大家庭"共同体"的认同感降低。"远亲"现象让Z世代的亲情观念淡漠,甚至厌倦与亲戚交往中的礼仪要求,排斥长辈对自己生活或个人行为的各种约束与评价。懒于、疏于、不屑于同二代以内的亲戚互动和交往,减少亲戚之间联系、走动,甚至不再走动的"断亲"现象也在Z世代群体中非常普遍。

---

① 城二代:指父辈在城市里有稳定的工作和固定的收入,从小在城市环境中长大的青年群体;农二代:指父母的职业是农民或农民工,在农村出生或拥有农村户籍的青年群体。

但人毕竟是社会性的动物,传统的家族关系、邻里关系的弱化,必然需要建立新的替代的社会关系以满足人们的社交需要。Z世代更加倾向于自由地选择与远方的朋友建立联系,这些关系往往缺乏强制性和定义,灵活而丰富。Z世代正在重新评估现代人际关系,比起现实中的亲戚或邻居,他们对网络上的"朋友们"表现出更高的热情和参与度。数据显示,当代年轻人现实中的好友数量平均仅为2人,与朋友相处的时间平均每周也只为8.25小时,[①] 不少"独行侠"甚至连一个亲密朋友都没有。人们的社会交往即将从"强关系"时代转入了"弱关系"时代。社会学家马克·格兰诺维特指出,"弱关系"的互动频率低、情感强度弱、亲密程度低且互惠交换少,但在信息传播、机会获取等方面可能反而具有独特的优势。Z世代往往通过社交媒体、电商平台、直播平台等数字平台建立起自己的弱关系,当下流行的"i人e人""浓人淡人""搭子社交""momo匿名社交"等都属于这个范畴,它们的互动形式、社交内容以及交往关系链的构成更加灵活多样。如"搭子社交"中的"搭子"之间不需要知根知底,只是基于兴趣和需求相同而建立起链接,这种关系简单、轻盈,满足Z世代青年快节奏的生活需求,他们可以无拘束地通过在平台上进行信息交流和互动,获取多元化的消费信息、建议以及体验分享。

社会交往关系的急剧变化,是中国快速城镇化带来的结果,既有网络科技发展的助推作用,还体现了经济自由化对社会关系

[①] 《2024年社交趋势洞察报告》[EB/OL]. DoNews, https://www.donews.com/news/detail/1/3896008.html.

的深远影响。这在某种程度上意味着传统的"差序"社会结构正在逐渐地以一种新的形式重构，并在下面几个方面体现出来。

一是差序关系的弱化。亲属的远离使得关系趋于淡化，人们在社会交往中不再严格依照亲疏关系来区分对待，更加倾向于平等和公平。

二是社会规范的强化。传统社会中的家长权威（家族权威）和特权关系被逐渐打破，法律、制度和被认同的道德规范取代家族式约束地位，人们的行为越来越受到这些社会规范的影响，而不是家庭身份的依附关系。

三是人际关系的泛化。城镇化带来了更频繁的人口流动，也导致人际关系的建立不再局限于血缘、地缘或业缘关系，人们更倾向于与不同社会背景的人建立联系。同样，发达的网络通信也在某种程度上推动了更为广泛的人际关系圈的建立。

此外，这种重构也导致人们价值观念的转变和社会结构的变革。城镇化拓宽了人们的视野，人们从以家庭、宗族或者小团体为中心的价值认同，转向了强调个人自由、权利和平等的个体自我价值认同。个体与组织的关系由从属的身份依附变成平等的合作共生关系，等级分明的层级组织结构逐渐趋向于去中心的网络化和扁平化。

这一系列变化无疑会对Z世代产生深远影响，并映射到他们的消费决策上。比如，Z世代的消费更加强调自我的感受，愉悦自己的情绪往往是排在第一位的，在自己认同的事情上不轻易被家人的看法左右。Z世代的社交突破了传统的亲缘、地缘及业缘关系，以趣缘为基础形成多种独特的兴趣社群。社群的背后有着他们共同认同的符号，代表着某种要求一致性的流行方式。因而，基于社交的需要Z世代倾向于这类符号化的消费，以获得并保持这种群体一致性。消费的决策过程中，Z世代更愿意通过网络征询意见，参考他人的评价与攻略作出决定，不再局限在"熟人圈"中去寻求帮助。

3. 城市中的"独唱"：离乡之人的追梦之路

Z世代的独立生活故事，如今正随着他们的成长逐步展开，许多年轻人离开家乡，前往陌生的大城市寻求自己的价值和梦想。这意味着，越来越多的流动人口开始从农村涌入大城市，寻求更好的学习、生活和工作机会，形成了以人口高频率、大规模流动为标志的"迁徙中国"形态。

Z世代的聚集地以北京、上海、深圳等大城市为代表。这些城市能够提供更多的就业机会、学习资源和社会资源，让年轻人能在这里实现自己的价值和梦想。据第七次全国人口普查数据，2020年，在3.76亿流动人口中，流向城镇的人口规模为3.3亿人，占比高达近88.1%，与2010年相比，流动人口规模增长了1.548亿，增长率为69.73%，比2000～2010年的增量多了0.55亿。这表明乡城流动已成为流动人口的主要驱动力。在部分地区，已经开始出现或即将出现过半城镇人口是流动人口的情况，这预示着未来流动人口将继续改变中国城市的人口结构和社会格局。

流动人口趋势的愈演愈烈，代表着Z世代年轻群体更倾向于追求适应快速变化的城市节奏，找到新的工作和生活方式。这时，来自家庭的种种因素依然影响着他们的生活态度，并引导他们走向更为独特的生活方式（见图9-1）。

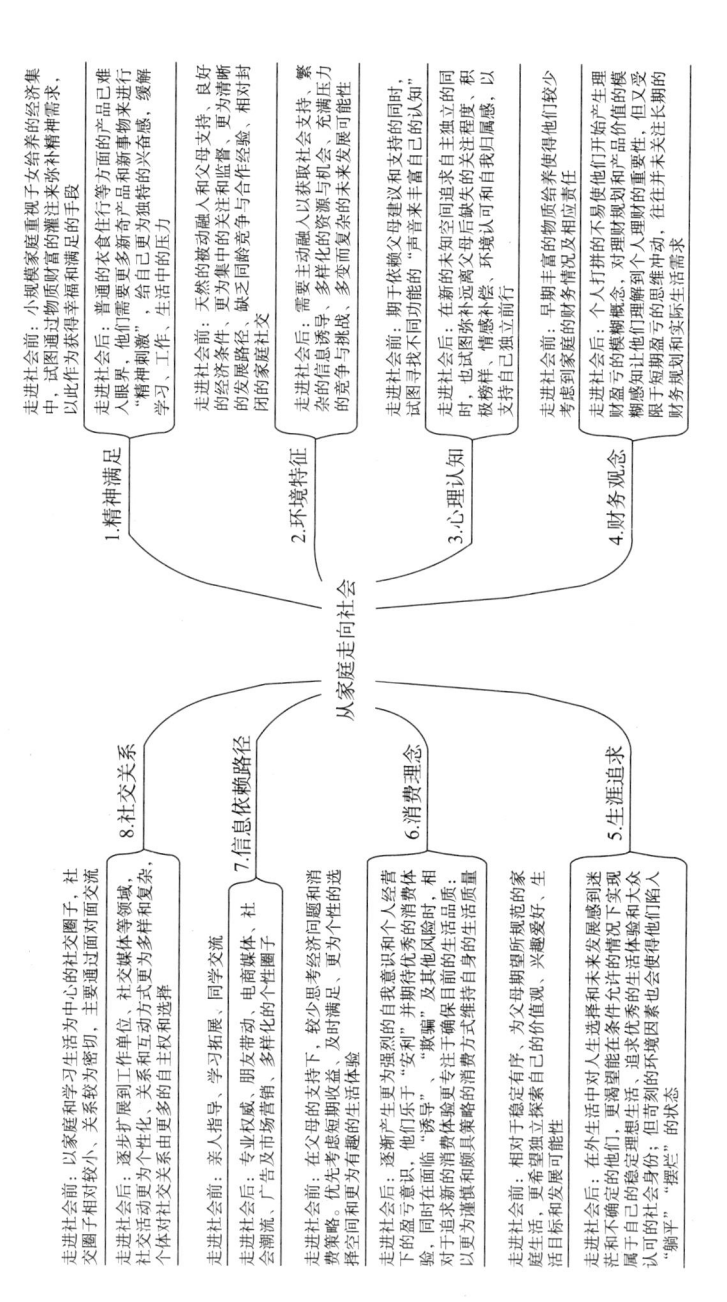

图9-1 Z世代流动青年生活的变化

从家庭走向社会

1. 精神满足
- 走进社会前：小规模家庭重视子女给养的经济集中，试图通过物质财富的灌注来弥补精神需求，以此作为获得幸福和满足的手段
- 走进社会后：普通的衣食住行等方面的产品已难入眼界，他们需要更多新奇产品和新事物来进行"精神犒赏"，给自己敞开独特的兴奋感，缓解学习、工作、生活中的压力

2. 环境特征
- 走进社会前：天然的被动融入家人和父母社会，良好的经济条件，更为集中的关注和监管，缺乏同龄竞争与合作经验，相对封闭的家庭社交
- 走进社会后：需要主动融入以获取社会支持，多样化的资源与机会，充满压力的竞争与挑战，多变而复杂的未来发展可能性

3. 心理认知
- 走进社会前：期于依赖父母建议和支持的同时，试图寻找不同功能的"声音来丰富自己的认知"
- 走进社会后：在新的未知空间缺立自主的同时，也试图弥补远离父母后缺失的关注程度，积极模仿，情感认同和环境归属感，以支持自己独立前行

4. 财务观念
- 走进社会前：早期丰富的物质给养使他们较少考虑到家庭的财务情况及相应责任
- 走进社会后：个人打拼的不易使他们开始产生理财盈亏的模糊概念，对理财规划和产品的重要性、模糊知让他们理解到个人理财中的受限于短期盈亏的思维冲动，但又期望规划和实际生活长期的财务规划和实际生活需求

5. 生涯追求
- 走进社会前：在外生活中对人生选择和未来发展感到迷茫和不确定的他们，更渴望能在允许的条件下实现属于自己的稳定理想生活，追求优秀的生活体验和大众认可的社会身份，但司刻的环境因素也使得他们陷入"躺平"的状态

6. 消费理念
- 走进社会后：逐渐产生更为强烈的自我意识和个人经营下的盈亏意识，他们乐于"安利"并期待优秀的消费体验，同时在面临"诱导"及其他风险时，相对于追求新的体验安全注于当前生活的质量，更为谨慎的策略颇具支持消费自身的生活质量

7. 信息依赖路径
- 走进社会前：在父母的支持下，较少自己经济问题和消费支持，优先考虑短期收益，及时满足
- 走进社会后：专业知识、朋友带动、电商媒体、社会潮流、广告及市场营销，多样化个性的选择空间和更为有趣的生活体验

8. 社交关系
- 走进社会前：亲人教导，学友拓展，同学交流
- 走进社会后：逐步扩展到工作和生活圈子，社交媒体等领域，社交活动由更多自主权和复杂性，关系对社交关系的由更多自主权和选择
- 走进社会前：以家庭和学习生活为中心的社交圈子，社交圈子相对较小，关系较为紧密，主要通过面对面交流

过去，流动人口主要是为了经济需要而迁徙的青壮年男性劳动力，他们来到大城市寻找更好的工作机会和拿到更高的工资，以支持远在家乡的家庭。然而，如今的 Z 世代年轻人已经有了不同的想法，他们不仅关心自己的经济收入，还注重自身的生活质量和家庭建设。

有研究认为，新生代流动青年在上海的生活方式和社会融入程度存在着明显的差异。蓝领流动青年主要是临时工，他们的生活圈子以老乡或亲属为主，社会融入程度较低。相比之下，白领流动青年则具有较高的社会融入程度，他们的同学圈和同事圈都在上海，居留意愿也更强烈。[1]

通过深度访谈，我们发现 Z 世代年轻人在选择城市生活时，会受到多种因素的影响，包括经济收入、社会融入、居住条件和政策导向等。这些因素使得白领流动青年和蓝领流动青年呈现两极分化趋势。白领流动青年由于收入较高、生活状况稳定、发展前景更好，因此更愿意在大城市实现自己的生活期望。蓝领流动青年则受限于各类因素的影响，对城市的归属感并不强，只是暂居城市以获取更高的收入。值得注意的是，无论是白领流动青年还是蓝领流动青年，如果抛却不利因素的影响，绝大多数 Z 世代年轻人都渴望能够在大城市实现属于自己的家庭生活、追求自己的激情以及建立受本地人认可的有效身份。

---

[1] 冯承才. 新生代流动青年城市居留意愿及其影响因素——基于对上海市新生代流动青年的考察 [J]. 青年研究, 2022 (5)：81-93, 96.

教育塑造的消费景观

1. 全民教育的普及

自 1999 年始，中国开启了长达十数年的高等教育大规模扩招，全国高等教育毛入学率从 1998 年的 9.76% 跃升到 2023 年的 60.2%，进入高等教育普及化阶段。[①] 毫无疑问，Z 世代是历史上受教育程度最高的一代。2024 年全国高校毕业生人数达 1 179 万，[②] 进入一个"遍地都是大学生"的时代。

作为社会化过程中不可或缺的环节，教育在提高劳动生产率和培育经济发展所需人才方面发挥着至关重要的作用，但教育的消费性价值往往被人们低估了。教育不仅能够将消费者的"潜在购买力"转化为"有支付能力的购买力"，实现教育对消费的增值作用，教育还具有引导和调节消费行为的功能，帮助消费者培养健康的消费观念和追求高品质生活的态度。

教育的普及对 Z 世代的消费行为产生了深远的影响。较高的受教育程度能够显著提升他们的收入水平和消费能力，由此他们的消费需求也必然成为市场的关注焦点，甚至引领市场新的风向标。随着 Z 世代逐渐成熟，他们在社会和职场扮演着越来越重要的角色，他们的个性表达和消费意识也将外溢到其他群体，影响到更为广泛的消费人群。

[①] 国际上通常认为，高等教育毛入学率在 15% 以下时属于精英教育阶段，15%~50% 为高等教育大众化阶段，50% 以上为高等教育普及化阶段。数据来源于教育部官方通报。

[②] 从高校毕业生人数增长曲线看我国高等教育普及化［EB/OL］. 新华社，2023-12-07. https：//www. gov. cn/lianbo/bumen/202312/content_6918995. html.

2. 教育塑造个性消费

是盲目跟随还是追求独特?"你有,我也要有"与"你有这个,我要那个"反映了不同的消费心态。

Z世代成长在充满复杂性和不确定性的"液态社会"① 中,其价值观念、行为模式和社会心态也随时处于变化当中。经济全球化迅速发展,气候变化、地缘政治和互联网社会崛起等多重因素重塑着世界面貌。在这个机遇与挑战并存的时代,教育已成为Z世代装备自己的有力工具。家庭教育、学校教育、社会教育,在Z世代社会化的过程中不断地形塑他们。

教育不仅大幅提升个人素质和消费能力,还影响了消费者的消费习惯和偏好。"液态社会"背景下,教育正从传统模式转向个性化教育,在教育的熏陶下,Z世代的文化素养和审美意识不断提升,形成了独特的个性特征。现代教育承认每个学生都是独特的,强调学生的个体性。这不仅造就了Z世代与前辈群体不同的价值观念和行为模式,也形成了Z世代群体内部的分化。自我意识和个人自由受到更多的认可和尊重,也造就了Z世代的独特与独立。体现在价值观上,"个人本位"的理念正在扩展,而在规范上,对待"自由取向"的空间更加宽容。Z世代追求个性,勇于创新,敢于表达自我,追求自我情感的认知、心理体验、精神需求的满足和价值的实现。他们有着强烈的自我建构和个体展

---

① 齐格蒙特·鲍曼认为,现代社会已经从一种坚固、沉重、形状明确的固态状态变为流动、轻盈、千姿百态的液态状态,液态社会真正的本质就是差异制造出差异。

示的愿望，不甘于成为生活的旁观者和社会的边缘人，在不同的领域展现出自己的才华和创造力。

Z世代追求个体独立性与创造力的自由表达，也反映在他们独特的消费行为上。他们选择与众不同的商品和服务来拓展自己的能力，以"自我个别化原则"彰显个人特色。通过消费来表达自我，不断从传统观念和社会框架中解放个性，实现自我价值的全面展现和自由发展。这种消费行为不仅满足了他们对个性化的追求，也成为他们个性发展的重要途径。

3. 教育改造消费意识

教育的结果很大程度反映在社会的消费现象上，教育对消费者的影响最终很大程度体现在消费者观念上。相比Y世代来说，Z世代在消费上更加趋于理性，也更加强调个人的社会责任。

作为受过良好教育的一代年轻人，Z世代能够有效地获取和处理产品和服务信息，且具有较强的反思能力和批判性思维能力。他们关注产品的整个生命周期，包括原材料获取、生产过程、使用阶段和废弃处理等，能够作出更加明智和理性的购买决策，权衡利弊后进行理性消费。随着辨别能力的提高，他们在消费时不再仅仅追随"消费浪潮"。在不断弥散的消费话语中，Z世代不断希望从繁杂的物品和消费欲望中脱离出来，不再执着沉迷于各种消费行为，拒绝消费焦虑，而选择理性消费。以限制降低消费和反对"以财富来衡量个人成功"的价值观为特征的极简主义成为越来越多Z世代的选择。

Z世代在消费中的社会责任感主要体现在他们对待生态环境的态度上，他们更倾向低碳环保的绿色消费。Z世代所处的时代社会飞速发展，生态环境问题也前所未有的复杂和严峻。环境污染、资源枯竭和生物多样性丧失等问题凸显，不仅对工农业生产、空气与水资源以及生态系统产生严重影响，还威胁到人类未来的生存。长期的教育使得 Z 世代不自觉地站在更高的维度去深入思考这一问题。阿尔伯特·班杜拉提出的社会学习理论指出，教育和社会环境中的信息和榜样可以影响个人的行为，观察、学习和模仿在行为形成中具有重要作用。Z 世代在受教育的过程中不断意识到，环境问题与每个人的生活息息相关，推崇过度的物质享受已不再符合时代的要求，从而更倾向于采取更加尊重和保护自然的态度。

教育的影响从提高知识水平到塑造价值观，这些转变既得益于学习过程中素养能力的提升，也离不开学校教育的宣扬和引导。Z 世代具有更强的反思能力和批评思维，能够自觉形成内化于心的社会责任感。教育强化了这种价值观和信念，塑造了适格的行为规范。这种自我驱动和外部引导贯穿 Z 世代的成长过程，改造了 Z 世代的消费观念，并影响着他们的消费选择。

10　一代户来了

在人们生活日益富足的同时，中国家庭越来越趋向小规模化、核心化，"一代户"①的占比逐年攀升。

富足的小家庭在给予Z世代相对充裕的成长资源的同时，也集中了家庭的期望。

Z世代承受着来自父辈的纵向压力，却很少有兄弟姐妹能够横向分担。他们与同辈亲属之间的交流与分享匮乏，也厌倦了长辈亲戚的评判与指点，转而通过互联网寻求同龄人的认同。

他们期待获得肯定，因而会追求共同的符号化认同，他们的自我或许也是对希望得到认可的掩饰。

> 大河涨水小河满，大河无水小河干。
> ——中国谚语

精致的小家庭

"直播间的家人们，麻烦点点红心，给个关注"

---

① "一代户"是指同一辈人居住或单身居住落户的情况，根据中国人口与就业统计年鉴数据显示，我国"一代户"比重已接近50%。关于居住意愿选择，年轻群体更倾向于一代户。

"家人们①，谁懂啊……"

无论是直播还是短视频，一声亲切的"家人们"，就像一座魔法桥梁，瞬间拉近了屏幕前观众与主播或创作者的距离。凭借此种独特魅力，人们的"网上家庭"规模越来越庞大，"亲爱的""家人们"各种称呼遍布全网。然而，Z世代的"网上家庭"在网络虚拟空间疯狂扩张的同时，现实生活中的家庭规模却在悄然缩小。

国家统计局数据显示，1998年以来，中国家庭的"瘦身之旅"一直在持续（见图10-1）。1998年，我国平均每户家庭人数为3.63人，2013年首次跌破了"三口之家"的大关，2020年更是创下了2.62人/每户的最低纪录，截至2022年，这个数字

图10-1　1998~2022年中国平均家庭户规模变化

资料来源：国家统计局。

---

① "家人们"这个称呼在网络上的流行反映了一种亲切和归属感，它帮助人们在虚拟世界中建立起一种社区和群体的感觉。随着社交媒体和网络平台的普及，人们越来越多地通过这些渠道与他人建立联系，形成了庞大的"网上家庭"。

为 2.76 人/每户。家庭的小规模化在某种程度上体现了人们对生活质量和个人空间的重视,而网络虚拟的"大家庭"也为人们提供了一种新的社交方式。

对在"精致小家庭"中成长的 Z 世代而言,他们的成长背景有着怎样独特的特征?他们的生活选择和消费行为又有何不同?

黄金赛道与隐形重担

考虑到高额的养娃成本,父母们更需要具备一定的经济基础来打造 Z 世代全新的成长轨迹。在这个背景下,我们对中国家庭消费的升级作如下梳理。

中国的居民消费市场,主要分为三个区域。

"生存区":日常食品、衣着和住所,是每个家庭的必要消费。

"享受区":家庭设备、医疗保健、交通和通信,属于更高层次的消费。

"发展区":教育、文化和娱乐,是"玩家"提升自我的天地。

"享受区"与"发展区"消费在总消费中所占的比重可以用来衡量家庭的消费结构升级。随着时间的推移,越来越多的家庭开始频繁光顾"享受区"和"发展区",这一消费场景的升级也为 Z 世代的消费打下了基础。

经济实力飙升:从 1995 年至今,中国的人均 GDP 就像坐上了火箭(见图 10-2)。这意味着 Z 世代的父母们有更多资金来实现家庭投入。

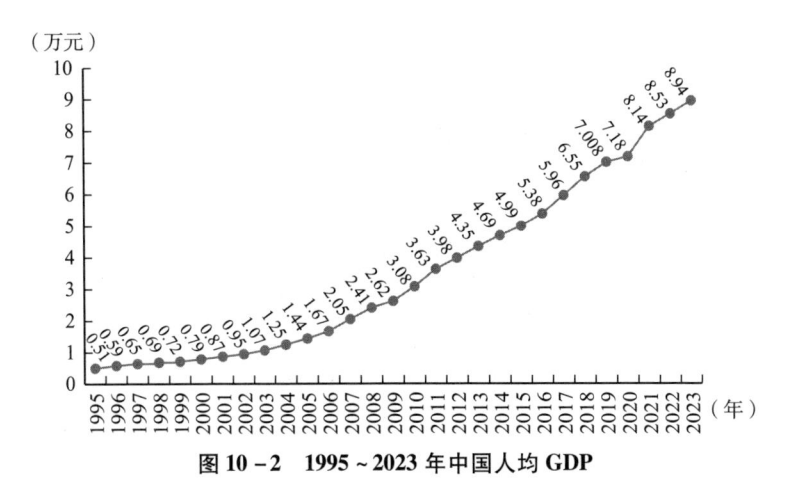

图 10-2 1995~2023 年中国人均 GDP

资料来源：国家统计局。

富裕家庭激增：根据 2023 年的"胡润财富报告"，中国有 514 万户"富裕家庭"（资产 600 万元以上），208 万户"高净值家庭"（资产千万元以上），甚至还有 13.3 万户"亿元家庭"。

对家庭经济的自我认知较为保守：尽管经济条件普遍改善，59.21% 的 Z 世代仍认为自己家庭经济状况"一般"，只有 28.56% 认为家庭比较或非常宽裕（见图 10-3）。这可能反映了他们对"富裕"的标准更高。

消费水平的提升：只有 12.24% 的 Z 世代认为"家庭消费水平在一般以下"。这表明，即使是认为自己家庭经济状况"一般"的 Z 世代，他们的实际消费水平可能也比想象中要高。

综上所述，家庭经济实力和消费结构的提升，无疑为 Z 世代的高投入培养和资源集中创造了条件，而家庭规模的缩小则意味着年轻一代在家庭中能分到的资源比以往更多。

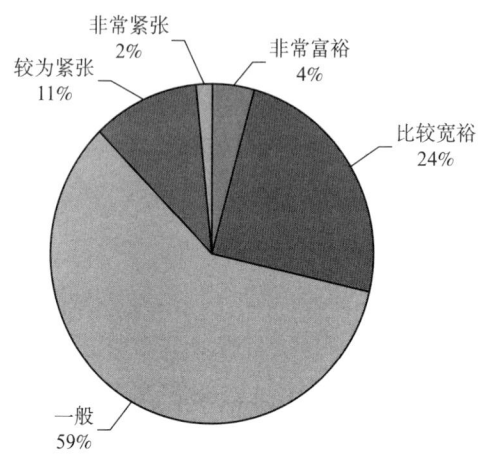

图10-3 Z世代对家庭经济状况的自我认知

资料来源：本团队调研。

1. 满格的"资源槽"

丰厚的"零花钱 buff"[①]：前文的数据显示，2001~2020年，中国居民的"钱包"越来越鼓，人均可支配收入逐年上升。与父辈们少时的生活相比，Z世代的零花钱水平更是水涨船高。

教育投资的"双倍经验卡"：不仅是养娃成本的被动增加，小规模家庭本身更倾向于在子女教育上投入大量时间、精力和金钱。《中国教育财政家庭调查报告2021》显示，2018~2019年，家庭教育支出占到了家庭总支出的14.9%。北京大学中国家庭跟踪调查（CFPS）统计显示，2020年全国样本家庭中，参加兴趣类校外培训的学生占到了18%。校内外同步加码的模式给Z

[①] buff，网络流行词，指可以增长某种能力的"魔法"或"效果"。与之对应的词是debuff，指减益型辅助、不良状态等负面效果。

世代开启了全新的"双倍经验卡"。

集中的"关注光环"：通过巨大投入为年轻一代筑牢基础的同时，父母也在他们身上寄托了自己的期望。最新《国民家庭亲子关系报告》显示，"80后"家长中，有56.8%的人每天陪伴孩子超过3小时，这一数字高于"80前"的50.6%和"90后"的47.9%。此外，父母与孩子共度的时间越长，对亲子关系的满意度也就越高。在陪伴孩子时间超过三小时的父母中，有高达78.5%的人对亲子关系感到非常满意。来自家庭的密切互动带给了Z世代强烈的受关注感和相应的"情感支持buff"。

2. 隐藏的"压力值"

然而，在来自"精致小家庭"种种看似完美的"培育策略"背后，也隐藏着不少的"debuff"：

过高的"经济压力"：巨额的教育投入可能给家庭带来经济压力。研究表明，家庭经济情况与心理健康存在较高的相关性，过高的养育成本对于家庭经济困难的学生来说，压力更是雪上加霜，因为他们在接受经济资源的同时往往背负着改变家庭困难现状的包袱。

家庭投资的"高期望"：大量的教育投入，背后是父母对子女的高度期盼。这种期盼容易造成子女学习压力，如果没有良好的教养方式来缓解，反而可能会对家庭教育效果产生负面的影响。

父母的"过度关注"：虽然亲密的亲子关系是好事，但过度关注可能导致心理负担和生活压力。早在2012年，中国青年报社会调查中心通过中国雅虎和民意中国网的一项调查显示，

76.5%的被调查者认为身边有过度干涉子女的父母，90.2%的被调查者感到父母的过度关心会给自己带来很大压力。随着家庭持续的小规模化，这种情况变得更为常见，Z世代往往感到难以为自己做主，也更难独自面对生活中的困境和失败。

此外，在Z世代的成长过程中，家庭资源与压力集中的矛盾环境也能初步折射出他们在消费领域的一些特殊习惯，比如：

青少年时期，由于对父母资源和心理的依赖较强，消费行为一定程度上有着父母的缩影，往往表现出注重节俭和实用的理性消费倾向。

释放压力时，当面临较大压力时，Z世代的消费行为可能变得更加冲动。这种消费往往带有满足炫耀心理和情感补偿的目的。

独立生活时期，随着逐渐脱离家庭进入独立生活，Z世代渴望寻找新的归属感和认同感，并倾向于将更多的时间和金钱投入社交和自我提升。

不过Z世代复杂的消费心态并非仅仅源于父母的影响，可以预想到的是，兄弟姐妹、亲戚朋友等关系的变化也会对他们的消费行为和生活方式产生深远的影响。这些多元化的家庭因素有助于理解和把握Z世代消费习惯的复杂性。

3. 从依赖到独立？"随兴消费"背后的家庭因素

在"随兴消费"一章中，本书提道："年轻消费者似乎总是不自觉地被卷入一场又一场的消费狂欢"。他们受电商平台、专业推荐、朋友带动、氛围浸染、便捷支付、打折促销等多种因素的驱动，一边强调省钱，一边在"剁手"的冲动中不断产生计划外消费。与此相对的是，长辈们相比于年轻人，更倾向于坚持实用消费和既有的预算计划。乍一看，这似乎是时代经济的发展和两代人生活哲学导致的差异，但深入探究后，我们发现，这种截然相反的消费趋势实际上仍与家庭发展的趋势密切相关。

"少子化"趋势的背后，既有家庭父母对子女的集中关注和代际依赖，也有子女对父母较高的潜在依赖。随着兄弟姐妹的缺失、亲戚往来的减少、乡邻关系的弱化以及社交关系的"由强转弱"，Z世代可能缺乏与同龄人之间的竞争和合作经验、多元的观念沟通和新鲜的意见交流，使得他们在脱离父母视线之前，更倾向于依赖父母的建议和支持，同时也在不断寻求着各种"声音"来丰富自己的认知，尽管这些声音有时与父母的意见相悖。

这意味着，当Z世代开始走出父母的庇护，踏入社会时，他们所谓的"随兴消费"可能并不像他们所想象的那么"独立"而"随性"。随着来自家庭的既有依赖逐渐减弱，面对充斥着繁杂信息的网络社会和未知的生活挑战，Z世代青年在接受各种"声音"丰富自己认知的同时，也在不断受到各种诱导性消费信息的控制和影响。这一方面是为了寻求心理认知上的依赖路径来弥补远离家庭后的某些"空白"，从而支持和摸索自身独立后的生活节奏；另一方面则是试图通过物质享受和新奇的消费体验来支撑自身的精神需求，缓解工作生活中的压力。这一系列的转变，最终让Z世代青年逐渐形成了多样化的"随性"消费风格。

4. 即时满足还是观望未来？逐渐成熟后的理性抉择

如今 Z 世代青年正面临着网络社会中的各种挑战与不确定性：网络充斥着"诱导性信息"，不确定的未来生活也使他们感到迷茫和焦虑。随着时间的推移，这些问题逐渐改变了年轻人的消费观念和生活选择，主要体现在以下几个方面。

（1）追求享乐主义。一些年轻人可能会陷入消极观念，选择继续通过消费体验、情绪认同和短期满足的形式来寻求心理安慰。

（2）回归家庭依赖。另一些人则选择回归家庭，寻求父母的帮助和支持，来暂时回避充满压力的竞争与挑战。

（3）重塑人生目标。还有部分年轻人开始选择重新评估自身的人生目标，通过新的投资和更换赛道的方式来把握新的机会。

这些选择因人而异，但重要的是，Z 世代的流动青年正站在时代与人生的"十字路口"，并且试图寻求适合自己的方式来应对竞争与挑战，在学习中不断成长，进而探索打造理想生活的可能性。

近年来，"自我经营"或"自我投资"的观念逐渐在社会上兴起。这种生活方式强调用自己的时间和金钱为自己买单，以实现理想中的人生价值。这一观念一度受到许多 Z 世代青年的认可和思索。尽管小规模家庭结构的变化促使年轻人追求新奇的生活体验和即时的自我满足，但长期在外的独立生活、个人打拼的不易也使他们开始反思，如何在"追寻即时的感官体验"和"维持长期的生活品质"之间找到平衡，并意识到"自我经营"的盈亏问题和人生规划的重要性。

如果说"随性消费"主要源于自身精神需求和外部影响，那么"理性消费"则更多承载的是强烈的自我经营意识和趋于冷静的独立思考，体现如下。

关注长期价值：年轻人开始考虑自己的消费行为是否能为自己的长期发展带来真实的价值，例如投资教育、健康和个人发展。

评估消费效果：他们逐渐学会评估消费行为是否达到了预期的体验效果，优先考虑物有所值，并质疑和拒绝那些具有强烈目的性、诱导性和欺骗性的商业促销手段。

寻求更优选择：年轻人开始努力摆脱外部信息的干扰，通过对比不同商品之间的价值，来寻找更高质量的产品、更优质的服务和更合适的价格。

综上所述，Z世代在消费中追求体验、便利和高性价比的渴望依然存在。然而，Z世代不再满足于简单地接受别人的意见和信息，而是开始不断探索新的发展道路、新的信息来源、新的人生体验，以满足自身的精神及认知需求，追求属于自己的答案与稳定的理想生活。与此同时，市面上的消费信息仍在试图通过各种手段来影响消费者的决策，这可能使得他们转而寻求更为可靠的信息来源，并倾向于加入更为单纯、同好性强的小圈子，共同建立更具独特性的消费策略和预算规划。

独特的孤岛效应

如果说高额的经济投入和父母的集中关注给Z世代带来了全新的"黄金赛道"和潜在的"心理负担"，那么缺乏与兄弟姐妹等同龄人合作、竞争和互动的家庭环境，使他们更像是一座缺乏情感共鸣和行为认同的"孤岛"。同时，来自家庭内部的压力更使得他们倾向于从外部的同龄伙伴中发掘新的关系来满足自己的情感需求。

1. 同龄伙伴：家庭之外的"避风港"？

　　同龄伙伴关系已成为Z世代重要的社会支持源，其地位在某些方面甚至超越了父母和教师等重要关系。由于中国家庭的普遍少子化，人们往往担心，大多为独生子女的Z世代会因为缺少兄弟姐妹而感到孤单、会缺少学习人际交往技能的机会、会被父母过度溺爱而以自我为中心。而事实上，在小规模家庭中长大的Z世代在同龄关系的建立上能够做得更好——他们善于从家庭外部寻找新的朋友，来弥补家庭内缺失的同龄伙伴关系。相比于与家人的相处，他们甚至认为与通过外部网络"结识"的同龄人交往更加轻松自在。但值得注意的一点是，Z世代的友谊往往难以长久维系：随着升学、转校或搬家等情况的出现，昔日的朋友关系会慢慢变得疏远。面对不断变化的生活环境，他们不得不持续寻找新的朋友，或者另辟蹊径来获得情感支持和行为认同。

访谈：同龄伙伴

受访者：牟皓，男，2001年生，应届毕业生，现居地：广东潮州

　　一般来说，我们这一代人很少愿意和父母过多交流，毕竟两代人的观念相差很大。父母对我们的期望很高，但也很少能真正了解我们。

有什么事，我们会想着在同龄人中去寻求帮助，一般是去各种论坛、社群里发帖，知乎、小红书用得比较多，相同的话题基本上都是我们这个年龄段的。身边经常在一起玩的同龄人不太多，因为我们独生子女的比较多，哪怕像我们潮汕地区，有两个以上孩子的家庭也不是很多。小时候的玩伴很少，玩得很好的也就两三个，和自己年龄相近的家里的亲戚小孩都很少，我们习惯在网上找人聊天。

现在不是流行找各种"搭子"嘛，我也会通过这种方式找一起玩的同伴，大家都还比较谈得来，很轻松自在，不会像和家人相处那样有压力。

2. "孤独经济"：享受孤独还是逃避孤独？

"孤独经济"是一个复杂的社会现象，它既反映了 Z 世代对个人空间和自由的追求，也暴露了他们在现代社会中的孤独感和社交需求。因孤独而生的全新消费模式开始流行于社交网络、网购、游戏、外卖等行业，阿里电商系统甚至开始推出一人食、一人租、一人旅行、一人火锅以及自主唱吧等服务。有趣的是，在这个快节奏的社会中，善于寻求社交关系的 Z 世代却似乎陷入了名为"孤独"的怪圈，与此同时，"孤独经济"——一种受个人情感寄托和生活便利需求衍生的消费行为开始登上台面。

Z 世代在追求个人空间和自由的同时，也面临着生活压力和社交焦虑。他们可能更倾向于通过消费来获得短暂的独处和放松，如独自看电影、点外卖、唱迷你 KTV 等。迷你 KTV 的兴起就是一个典型的例子。这几年来，一个个玻璃小房间开始遍布商场，两把高脚椅、两只麦克风、一个小屏幕和一个闪瞎眼的蹦迪球成了迷你 KTV 的"标配"。一些年轻人独自在玻璃房里忘情歌唱。这些设在角落、隔音效果极好的小房间既满足了年轻人排遣寂寞、独自唱歌的需求，也给予了他们一个充分释放来自工作、生活和社交压力的个人空间。尽管近年来受疫情冲击、商场租金和版权费等因素影响，但区区 2 平方米的迷你 KTV 却也一度唱出了近百亿市场的辉煌。

在快节奏的生活中，Z 世代可能会将情感寄托于消费行为，通过购物、游戏等方式来排解孤独感和压力。游戏世界因此成为 Z 世代排解孤独的重要领域。随着电竞和游戏产业的发展，陪玩师等新兴职业为 Z 世代提供了新的社交和陪伴方式。作为电竞产业衍生的众多下游服务行业之一，与帮人代玩升级上段位的游戏代练不同，陪玩师不仅需要帮助玩家提升游戏水平和游戏体验，更重要的是提供陪伴和聊天服务：对年轻人而言，哪怕是再好玩的游戏，很多时候一个人打也很闷，想找一个陪玩，带自己升级，并和自己聊天，假装大家是无话不说的好兄弟、好闺蜜，哪怕只有两个小时。——"只需花 30 块钱，你的心就能在这一小时内不再孤独。"这句广告语道出了许多人的心声。

"孤独经济"的出现反映了 Z 世代矛盾的心理状态。一方面，他们抱着一种"孤乐主义"的心态享受独处的自由，在缓解生活工作压力的同时将自己的情感爱好寄托于消费中。有的人把钱用于打游戏，有的人热衷于购物，有的人化孤独为食欲，人们似乎希望能通过各种方式去释放这种情绪，而最有效的方法之一，就是买买买。

另一方面，随着家庭结构的变化，如独生子女政策的实施，Z 世代在家庭内部缺乏同龄角色的陪伴，从而更加依赖外部的社交和消费来满足需求。传统的社交平台如微信、QQ 已经不再能满足年轻人的需求，陌陌、Soul、探探等新兴交友神器应运而生。尽管 Z 世代不断积极地寻找新朋友，但他们以共同的兴趣、经历和价值观为核心的社交圈，在快速形成的同时也容易流失，不如父辈基于传统地缘和血缘关系的社交网络那般稳固。值得思考的是，Z 世代往往并不是没有同辈的亲戚，为什么他们不能像父辈一样选择在熟悉而稳定的亲友圈中安居乐业呢？除却家庭内部同龄角色的缺失之外，家庭结构和外部亲友关系的变化是否也是导致这一现象的关键因素之一？

3. 断亲时代：Z 世代与亲戚关系的"冷暖变奏"

近年来，"断亲"一词在网络上迅速传播，引发了广泛讨论。相关调查数据揭示了一个有趣的现象：年龄越小，与亲戚联系越少。18 岁以下的被调查者"基本不怎么与亲戚联系"；18～25 岁、26～30 岁的"90 后"大多数只是"偶尔与亲戚有联系"。30～40 岁的被调查者，超过 55% 的人平时与亲戚"偶尔联系"，只有 30% 的人与亲戚"经常联系"；40～50 岁的被调查者，66.67% 的人与亲戚"经常联系"；50 岁以上的被调查者，有 50% 的人与亲戚"经常联系"。可见，年龄越大，与亲戚的联系越频繁。而绝大多数的"90 后"及"00 后"，家里如果没有事情就几乎不与亲戚联系。[①]

从数据呈现的规律来看，Z 世代"避开亲戚"的趋势异常明

[①] 胡小武，韩天泽. 青年"断亲"：何以发生？何去何从？[J]. 中国青年研究，2022（5）：37-43.

显,远超其他年龄段。这一现象在18岁以下群体中尤为突出,他们"几乎没有联系"亲戚的比例竟是其他年龄段的两倍有余。对于绝大多数Z世代而言,与亲戚保持距离似乎已成为一种普遍选择,他们的态度可以概括为"能避则避"。

为什么会出现这种情况?一个普遍的解释是亲戚的"势利眼"行为让年轻人感到不适。中国家庭追踪调查显示,平均每户借给亲戚的钱数在逐步上升,2014~2022年从1 064.9元翻倍至2 389.3元,占纯收入的2.328%。① 这种经济压力可能加剧了代际间的矛盾。

然而,我们也不能对Z世代的"断亲"行为一概而论。事实上许多年轻人并非完全否定亲情,他们中有人仍然感激亲戚间的温暖。

Z世代的"断亲"行为,往往更多地是重新定义与亲戚的关系边界,他们更倾向于建立基于共同兴趣和价值观的联系。同时,他们更加重视个人独立性,希望根据自己的意愿和计划来规划生活,而不是受传统价值观或亲戚期望的约束。来自亲戚的高期望(如婚姻、事业等)会给他们带来压力,为了避免这种压力,他们可能会选择与亲戚保持一定的距离。

这种泛家庭关系的弱化,与我们之前讨论的"孤独经济"现象形成了有趣的呼应。亲友关系的逐渐松散意味着以自我为中心的个人选择及需求在生活中的占比不断提升,而Z世代在远离传统价值观和生活方式的过程中,也在逐步形成一些新的消费观念。

个人主义优先:年轻人既不需要考虑兄弟姐妹之间的关系经

---

① 数据来源:中国家庭追踪调查(CFPS)。

营，也不强调家族集体的来往，他们的消费更多地围绕个人的生活方式和兴趣爱好展开。

决策影响圈变化：来自家庭的影响力在逐步减弱，年轻人往往不需要顾忌或依赖亲戚的意见，更倾向于作出符合个人喜好的选择。同时他们的消费行为将更多地参考网络评价和同龄朋友的意见，例如朋友之间的"安利"和"拔草"等交流。

生活方式个性化：年轻人不希望受到传统价值观和生活方式的约束，而是选择追求更为个性化的生活方式，这种消费选择能够彰显个人的生活态度、价值取向和社会立场，以此带来的即时反馈和情感回报能够赋予他们充分的群体归属感、认同感和成就感。比如前文中"薅羊毛"的"扣组"青年，在"反消费主义"旗帜下集结的他们并不在乎是否被人认为"抠门"，而更愿意沉浸在这一同好群体带来的归属感及认同感中。

"弱关系"的社交

1. "近邻如陌路"：来自现代社区的"陌生人"

"精致小家庭"的崛起，同龄关系的缺失，亲戚关系的疏远……Z世代的社交版图正在悄然改变。这种变化不仅仅来自家庭内部关系，随着我国城镇化浪潮的推进，基于传统地缘关系为中心的家庭社交关系也在发生着根本性的变化，并深刻影响着Z世代的生活社交和消费习惯。

访谈：社区关系调查

受访者：王紫嫣，女，1998年生，公司白领，现居地：广东佛山我搬来这边差不多三年了,和邻居的来往其实很少的。偶尔在电梯里碰到,也只是简单点个头,对他们的情况完全不了解。

之前的情况其实也差不多,都住楼房,大家都是一回家就关上门,哪怕是门对门也很少交流。印象中只有刚上幼儿园那会儿,住在爸妈单位的筒子楼里,邻居之间还热热闹闹的,小朋友也常常凑在一起瞎玩闹,挺开心的。后来大家都买了房,搬走了,也就断了联系。

从2005年到我大学毕业来佛山之前,我们家换了两次房子,最长的一次在一个小区住了十多年。但邻居都不是很熟悉,有什么事也很少找他们帮忙。大家好像都比较谨慎,怕麻烦对方,也怕耽误自己。

现在就我来说,我还是尽量少与邻居过多来往。主要还是缺乏信任和安全上的顾虑吧,现在的人都比较注重隐私,害怕和不熟悉的人接触,而且新闻上也有一些不好的报道,多少有些戒备。何况我是一个人住,这边的租住客也比较多,流动性挺大的。

许多X世代、Y世代在成立家庭后,期望通过对子女进行高投入、高参与、高控制的精细教养,让子女更顺利、更舒心地成长,Z世代在家庭成长的过程中受父母的影响更为突出。他们从小受到父母的关注和保护,同时也从父母那里得到了更多的爱和物质。

然而,这种看似完美的家庭环境背后,却隐藏着一个悖论。在相对独立、封闭化、核心化的家庭空间中,Z世代的社交圈被无形中缩小了:他们失去了兄弟姐妹间的情感交流,缺少了与亲戚邻里之间的互动互助。这使得 Z 世代的社交关系变得更加封闭和狭隘，情感支持网络也更为脆弱，形成了一种独特的"社交孤岛"现象。

从长远来看，这也标志着一种新生活方式的诞生：Z 世代不仅要学习在这个瞬息万变的社会中生存和发展，更要独立面对生活中的种种挑战和困难，同时他们还需要在这个高度城镇化的社会中破除交际的"坚冰"，找到属于自己的位置，建立自己的社交网络和情感支持体系。

2. 如何破除情感坚冰？"网生一代"的新社交模式

与父辈不同的成长环境也意味着 Z 世代必然走出不同的道路，Z 世代的情感需求和社交方式呈现出鲜明的特点，这与我们之前讨论的情绪消费现象紧密相连，比如：

将自身的情绪寄托在某些品牌或 IP 上，热爱某些产品或购买联名产品，如天官赐福与古茗联名等；

在虚拟世界中寻求情感支撑，如树洞倾听这样的"情绪补给站"；

参与特定的音乐节、旅游等户外活动，以获得情感回忆和自我满足；

沉浸于宠物游戏或逛街消费，以进行情感治愈。

这些现象表明，Z 世代渴望打破独立而封闭的生活"围城"，寻求可依赖的情绪依托和同龄人之间的社交关系，以缓解学习、工作等各方面的压力。

乍看之下，Z 世代相对于老一辈的生活而言，拥有更多的家庭关爱和更好的物质条件，他们似乎不应如此迫切地寻求来自外部的情感支持。但不可否认的是，精致小家庭背后独特的"社交孤岛"现象和日益成熟的数字网络，使 Z 世代作出与父辈不同的社交选择：尽管在现实中，他们更愿意把时间花在自己身上，而不是去维系复杂的人际关系，但他们在网络社交上比父辈们更为活跃，在各式各样的兴趣爱好圈中也形成了很多可观的"搭子"社交氛围。时代背景和成长环境的使得 Z 世代与 X 世代、Y 世代在社交和消费方面呈现出显著不同（见表 10-1）。

表 10-1　Z 世代与 X 世代、Y 世代的生活方式及社交方式比较

核心词	Z 世代	X 世代、Y 世代
家庭互动	不同的期望和体验：尽管家庭互动增加，但 Z 世代与他们的父母相比，可能有不同的期望和体验。他们可能会觉得父母没有花足够的时间陪他们，或者他们没有参加对他们有意义的活动	价值观和优先事项的变化：随着中产阶级的崛起和经济稳定性的提高，许多中国父母更加重视家庭和人际关系。他们可能更愿意在孩子的成长和幸福上投入时间和资源
家庭教育	压力和紧张感增加：Z 世代通常被称为"应试"一代，面临着在学校表现良好和获得好工作的巨大压力。这种压力可能会导致他们从宠物或家庭以外的其他来源寻求安慰和友谊	教育和意识的提高："70 后"与"80 后"的生活和教育资源条件相对匮乏，而作为父母，他们更有可能接受关于儿童发展、育儿方式和与孩子共度美好时光重要性的教育，同时将未竟的教育期望和资源倾注在下一代的成长上
亲戚来往	成长在数字时代：Z 世代成长在一个技术、社交媒体和在线社区快速发展的时代。他们可能更倾向于在网上或通过数字手段寻求联系和互动，而不是仅仅依靠传统家庭结构内部的互动	成长在传统家庭：父辈的兄弟姐妹较多，童年的互助生活让他们更习惯于面对面交流、互相帮助、互相分享以承担来自社会竞争的风险和分享彼此的情绪

续表

核心词	Z世代	X世代、Y世代
邻里关系	日益兴起的城镇化生活：相对独立和封闭的商品房社区、较快的城市生活节奏、来自不同地域的陌生感和不信任感极大地弱化了邻里关系。相比父辈所依赖的乡邻关系，Z世代更倾向于寻求与同好朋友、同龄人或宠物的联系	凝结了乡邻情结的日常生活：X世代、Y世代普遍成长在传统的乡镇社区中，来自同一地域的归属感和熟悉感拉近了彼此的距离，这使得老一辈的朋友圈大多以乡邻朋友为核心，在面临问题的时候也会互相起到抗压作用
消费理念	更加强调以自我为中心的个人需求和情感价值	主要基于传统观念下的实际需求和实用价值
关系思维	强调共同的经历和情感：相对于传统价值观念下对亲密关系的定义，以自我为中心的封闭式家庭生活使得他们更关注自己与他人之间兴趣喜好和情绪分享上的共鸣，他们不再受传统规范的束缚，如家庭亲友、婚姻关系等，他们正在围绕关系创造自己的定义和意义，也更为灵活多变	更为保守稳定的关系思维：更符合传统价值观中对家庭和人际关系的期望，童年成长以来的大家庭生活使得他们的亲密关系往往以具有相应的归属感、支持感、社区感、家庭关系、血缘关系、地缘关系等传统的伙伴关系为基础
社交互助	独立且"抱团"的社交支持网络：由于亲戚距离、家庭结构等性质不断变化，相对于向家人或亲戚寻求帮助支持，Z世代更愿靠自己独立解决或转向在线资源、论坛和社交媒体寻求帮助，更倾向于从同龄人那里寻求等价交换的抱团互助和支持	更传统的社交支持网络：X世代、Y世代更有可能向家庭成员、亲戚或密友寻求帮助和支持。他们可能与社区和当地网络有更紧密的联系，也更重视与同行业或同专业的人建立互助关系，重视与网络、面对面交流带来的人情支持

资料来源：根据公开信息整理。

周雪光教授指出，与差序格局的血缘关系、地缘关系不同，基于身份基础的业缘关系没有自我中心、亲疏有别的特征和意义，更具均质性而非呈现差序格局的特征。[①] 这一观点为我们理解 Z 世代的社交模式提供了宝贵的视角：作为"网生一代"，他们在从父辈手中传过接力棒的同时，也在不断探索着属于自己全新的现代关系网络。

然而，Z 世代即使拥有数字网络的支持，但他们也仍然难以再像 X 世代、Y 世代那样建立系统分明、稳定坚固的熟人社交网络。这种困难在他们逐步脱离家庭依赖，进入独立学习和工作阶段后更为明显。马克·格兰诺维特（Mark Granovetter）的强弱关系理论对此作了进一步的阐释：[②] 人与人之间的社会关系可划分为"强关系"与"弱关系"两种，"强关系"需要花费时间与精力去维持和经营，关系网络重叠度的高低、关系持续时间长短与感情程度深浅都是双方亲近与否的表现，且都负有"互惠"的责任和义务；"弱关系"则在互动程度、情感程度、亲密程度与互惠程度上都远逊于"强关系"。

对 Z 世代而言，由于长久以来受家庭关系和社交环境等因素的影响，他们在熟人社交和"强关系"的结成过程中处于劣势，经营"强关系"的物质和心理成本远比父辈更高。与之相对的是，数字时代带来的社交媒体和在线社区却能大幅提高他们经营"弱关系"的效益：他们可以随时随地以自己想要的方式认识他人、保持或结束联系，通过分享、互动和反馈实现最大化的交往价值，且不用顾虑经营关系所需的"互惠"成本。

[①] 周雪光. "差序格局"：一个理想类型的建构与阐释 [J]. 社会学研究，2024（4）：136 - 157.

[②] Granovetter M S. The Strength of Weak Ties [J]. American Journal of Sociology, 1973, 78（6）：1360 - 1380.

在这一过程中，个体逐步从以传统价值观为核心的大家庭团体中脱嵌，其社会交往也脱离集体主义的价值束缚，被赋予更强的自主性。一方面，只拥有"温度"但缺乏"速度"的传统家庭社交网络被时代淘汰，开始被视为个体发展的负累，年轻人更期待快速融入理想的社交圈子之中来获得社会认同与支持：以熟人社交媒体——微信朋友圈的"晒"行为数据为例，青年们"晒"的对象涉及休闲旅游、家庭情感、工作学习、生活感受、兴趣爱好等诸多方面，互相关注、双向互动和及时的社交反馈成为Z世代的刚性需求。

另一方面，在脱离家庭依赖后，独立的生活追求和个人打拼的不易使得Z世代具有独特的社交属性和更为理性的消费意识，并体现在与同龄人之间独特的"抱团互助"模式之中。在社交媒体中"安利"自己喜好的商品、通知小伙伴对劣质商品的"避雷"、和同样出来打拼的同龄人一起合租来降低生活成本、组成"羊毛党"快速传递信息通过领券加店铺折扣等方式来获取金钱或低价商品等，这些行为都体现了Z世代的社交选择及关系思维的演化。

我们认为，家庭结构的小型化和家庭社交关系的弱化是Z世代消费观念改变的重要原因之一。当Z世代开始逐渐思考今后自己的家庭道路时，他们也将作为"家长"去继续应对小型化的家庭结构：来自孩子父母的赡养压力和未来家庭财务责任的重担会成为他们面临的核心问题。这可能会使得Z世代重新评估传统家庭价值观和个人期望，推迟结婚、买房或生孩子等人生里程碑，生活方式和消费理念也将出现以下变化。

（1）缩减规模与简化消费。Z世代可能会减少对奢侈品的消费，采取一种更简约的生活方式，重视体验胜过物质财富，寻求负担得起且可获得的服务，如在线教育、娱乐和健康计划等。

（2）重视财务规划。Z世代可能会更加关注财务规划、储蓄和对未来的投资。他们可能对举债更加谨慎，优先考虑建立应急资金。

（3）更为重视核心人际关系。随着家庭结构的变化、亲戚之间距离的增加和渐增的亲友情感需求，Z世代可能会更加重视培养与直系亲属、密友乃至与宠物之间的关系。比起积累财富，他们可能更愿意优先投资于这类关系，表现为记录自己与身边亲友的美好时光，旅行、聚餐及其他社交体验活动。

尽管这些变化似乎都建立在Z世代自己选择的家庭道路上，但从国外所经历过的情况来看，却未必没有其他悬念。企业需要不断挑战自己的产品和营销策略，以迎合Z世代不断变化的偏好和价值观，优先考虑可负担性、可持续性和体验主义。

第四篇

未来已来

11　重新理解消费

这是一个前所未有的变革时代！科技飞跃与经济发展重塑了消费世界的底层逻辑。

消费的主体（消费者）、客体（产品和服务）、环境（场域场景、制度政策等）及其相互关系已发生根本性转变。传统的"生产→销售"线性关系逐步瓦解，动态循环的"人—货—场"消费新生态正在形成。诸多迥异于以往的消费新特征持续涌现。消费被赋予更多象征意义，成为年轻人自我表达、展现生活态度的符号。消费话语权开始向用户端倾斜，消费者从被动接受者逐渐转变为产品共创者，甚至反向影响着品牌决策。情绪价值被附着于产品功能价值上，甚至在某种程度上铸就了产品核心竞争力。

新时代的消费密码，藏在 Z 世代的生活方式与价值认同中，准确理解当下的消费，需回到消费关系这一本质视角。消费的根本目的始终是服务人的发展、满足人的需求。现代社会的消费不仅存在基于公共利益的相互认同与成就，更包含消费者自我实现的追求。随着生产力的长足发展及物质资料的空前丰富，消费者重新成为"人—货—场"体系的核心锚点，消费内容直指"从生存到生活"的升级需求。"以人为本"的消费关系得以确立，并得到了充分的发展和强化。

> 企业未来的竞争，本质是争夺与消费者共创价值的能力。
> ——普拉哈拉德《消费者王朝》

消费何以产生

1. 为什么消费

为什么消费？这似乎是个简单的问题。

商品社会中，个体的衣食住行都需要依赖于消费的价值交换。宏观层面，消费更是经济增长的核心引擎，而"经济增长是社会是否正常有序运行的首要标准"[1]，因此，各级政府都将刺激消费摆在施政的重要位置。尤其在当前全球经济增长放缓、贸易摩擦升级背景下，扩大内需、提振消费也已上升为国家战略，消费的重要性不言而喻。然而，若要真正理解消费的本质，还需回到消费的根本驱动力，即消费者需求上来。

消费者的需求从来都不是一成不变的，它会随着社会的发展不断演变、丰富。在以往的计划经济时代，买卖曾受到严格的条件限制，消费往往是被人忽视或回避的话题，消费的作用也仅仅停留在满足功能性的基础需求上。20世纪90年代，社会主义市场经济发轫，商品流通在推动市场繁荣和活跃的同时，也不断丰富了消费的内涵。自由消费初步形成，但仍然停留在满足实用性需求上。随着市场经济建设的深入，商品供给更加丰富，流通渠道更为便捷，人们的收入水平也有较大提升，在消费中有了更多

---

[1] [英]齐格蒙特·鲍曼. 工作、消费主义和新穷人 [M]. 上海：上海社会科学院出版社，2023：33.

的比较与选择，亦可不再局限于满足生存的功能性需求，开始有了更多更高的消费期待。

21世纪以来，中国消费者需求的内涵发生了根本性跃迁。经济发展叠加互联网等先进技术的普及，加速推动了商业模式的不断创新。围绕着消费，从产品供给、商品流通、交易模式到消费场景等多个方面，都发生了天翻地覆的变化。消费受空间、时间以及商品的约束大幅降低，消费者可以在更广泛的空间、更丰富的品类中进行选择，消费需求也顺势迈上了更高层级，转向尊重、社交、情绪和自我实现等方面的需要。部分消费还会被贴上各种"标签"，成为社交或身份的某类符号得以强化并传播。这个过程中，人们不自觉地被分化成多重社会身份属性，这种身份的差异，又在不经意间溢进了商品市场，使商品世界有了等级区分。消费中的品牌效应越来越突出，商品的属性逐渐成为区隔不同消费者群体的依据，产品的符号差异反映出消费者不同的社会层级。同类商品的消费维系着这类消费群体的心理连接，消费则是基于消费者对拥有某类身份属性的社会关系认同的需求，商品也就从"对社会的叙事"转变到"对社会关系的预言"。这些特征被商家敏锐识别并充分利用，他们利用消费主义的欲望逻辑，通过广告等形式不断强化符号特征，给产品"营造"更多的社会性功用，用差异化构建起消费的等级象征，"围绕着共同的印象、价值观和规范，传达着一套消费意识形态。"[①] 为了树立"比谁过得好"的优越感，在这个过程中消费主义精心编织各种

[①] [法] 安东尼·加卢佐. 制造消费者：消费主义全球史 [M]. 广州：广东人民出版社，2022：150.

"美丽骗局",但消费终归要回到"想要什么"的需求的起始点。作为新一代消费者,Z世代重新定义了消费需求。消费对于他们而言,既是功能满足,更是价值观的载体。他们拒绝被消费主义"绑架",警惕"为符号买单"的陷阱,转而追求理性与个性的平衡。当消费带来的愉悦成本过于高昂时,"追求精致生活的压力,很大程度上抵消了消费的愉悦增益。"[1]

消费的本质始终是需求的映射,但其内涵随时代浪潮不断重构。从计划经济时代的"生存工具",到市场经济初期的实用主义,再到当下的价值表达,消费始终是社会变迁的晴雨表。对Z世代而言,消费既是实用主义的回归,也是消费主义的解构:他们用"平替"挑战符号霸权,用"薅羊毛"重塑价格逻辑,用价值观重新定义"值得"。这种转变不仅反映了年轻一代的理性觉醒,更揭示了消费从"被动接受"到"主动创造"的深层变革。

2. 广告没有用了?

消费者需求是消费产生的前提条件,但消费者与商家之间的"信息桥梁"也同样重要。只有消费者对商品和服务有了充分了解,能感知到商品特质与自己的需求相匹配,消费才有可能会发生。

很长一段时间里,广告一直都是连接商家与消费者的核心纽带,在强调产品功能、突出品牌权威上具有其他途径不可比拟的

---

[1] 田小文,戴言,伯乐."快乐购"且"精致穷":消费主义对Z世代主观幸福感的影响[J].消费经济,2023,39(4):81-93.

优势。因而，消费主义倾向于通过广告构建一个体系化的"幸福幻觉"来规训消费者，有意将自然需求的未满足状态宣扬为不可容忍的系统性缺失，让"物品彻底地与某种明确的需求或功能失去联系"，[①]进而以此绑架价值体系，代替甚至强迫消费者回答他们想要什么。

然而，随着互联网推动全媒体媒介快速普及，消费领域的资讯渠道丰富多元，搜索引擎和比价平台广泛应用，消费者与商家之间的信息不对称逐渐消弭。传统广告所扮演的商品推介角色在很大程度上弱化了，对差异化消费者的知觉刺激不再敏感。信息爆炸的互联网时代，消费者的自我认知和批判思维得以提升，若不能准确把握消费者真正的需要，广告营销便难以奏效。受过良好教育且具有强烈自我意识的 Z 世代，对说教式的营销推介完全免疫，面对影视植入广告、网络推介软文，觉得"尴尬到脚趾抠地"。

但是，广告并未消失。它只是褪去了解释和证明的外衣，换上了"隐形斗篷"，巧妙地躲到消费的身后，努力尝试激发起消费者的共鸣与热情。真正走入消费者内心的"广告"，以娱乐化、共情化或知识化的形式展现，启发消费者走进某种理念或故事情景之中，并在其中激发消费者自觉"想要"的欲望，引发人们去遐想和填充新的故事意义。广告或伪装成短视频的内容输出："狗狗上幼儿园"治愈短片、田间跳舞的搞笑视频的后面可能就带有宠物用品、绿色农产品的链接。或承载在社交网络的信

---

① [法] 让·鲍德里亚. 消费社会 [M]. 第四版. 南京：南京大学出版社, 2014：58.

任中：消费者更依赖关键意见领袖（KOL）的真实体验分享或用户生成内容（UGC）中的口碑评价，"小红书"上一篇素人笔记的说服力可能超过明星代言。或通过某种价值认同进行渗透：品牌通过倡导环保、女性独立等社会议题，与消费者建立情感共鸣，精准触达目标消费群体的价值认同。现代广告已突破物理界限，融入虚拟世界的每个角落：直播带货营造"即时抢购"的沉浸感，虚拟网络中数字人偶像推荐实体商品，短视频平台用算法将广告伪装成趣味内容……这些形式不再是"推销"，而是以娱乐或知识为外衣，悄然激活消费者欲望。

广告的进化印证了一个朴素的道理：唯有更加真诚、更为隐蔽的营销，才能叩开更加聪明的消费者的心扉。未来的消费战场，将是需求洞察、内容创意与技术赋能的综合较量，而唯一不变的，就是准确理解消费者真正的深层需求。正如那句古老的商业箴言："消费者想要的，从来不是钻头，而是墙上的洞。"

消费什么

真正的需求反映着弥合现实与期待差距的期望，消费者未被实现的需求将通过消费得以满足。时代的发展，推动消费需求迈向更高层级，消费的内容与形式也与以往有了本质的区别。价值认可的自我实现和品质生活的美学追求，在新一代消费者中成为主流。

1. 价值认可的自我实现

在Z世代看来，消费更像是一个自我表达、自我实现的工具。他们在情绪满足的体验中进行自我肯定与赏赞，在自由时间的支配中积累个人记忆与社会关系资本，在价值表达中实现责任的具象化。

Z世代的消费中，体验感是最重要的关注点之一。消费的目的早已不限于商品占有，更看重情绪价值的Z世代已经把消费从价值交换演变成意义创造，消费成为对理想自我的阶段性兑现。沉浸式的场景、精心策划的仪式感，消费活动被设置成丰富多彩的身心体验。先进科技在消费领域的应用也为消费者的体验创造了更大的想象空间。消费者在不同产品和场景中体验、思考，甚至重构消费价值，进而塑造出自身的价值标准与生活习惯。消费体验成为Z世代对抗"存在焦虑"的解药。在高度不确定的社会环境中，一场精心策划的旅行或付费讲座的体验，被赋予"自我投资"的象征意义。消费者通过即时反馈（如社交媒体点赞、社群互动）确认行动的价值，形成"消费—反馈—再消费"的闭环。

时间是最稀缺的资源，自然也成为消费领域的另一个重要关注点。所有的消费都多多少少需要耗费时间，并在时间支配中实现需求的"变现"。如果突破商品价值、消费形式的传统框架，从时间的维度来理解消费，那么对时间资源的占用和支配也成为一种新的消费形态。Z世代在这种消费形态中，既追求"当下即永恒"的体验强度，又通过Vlog记录、朋友圈分享等方式将瞬时体验转化为可反复提取的记忆资产，以此体现自我价值。一方面，消费者觉察到消费创造的生活是为了让此刻值得怀念，让将来值得期待，这些消费的经历便顺势成为个人的记忆资本。看一场"爱豆"的现场演唱会、体验一把最新版本的剧本杀、打卡网红景点，这些不一样的经历创造的"高浓度时刻"本身已成为超越商品价值的谈资。另一方面，群体活动的消费创造了共同经历，在即时体验之外，形成群体认同的纽带，并在群体互动中得到强化，这些美好的消费体验会积累成为一种改善和调整与他人关系的社会资本。

自我实现的消费诉求，还承载着消费者的消费伦理和社会责任。Z世代消费者在消费中构建起一套"我如何消费，就是如何生活"的价值体系和行为规则，并以消费方式表达对社会的责任和义务，在消费的过程中将自己的价值表达具象化。如此，消费行为被赋予社会责任属性，消费也被视为价值观的输出。比如，消费者通过选择环保品牌支持可持续发展，宣扬环保意识和绿色消费；大量的国潮消费，既是对本土文化现代表达的认同，也是文化自信的彰显；为知识共享打赏、点赞，是通过资金投票的方式来鼓励、支持符合自身价值观的内容生产者。当这些迹象被商家感知，他们的产品营销也相应地作出调整，将品牌忠诚度转化为社会责任的行动力。于是，品牌不再是单向输出产品，而是与消费者共建价值。

2. 品质生活的美学追求

除了自我实现，新生代消费者需求的另一个重要指向是对生活品质的更高要求。在视为生活底线保障的一定物质和情感基础上，品质生活作为消费者对生活本身美的追求，引导着消费者以审美的眼光审视自己的消费行为，并促使消费往更加积极、生动的创新方向转变，由此衍生出形形色色的新的消费形态。"新消费得以繁荣发展的重要原因，便是瞄准了消费者不仅要'生存'

更要'生活'的核心需求。"① 新消费为消费者追求品质生活提供了更多的条件与机会，更好地满足消费者"更要生活"的核心需求。新消费的出现，得益于新技术的应用、社交网络与新媒体的普及。新消费也是商业模式创新的结果，消费者群体意识的觉醒推动着流行消费理念在商业模式中重构，以一种新的形态展现在世人面前。引领消费潮流、追求品质生活的Z世代，无疑是这种创新的重要推动力量。

Z世代对品质生活的诉求，处处体现着效率和美感的平衡。他们在消费上有着许多矛盾甚至分裂的表象，"随意应付"与"极致享受"都属于他们的生活常态。Z世代在"懒人经济"与"精致生活"间灵活切换：一边依赖外卖解决日常饮食，一边投入大量时间精心制作美食，并乐此不疲地拍照分享。事实上，这种矛盾和分裂恰恰是Z世代巧妙的平衡。互联网时代，大量便捷的生活服务让消费者的时间得到解放，决策成本得以降低。"效率"的提升，使他们有更多的时间和资金投入能带来心流体验的富有"美感"的消费活动。"懒人经济"的盛行，使他们不必为品质生活的追求背上沉重的负担，也有条件对品质生活的"精致"美感充满想象。甚至开始刻意追求生活中的留白，用随兴的未知和不确定性留下想象的空间，激发生命力的积极体验，让创意和灵感得以自由流淌，引发更深层次的情感共鸣和审美体验，在"好奇"和"想象"中获得满足。

品质生活的核心在于消费者对"对的感觉"的极致追求，

---

① 刘娜. 新消费的理论内涵、实践样态与创新经验［J］. 消费经济, 2023, 39(3): 3-13.

这也是消费者能够真实感知到的消费利益。消费是从自身需要出发的，消费者始终关心自己的消费利益，即自己认为的那份"对的感觉"。需求的满足要通过消费过程中情绪的释放来实现，Z世代往往赋予其消费的商品某种情绪，把消费作为自我暗示、安慰和鼓励的手段，通过赋予消费活动情绪的符号来创造意义，这是一种审美化消费。咖啡的价值不只是提神，更在于器物的设计、场景的氛围，甚至有关它的故事。消费者以审美眼光审视消费，商品的功能属性逐渐让位于情感符号。于是，消费成为一场自我对话，消费者在"对的感觉"中确认自己的生活身份与归属。

Z世代也将社会关系视为品质生活的基石，他们认为体现在社会关系中的认同是消费最基础的价值。消费的实现，既是自我的认同和追求，也是社会关系基于公共利益的相互认同与成就。拼团与众筹的共享共创模式、打卡晒单的群体虚拟陪伴、带有社交密码的礼物赠予，这类消费带给消费者的美好体验是对自我、他人及社会的关怀。它既降低了个体的消费成本，也强化了群体的归属感。最终，消费者对和谐关系的追求，也推动了消费从个体行为转向群体共建。

当消费最终给消费者带来了他们期望的生活价值和人际关系时，消费就满足了其真正的需求。这种需求也引领着消费与消费者对生活品质、人生志趣的追求的匹配，形成了完整的闭环。

消费不等于购买

1. 消费不只是买买买

按照传统认知，交易完成即意味着消费达成，"消费"与"购买"几乎就是同义词。但演绎着"消费就是生活"的Z世代，正在颠覆这种简单定义。在他们的世界里，消费早已突破了商品交易的物理界限，演变为一场关于时间、体验与情感的多维互动。并在这种互动中，消费的主体、客体、环境等因素之间的关系被不断地重塑。消费已不再只是单纯的商品购买，时间占用、自我表达体验和流量生成成为不发生实质购买行为的新型消费形式。

从"商品转移"转向"时间占用"，成为Z世代群体中最为流行的新型消费形式。这种消费，没有商品的转移和使用，没有资金的流动，消费意义的实现就是通过时间的消耗。商家通过创造情绪价值，将消费者停留的每一分钟都转化为商业机会。消费占用的时间包括消费者享受消费过程中的愉悦感的时间，以及为消费而等待的时间。这种"等待"本身已成为一种消费仪式：时间的流逝被赋予了情感价值，商家甚至将排队时长包装成"限量版体验"，让消费者甘愿用时间兑换心理满足。对于"时间占用"的消费，商家争夺的不仅仅是消费者的钱包，更是他们的注意力时长。短视频、社交软件通过算法精准地抓住消费者的偏好，撩起消费者兴趣点，尽量延长他们的停留时间。线下商家玩起各种花样，营造火爆的景象，吸引消费者排队等待。2024年五一劳动节期间，长沙五一商圈新开张的"零食很大"旗舰店门口排起了长长的队伍，尽管下着小雨，顾客们热度不减，最长的排队时间居然超过了3.5个小时。

没有"购买"的消费还以一种体验的形式呈现。在物质极大丰富时，商品的功能属性逐渐让位于体验的情绪价值，消费者被体验所捕获并在内心构建"消费的意义"。一般情况下，这类体验附着在其他商品或服务的消费之上，没有额外的资金支出，也不会过度占用消费者的资源。它并不验证消费的符号意义，而是验证消费者的自由意识，是消费者"消费自由"的自我表达。消费者在自我表达的体验中交换对真实世界的认知与感受，展示满足自己需求的期待。在当下蓬勃兴起的新消费中，许多消费品通过体验的形式让消费者参与产品的设计、改进过程，在体验中贡献自己的创意或提出优化建议。最终和商家达成某种默契，共同创造品牌的价值。因此，虽然当期的体验消费不一定立即能给商家带来利润的增加，但依然是其高度重视的必争之地，也是商家维护其品牌美誉度和提升客户忠诚度的重要途径。体验消费甚至还能将消费过程转化为社交货币，由于参与者可能既是买家又是内容生产者，他们的经历和感受最终通过社交网络形成二次传播，形成类似营销的推介和影响作用。

消费也可能是没有资金支出的流量生成。网络经济时代，流量甚至替代了产值、盈利能力等指标成为衡量企业与平台价值的重要标准。由于互联网的巨大影响力，商家围绕流量展开了空前激烈的竞争。商家通过免单活动、薅羊毛攻略等吸引用户点击，这样即便没有直接交易，流量本身已成为核心资产。平台经济免费商业模式的逻辑是"羊毛出在猪身上"：先用免费内容吸引用户，再通过广告和电商变现。其实质就是通过流量的生成与争夺，提升平台整体价值和变现能力。在这个过程中，消费者获得了免费的商品和服务，但他们的点赞、转发、关注也为平台创造了价值。

2. 自由的眩晕

当自由的邮轮驶向新的消费世界，这批 Z 世代游客将感到眩晕，眩晕是因为消费的灵活多变性使它来不及锚定价值。只有在不断的尝试、学习和反思中，消费者才能逐渐掌握在新消费世界中航行的技巧，学会如何在纷繁复杂的选择中找到真正适合自己的价值锚点。

社会的流动与不确定性，让消费者容易陷入迷茫跟风的眩晕中。正如鲍曼所言，"这个时代的模式和框架不再是已知的、假定的，更不用说是不证自明的。"[①] 互联网及其衍生的各类消费（包括虚拟消费）成为与这种社会状态高度契合的消费模式。消费产生的大量数据信息在网络中留下了记忆，并被不断加工、创新，生产出各种热点、爆点。随着网络端蹭流量、蹭热点的推波助澜，迅速形成现象级热潮。这种热潮的产生就如"蝴蝶效应"一样难以预测、复杂多变、波谲云诡，也往往难以持久。因而在网络上经常上演着这样的情景：短视频点赞加速视频投放，打卡分享增加打卡点热度，微博评论引发热点话题，好像进行着一场击鼓传花的游戏，创造了一连串生机勃勃的过程，却留下一个泡沫的结果。由此，也带来了诸多一阵风式的消费浪潮。淄博烧烤、哈尔滨冰雪节、天水麻辣烫等，爆火的消费热度来得迅猛，起因特别偶然，也很容易在消费者短期狂热的跟风打卡中迅速退潮。

消费的多重意义与符号陷阱，让消费者感到迷惑。消费主义曾用"符号价值"定义身份，也意味着社会的不同主体都可以基于自己的理解赋予消费不同的符号意义，那就有可能导致无限

---

① [英]齐格蒙特·鲍曼. 流动的现代性[M]. 北京：中国人民大学出版社，2018：33.

的消费选择对应着无数的意义。当万物皆可符号化，消费者被大量的信息和选择所包围、面临无限选择的可能性时，就会在符号的迷宫中越陷越深。难以分辨哪些是自己真正所需，哪些是商家用"限量款""独家体验"制造出的稀缺性所诱导的。消费者身处不确定性和迷惑之中，造成了意义的迷失。

消费来不及锚定价值带来短暂的不适，刺激着Z世代消费者不断反思、创新，在纷繁的选择中锚定自我价值，让消费从"符号游戏"回归"意义生产"。当Z世代的消费被赋予了更深层次的意义和价值时，它便能够引导消费者走出迷茫，找到真正的自我和归属，将这种符合个人意愿的社会功能和社会心理结构发展成更单纯自然的社会关系，通过新价值及其背后的价值系统对社会关系重新"编码"，推翻消费的符号桎梏，以人的全面发展为中心，推动消费往他们所希望的方向转变。与此同时，生产和消费在某种程度上开始了融合，不再是对立的两端，消费关系与意义在这个过程中悄然改变，也为新消费的发展提供了更多的选择。

12　趋势的力量

变化是永恒的主题。

关于 Z 世代消费趋势的讨论，是撕裂感很强的话题。基于以往线性的经济增长思维，消费是向上流动的；而基于经济下行期的判断，消费则是向下流动的。

不同世代的消费结构与消费趋势差异很大，寻求整齐划一的判断是刻舟求剑。Z 世代是一个充满活力的群体，他们不断地用脚投票，层出不穷地制造消费热点。他们不断理解、不断实践、不断创造最适合他们的消费文化，重塑消费关系。

时代变了，消费关系变了，消费逻辑也变了。针对年轻人的消费市场正在经历一场前所未有的大洗牌。

情感陪伴、社交连接和精神享受，也许是影响当下年轻群体消费价值判断的核心变量。

得消费者得天下。

> 新意犹如火焰，燃烧出一片光明未来。
>
> ——马丁·路德·金

物美价平：Z 世代消费的哲学理念

1. 为颜值买单

"为颜值买单，好看也是一种能力。"

"这是个看脸的时代，人帅即正义，人丑是活该。"

Z 世代总是这样相互调侃，他们信奉颜值就是生产力，不仅仅是人的外貌长相，还包括他们所消费产品的颜值。

产品的美是一种带有"温度"的力量。

高颜值的产品拉近了与消费者的距离，将消费者带入群体语境，带来情感体验和消费情结上的"温度"，满足了其情绪上的需求，也让其更乐于去分享、表达。若产品的颜值融入或形成某种符号，那将成为一种价值共识，能被一众群体共同感受到，甚至能演化成消费者群体之间的心理桥梁，连接消费者的人际关系，进而"通过消费建立更互动的、人和人之间的关系"。[①]

Z 世代消费者对"颜值消费"需求不断提升，高颜值的包装设计对消费者决策的影响越来越大。高颜值商品不仅具有与他人分享的社交属性，同时还能让消费者获得视觉享受和情绪价值。为此，各大品牌纷纷推出更具文化特色、更具潮流时尚的产品。在保持原有高品质的基础上，顺应审美潮流，力增品牌特点。

Z 世代对美的追求衍生出高度重视并偏爱颜值的颜控人群。QuestMobile 数据显示：我国的颜控人群规模已达 2.53 亿，且整

---

① [日]三浦展. 第四消费时代 [M]. 北京：东方出版社，2022：159 – 160.

体年轻特征显著，24 岁以下用户所占比例较高。[①] 互联网时代，人们对美的追求和展示自我的需求日益增长，促进了颜值经济的发展（见图 12-1）。

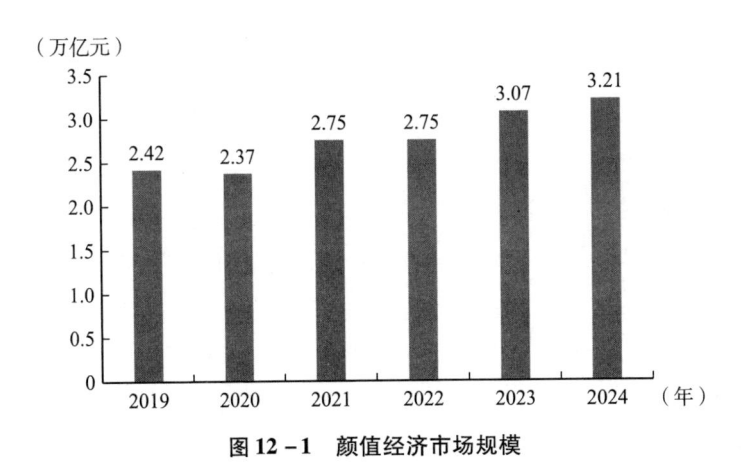

图 12-1 颜值经济市场规模

（万亿元）

年份	2019	2020	2021	2022	2023	2024
规模	2.42	2.37	2.75	2.75	3.07	3.21

资料来源：QuestMobile《2024 年颜值经济洞察报告》。

颜值经济是网络时代围绕颜值而发展起来的消费产业。高颜值的图片、视频、外观、设计等信息能够通过各种途径非常便捷地传递，为了获取体验、观赏的价值感，大量群体愿意为此买单，进一步刺激了厂商加大生产、提供这些内容。颜值经济带动美妆行业、"粉丝"经济等上下游行业迅速跟进，延伸至文创、餐饮食品等领域，促进各类新兴消费场景不断涌现。

相较于 X 世代与 Y 世代，Z 世代对产品外观设计更为重视，

[①] 《QuestMobile2024 年颜值经济洞察报告》[EB/OL]. QuestMobile 研究院，https：//www.questmobile.com.cn/research/report/1813143370060632065.

要求产品"既华又实"。在品质有保障的前提下，对产品构型、设计意蕴、美学体验等方面有着更富创造性的要求。

颜值经济背靠美学，面向经济，受 Z 世代追捧。不论是高级简约风，还是清新文艺风、可爱少女风，都不乏 Z 世代的偏爱，而 IP 联名款和国潮复古元素也被越来越多地融入各大品牌中。

2. 物美价平不是简单加总

为颜值买单，也不是简单的"物美"就 OK。Z 世代的消费需求永远是"既要……又要……还要……"并不只看重"物美"。

钟薛高成立短短 16 个月就创造了营业收入破亿元的神话。18 个月销量就已突破 1 500 万支，荣膺全网销量营收第一、客单价第一。其产品以独特造型、高端用料、高昂价格被网友称为雪糕界的"爱马仕"，受到追捧。2018 年天猫"双 11"定价高达 66 元的当日限定款"厄瓜多尔粉钻"雪糕销售火爆，不到 15 小时就告售罄。

然而，自 2022 年下半年开始，钟薛高的销量持续走低。至 2024 年 4 月，各大线上平台上只有其官方旗舰店可以购买，在消费频次更高的小象超市、物美多点、盒马等线上渠道里已很难搜索到。而线下渠道中，许多连锁便利店（如罗森、711 等）的冰柜里早已没有钟薛高的影子。尽管后来价格有所回调，但钟薛高的风光不再，热点属性拉满的高端产品最终还是陷入了被消费者冷落的境况。

"物美"与"价平"是 Z 世代消费不可或缺的两大诉求，"物美"可以吸引消费者，但必须以质价匹配为前提。对于 Z 世代来说，一款值得忠实拥护的产品，既要长得好看，又要质量不错，还要价格不贵，这就是"物美价平"。

Z世代的"物美"与"价平",追求的是"1+1>2"的效用,而不是简单累加。

价格对产品的标记反映出消费的自由程度,产品品质和价格并重,构建出物美价平的消费图景。Z世代心甘情愿地参与消费的前提,是在消费审美当中综合审视消费价格和产品价值,而价格要妥协于其对产品的评判。当价格进入这种审美体系,成为消费体验的一部分,就不仅仅是供求关系的映射。尤其是具有"美的特征"的产品,其价格体现了时代和文化背景下沉淀下来的消费观念,消费者往往也是透过价格解读产品内涵的文化和价值。过低的价格弱化了消费者对产品的价值感知,过高的价格排斥了消费者对产品的艺术认同,适宜的价格和产品的美感可以给消费者一个协同增强的审美效果。如购买文创产品,价格往往与消费者对作品的欣赏、拥有感和情感价值紧密相连,某种程度上增强了消费的美学体验。

3. 选择平替

平替:平的是价格,替的是价值。

2021年,"平替"成为消费热词。"万物皆可平替""不是大牌买不起,而是平替更有性价比"成为流行语,同时网上也出现了大量平替攻略。这一切都说明消费者正用自己的价格意识在改变消费市场。

Z世代的消费需求是"物美""质优""价平"皆备,好的产品体验和平实的价格缺一不可。当"物美""质优""价平"不可兼得时,他们就会在保证前二者的前提下,寻求价格的平替。平替不是单纯的更低价格,而是保障品质的适宜价格。与X

世代或 Y 世代不同，Z 世代追求的是"平"，而不是"物美价廉"的"廉"，价格同样构成产品消费的感受，这是一种消费观念的转变，代表着 Z 世代从消费主义中抽身，回归到消费本真需求，更多考虑消费是否值得。这在本团队调研中也得到了很好的体现（见表 12-1）。

表 12-1　消费时会考虑是否值得的认同度（N=1 002）

消费者	非常不认可	不认可	一般	认可	非常认可
人数	10	31	150	414	397
比例（%）	1.00	3.09	14.97	41.32	39.62

资料来源：本团队调研。

接受调研的 Z 世代中有近八成认为，自己在购买某商品的时候会着重去考虑该次购买值不值得；同时，有近六成的消费者认为价格与品质都是着重考虑的因素，购买前会着重考虑是否值得（见图 12-2）。

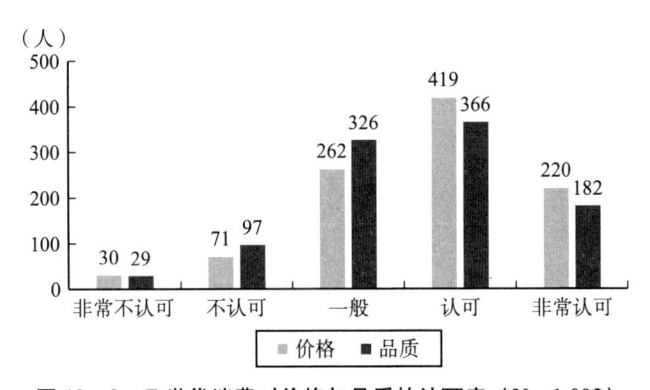

图 12-2　Z 世代消费对价格与品质的认可度（N=1 002）

资料来源：本团队调研。

那么，如何能做到产品的平替？这是个多方妥协的结果：在激励竞争的市场环境中，消费端的年轻消费者选择"用脚投票"，用带有倾向性意见的需求引导市场走向；供给端的厂商不得不摒弃过度的产品包装，舍弃铺天盖地的广告，将成本控制在合理区间。互联网的兴起也提供了有利条件，团购的规模效应、网络营销的成本节约等，都不同程度实现了对年轻消费者的利益让渡。此外，消费者也有了参与产品价值创造的可能，他们在消费的过程中会反馈对产品改进的想象和设计，从某种意义上可以说，这一过程还帮助了年轻消费者如何去制造并消费产品的体验。

走向圈层：Z 世代消费的独特行为

1. 不断扩大的圈层消费

圈层是以兴趣、情感、利益等关系结合起来的社会群体。"社会的本质存在于人与人之间的互动过程之中"，来自资本持有、情感认同等相近的个体之间发生的联系与交往形成社会圈层。

互联网时代，技术手段和物理空间的突破，大范围、高频率的圈层互动关系得以实现，使得 Z 世代以趣缘关系为主导的小众圈层文化日渐发展，影响力越发增大。圈层内部会逐步形成为个体所共同接受并期望彼此能坚持的准则，进而演变为圈子甚至社会稳定的基石。这种准则是非正式的，但它潜移默化着圈层成员，从而形成兴趣爱好、文化认同、价值倾向趋于一致的圈层消费。

Z 世代消费圈层以多种形态存在，且迭代衍生加剧，圈层种类明显增加，规模不断扩大，潜力圈层不断兴起。圈层消费因共同的兴趣、文化或理念而兴起，消费圈层化是互联网时代的趋势，也是消费多元化的结果。

Z世代的圈层消费，消费者达到了"美美与共"的群体审美共识，跳出了符号消费的差异化界限，使消费走向了公共性意义，吸引着消费者，使圈层参与度越来越高。网络与社交媒体的兴起，打破了时间和空间的局限，消费圈层作为社交体系给消费者的生活带来新的内容，在广度和深度上更具结构性，形成一个立体的消费–生产循环。

圈层经济上的成熟度依赖圈层的稳定性。维系圈层稳定性的，或是理念和兴趣的"共同意识"，或是KOL、网红、明星的核心领导，以此形成广泛而又庞大的消费社群。

Z世代是圈层消费的重要力量。据巨量算数统计：泛二次元、生活、游戏3类的10个潜力圈层中Z世代占比均超过40%，其中，Cos圈、宅舞圈的占比更是超过60%。数据显示，2019~2024年上述圈层的关键词综合指数持续正增长，蕴藏着巨大的消费潜力。以二次元动漫产业为例，在2023年，中国"二次元"行业规模增长了27.6%，达到2 219亿元[1]。Z世代通过二次元寻找情感价值，形成圈层，刺激二次元消费，推动相关产业蓬勃发展，2019年动画电影《哪吒：魔童降世》引爆影院，票房超过50亿元人民币，登顶中国动画电影票房榜榜首。2025年《哪吒之魔童闹海》引发了全球热烈反响。猫眼电影数据显示：截至2025年4月27日，全球票房157.44亿，高居排行榜第5位，且

---

[1] 周以航，董小红，李晨曦等．隆起的"二次元"经济［EB/OL］．经济参考报，http://www.jjckb.cn/2024-07/01/c_1310780043.htm.

仍在上涨之中。这也意味着在传统文化 IP 的加持下，中国的动画产业进入了全面爆发阶段。同时，Z 世代所关注的游戏圈层、生活圈层也进入稳定发展期。据《2025 年游戏行业抖音经营白皮书》，2024 年我国游戏市场实际销售收入继续保持增长态势，收入规模达 3 257.8 亿元，同比增长 7.5%（见图 12 - 3）。无论是移动端游戏还是客户端游戏均保持着可观的增长速度，同时小程序游戏和主机游戏市场 2024 年销售收入分别为 398.36 亿元和 44.88 亿元，同比增长分别达 99.18% 和 55.13%。这表明我国游戏市场在移动端、客户端、主机、小程序游戏等多类型发展中保持着稳中有增的发展态势。①

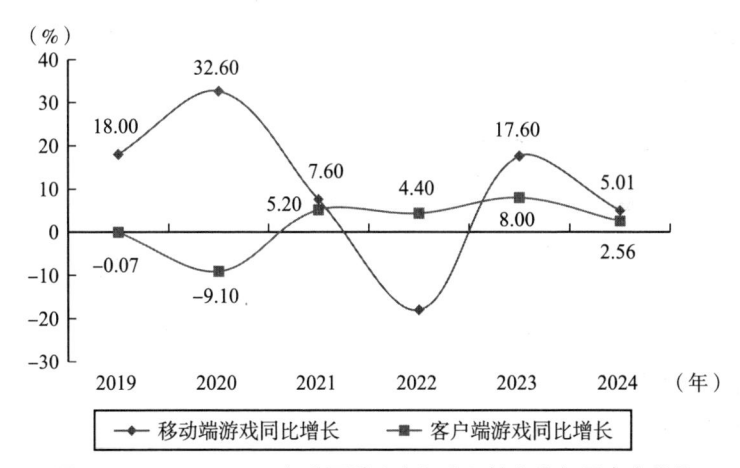

图 12 - 3　2019～2024 年中国游戏市场实际销售收入及未来趋势

资料来源：巨量引擎 & 巨量算数联合月狐数据推出的《2025 年游戏行业抖音经营白皮书》。

---

① 2024 年移动端游戏同比增长率和小程序游戏销售收入数据来自《2024 年中国游戏产业报告》。

生活圈以宠物圈层为例，2023年猫狗行业市场规模近3 000亿元，2020~2024年（预估）猫狗行业规模复合增长率分别为14%和7%。[①]

2. 垂直多元与横向交融

Z世代丰富多彩的生活，让他们的兴趣圈层呈现出显著的垂直多元和横向交融特征。秒针营销科学研究有关研究显示：Z世代的8个一级圈层内部向不同方向衍生，形成了32个二级圈层、172个三级圈层。如旅游圈根据具体的旅游方式划分为特种兵旅游、研学、Citywalk、寺庙游等；泛二次元圈又分为动漫圈、模型/玩具圈、个性服饰圈、衍生内容圈等多个次圈层；生活圈则细分为生活美学圈、时尚潮流圈、宠物圈等次圈层（见表12-2）。

表12-2　　　　2024年细分圈层特征示例

圈层	次圈层	关键词	关键词综合指数		18~23岁		24~30岁	
			综合指数[②]	平均值（万）	占比（%）	TGI	占比（%）	TGI
泛二次元	动漫	动漫	1 126 716	42.3	22.17	213.57	26.12	142.78
	模型/玩具	BJD娃娃	12 626	8 808	45.85	441.68	19.45	106.32
	个性服饰	Lolita	38 146	1.3	51.34	494.57	21.29	116.38
	衍生内容	广播剧	87 101	11.4	36.42	350.84	25.70	140.49

---

① 《小红书2024宠物行业洞察报告》[EB/OL].小红书商业化联合第一财经商业数据中心（CBNData），https://www.cbndata.com/report/3202/detail?isReading=report&page=3&readway=stand.

② 该综合指数数值为2024年6月30日关键词综合指数。

续表

圈层	次圈层	关键词	关键词综合指数		18~23 岁		24~30 岁	
			综合指数	平均值（万）	占比（%）	TGL	占比（%）	TGL
生活	生活美学	vlog	23 732	11.4	19.67	189.49	26.58	145.30
	时尚潮流	国潮	85 762	14.8	17.70	170.51	23.66	129.34
	宠物	宠物	1 741 071	121.2	22.21	213.95	26.41	144.37
游戏	电竞类游戏	电竞游戏	16 034	986	40.18	387.06	25.33	138.46
	体验类游戏	乙女游戏	8 851	1 560	49.64	478.19	19.01	103.92
		剧本杀	124 379	1.9	37.88	153.28	28.04	153.28

资料来源：巨量算数。

  Z 世代消费兼具潮流与美学特征。互联网虚拟空间中的网络游戏致力于好看好玩、时尚新潮的特性，成为 Z 世代人群的重要社交场所，形成了电竞类游戏、体验类游戏等多元游戏圈层，更促生了线上线下融合的体验类游戏娱乐新选项，衍生出"剧本杀""密室逃脱"等游戏圈层。

  圈层的垂直多元带来 Z 世代圈层细化加剧，发展迅速。2024 年秒针营销科学研究报告显示，Z 世代主导的 Cos 圈、涂鸦圈、宅舞圈、街球圈、扭蛋盲盒圈、古风圈、漫展圈、软件分享圈、韩漫圈、嘻哈圈这 10 个圈层规模翻倍扩张。典型圈层关键词综合指数增长率见表 12-3。

表 12-3　　　典型圈层关键词综合指数增长率　　　单位：%

圈层	2020 年	2021 年	2022 年	2023 年	2024 年
动漫	99.18	-7.41	76.89	77.39	29.18
BJD 娃娃	76.79	60.88	3.80	65.90	104.60
Lolita	-52.72	-65.83	179.54	109.13	94.12
广播剧	417.34	123.46	155.00	41.18	6.94
vlog			352.63	25.58	31.94
国潮			43.48	18.18	79.49
宠物	-82.19	-34.65	110.61	153.96	34.28
电竞游戏			48.29	181.91	166.51
乙女游戏			743.29	13.85	53.06
剧本杀			-11.54	17.39	25.93

资料来源：巨量算数。

同时，技术的简化便利使得小众专业俱乐部式的消费平衡模式更容易被打破，不同圈层间边界逐渐模糊，许多原本只属于某一圈层的文化消费开始被更多圈子外的群体所知晓和追捧。[1] 圈层出现横向的相互交融，并由此衍生出全新的圈层。例如，Cos 圈和狼人杀圈的特点相互融合，发展出了"剧本杀"新圈层，在这个新圈层中消费者能感受到游戏背后蕴含的双重圈层文化内涵。除此之外，动漫圈层与美食圈层融合生成的女仆奶茶店、漫画咖啡厅等，均反映了圈层相互交融的发展趋势。

---

[1] 张琳，杨毅. 从"出圈"到"破圈"：Z 世代青年群体的圈层文化消费研究[J]. 理论月刊，2021（5）：105-112.

圈层消费的发展之所以方兴未艾,是Z世代以及其所处环境导致的。对Z世代而言,圈层消费和产品消费的不同在于:消费不是单纯的商品消费,而是社交环境中的消费。借助产品表达的个性和借助圈层表现的个性不是一回事,前者是"我不一样",后者是"我们不一样"。在"我们不一样"的追求中,与其说市场存在各种圈层,不如说消费生成各种圈层,这种自动生成的消费形态还在需求的细化中不断地发展,以满足年轻人的各种独特性要求。

圈层的内核是一个特定文化性的消费对象,随着社会不断发展,不同圈层的渗透、交融会越来越频繁,支持其发展的平台也将更加普及。B站可以认为是各种二次元文化构成的虚拟文化圈层平台,平台的网络文化借助二次元语言传播。由于网络交流的便利,圈层的语言很容易作为模因而流传到其他圈层,给用户带来更多的想象和创作要素。

新意迭出:Z世代消费的完全形态

活力与热情是消费社会的动力源泉。Z世代在社交媒体上,不断用"我被种草了!""这个,值得安利!"分享消费感受,用"太上头了,爱了爱了!"表达消费热情。他们乐此不疲地配合这场消费的表演,不断用热情和新奇刷新消费形态和场景。

1. 消费内容:人与物的亲和

X世代和Y世代的消费对象是很具体的,他们更看重物品的性能与价格,会考虑商品的原料和生产成本来确定合理的支付价格，以此作出购买决策。Z世代则完全不同，他们的消费可能和产品本身关系不大，而是更看重消费中的环境、感官和社交所带来的愉悦。从积极意义上看，Z世代通过消费，体现对自己情感或内在品质的关怀，通过自我对话或者借助外界互动使自己得到愉悦，因此更多地寄情于人与物的亲和，这在Z世代的消费内容上有着非常明显的体现。

Z世代热衷于新的消费内容。时尚新潮、神秘有趣、心理抚慰……这些在人与物的交互中所获得的感受，都是他们追崇的。智能家居、可穿戴设备等给他们带来科技的时尚体验，而星座占卜、塔罗牌、玄学的神秘感让他们充满好奇，养宠与宅家消费则在精神上给了他们足够的安抚。

根据《2024年中国宠物行业研究报告》，2023年中国城镇宠物饲养量数量庞大，其中宠物猫6 980万只、宠物犬5 175万只。养宠人中"90后""00后"占比接近57%。[1] 他们亲切地称宠物为"毛孩子"，其中49.9%把宠物当作家人，23.7%认为宠物就像自己的孩子，18.3%的受访者把宠物当成生活中的朋友。"宠物是人类最大公约数"，并由此催生"哈基米"计划、宠物相亲等以宠物为核心的社交共鸣、宠物参与家庭决策等行为。这种消费类型看起来是人在养宠，实质上却是"人宠互养"，形成一种人和物之间的亲和关系。2018~2022年中国宠物消费情况见图12-4。

---

[1] 《2023-2024年中国宠物行业白皮书（消费报告）》[EB/OL]. 派读宠物行业大数据平台. https://www.petdata.cn/infodetail_6815030695232512.html.

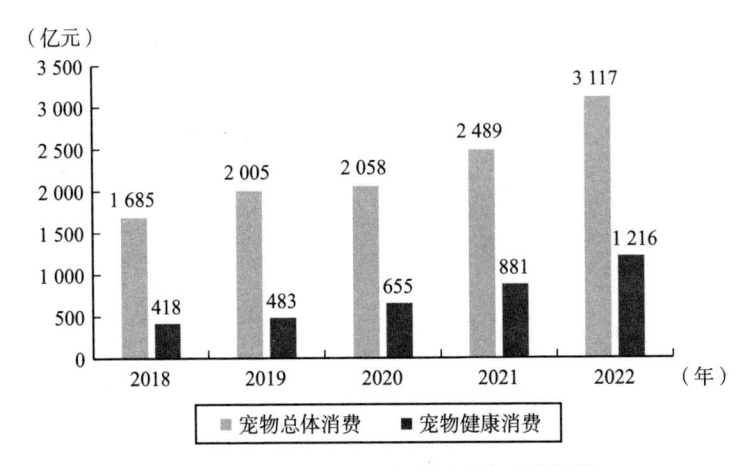

```
(亿元)
3 500                                    3 117
3 000
                             2 489
2 500        2 005  2 058
2 000  1 685                                    1 216
1 500                                881
1 000              483   655
  500   418
    0
      2018  2019  2020  2021  2022  (年)
       ■ 宠物总体消费    ■ 宠物健康消费
```

图 12-4　2018~2022 年中国宠物消费规模

资料来源：艾瑞咨询联合京东健康数据研究院发布《2023 中国宠物健康消费白皮书》数据。

2. 消费体验：过程与感受的结合

Z 世代乐于沉浸在各种能够带来新体验的消费场景之中，"沉浸式""场景化"已成为年轻人的消费关键词。逛商场"不只是在购物，更是在享受一场精心策划的感官盛宴"。从"云吸猫"的温馨陪伴，到"元宇宙"的奇幻探索，都是在寻找那份超越物质、直击心灵的触动。他们相信，优质的体验感是无可替代的奢侈品，并愿意为之付费。

消费体验让商品首先成为能融入消费者生活的消费品。为避免商品远离消费者需求，商家的营销理念将由产品领域转向服务领域。他们将不再局限于产品的功能配置思维，而是向"为消费者打造所需解决方案"的服务思维转变。体验消费突破了产品本身价值，促使商家围绕消费者的感知与行为，深刻洞察其深层诉求，让创新概念为用户诉求服务，从而实现体验创新的商业价值最大化。

体验式消费真正反映的是对消费能力和消费时间的使用性质，"衣食无忧"且有大量"闲暇时间"的Z世代自然就成为这类消费的天然拥趸。消费的根本需求需要在时间中得到回答。消费体验让时间消费走向消费的台前，成为真正被体验的对象。Z世代更在意消费过程，看似花时间在消费上，实质上是在有意义的时间体验中得到消费价值，并反映到情绪化的精神感受中。

密室逃脱作为一种高度沉浸式的娱乐体验，在Z世代中迅速走红，成为他们追求新鲜刺激与团队合作的新宠。自2018年至2023年，密室逃脱在百度平台上的资讯指数持续攀升，反映了该行业在市场上快速发展与普及的趋势。巨量算数数据显示：以密室逃脱为关键词的TGI指数中，18~30岁年龄段占比最高，占比高达59.85%。这表明，关注密室逃脱的网民中Z世代更加集中且活跃，也反映了该群体对此类强体验感消费模式的热衷。

3. 消费业态：消费全要素的融合

是Z世代，而不是商家，将跨界融合变成了现实。

跨界融合催生出新型业态，新业态让传统与现代、文化与科技在碰撞中擦出火花，将不同领域的精髓汇聚一堂，展现了多元的内容，催化和驱动了Z世代对想象力的消费需求。想象力作为跨界融合的催化剂，促使这代年轻人思考各个消费领域的潜在联系。跨界不是某几类产品或者某几种模式简单组合的商业状态，离不开消费者对多元消费模式的能动性整合，跨界融合的消费新业态往往是由年轻消费者的心境引导出来的。

在跨界融合的消费活动中，Z世代的情绪和情感也在模糊的消费意义中融合，在"向往"和"想象"中追寻体验感。想象力在融合跨界的业态中能影响消费者的心灵世界，当然并不是产品对情绪产生影响，而是消费者将消费进行了"故事再创造"。甚至，在消费业态的跨界融合中，商家把生产的部分权利让渡给了消费者，使他们能参与创造，掌握消费的部分话语权。

融合跨界的新业态之所以能够吸引Z世代，关键在于其跨界融合的特点与优势。通过将不同领域进行融合，新业态不仅打破了传统界限，还创造了前所未有的新价值。

作为多业态融合的成功典型，湖南长沙五一商圈深受Z世代群体的喜爱。繁华的商业氛围、丰富的购物选择、琳琅满目的美食、多元的文娱活动、独特的城市文化吸引了来自全国各地大量的年轻消费者。同样，这些年轻群体的消费需求，也促进了商圈业态的加速融合、推陈出新。商圈内各大商家都在积极捕捉消费者意愿与建议，变着花样进行融合创新。茶颜悦色短时间内新推出"鸳鸯咖啡""古德墨柠""昼夜小酒馆"，凑成了茶颜家族。零食很忙快速推出的"零食很大"也在"五一"期间爆火。"黑色经典"每周的例会就是听取Z世代的反馈。2018～2023年长沙市旅游接待情况见图12-5。

除此之外，"各类+"的新业态新模式也纷纷出圈，并将在未来一段时间里持续受到年轻群体的青睐。

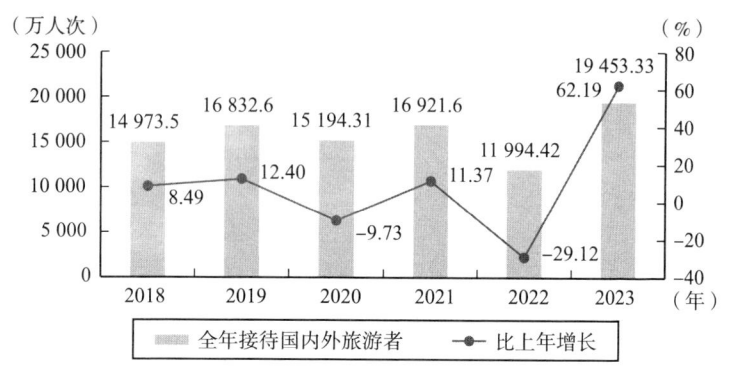

图 12-5　2018~2023 年长沙市旅游接待量

资料来源：长沙市文化旅游广电局发布的数据。

就旅游行业来说，复合型多业态融合旅游消费场景为年轻人所推崇，孕育了巨大的消费市场，以至于许多地方政府以"音乐"为抓手，将演唱会、音乐节作为撬动文旅行业发展的新杠杆。复合型旅游模式满足了 Z 世代为社交、为悦己、为人设的消费需求，其他元素与旅游相结合，提供了与传统旅游截然不同的新鲜感和趣味性，让年轻人在旅游过程中不仅能欣赏美景、享受美食，还能参与丰富的娱乐活动，获得多层次的体验。

"红""绿"辉映：Z 世代消费的社会意识

1. 文化认同和本土意识的回归

"你永远可以相信老祖宗的审美！"

"文化自信，是新青年该有的态度！"

Z 世代一面被传统文化折服，一面自觉扛起捍卫传统文化的大旗。

改革开放以来，每一代年轻人所追崇的时尚在不断变化，从迪斯科、喇叭裤，到杀马特，由跟风从众的"崇洋"到我行我素的"自我"。而国潮兴起，似乎时尚潮流又回到了民族的、本土的、传统的本位。

没有哪个群体像Z世代这样对中华传统和民族文化有如此强的认同感。"与祖先说一样的话，做一样的事"是一件极其幸福、极有成就感的事，"血脉觉醒，从传统文化的崛起开始！"国潮服饰、新中式审美走红，大唐不夜城、平遥古城爆火，《咏春》《山河诗长安》《凤鸣朝阳》等古典节目的热播，《龙门金刚》《国色天香》等传统"宝藏"被挖掘创新并再次活跃，游戏《黑神话：悟空》广受追捧……那些深植于血脉中的文化底色被唤醒，转化为与时代共鸣的生活方式。

国潮的回归基于中国经济社会飞速发展、不断超越所带来的自豪感，也基于对中国品牌中国质量的信心，使得Z世代成为国货购买的主力军。

抖音电商的"遇见好国货"计划中，一批经典品牌成为市场爆款。例如，经典国民品牌郁美净，其官方店入驻抖音不到三天涨粉超百万人，卖出超40万单产品，其中，"爆款"儿童霜售出8.2万单，十几个货品卖脱销；经典日化品牌活力28意外走红抖音，一天清空500万元库存产品，2024年"6·18"大促期间环比增长40%。[1] 这些产品凭借优良的产品质量和深厚的品牌底蕴，实现了销售量和关注度的双丰收。

---

[1] 让年轻人爱上中国造，抖音电商"遇见好国货"助力国货品牌"出圈"[EB/OL]. 消费日报网, http://www.xfrb.com.cn/article/zx/16295294303166.html.

新潮国货不断兴起，已经渗透到各个领域，从服饰到美妆，从家居到科技产品，融合中国元素与现代设计的创新产品层出不穷。安踏、李宁将东方美学、景观及非遗技艺融入产品设计，361度、特步致力于打造兼具"东方美"与"科技感"的运动服饰产品，展现了一个既充满未来感又具有深厚文化内涵的设计世界。

2018~2023年，体育服饰行业的国货市场占有率不断攀升，尤其是安踏和李宁，平均市场占有率分别为15.86%、8.18%，同时，Nike、Adidas等外资品牌的市场占有率明显下降，国货品牌与国外品牌的差距进一步缩小。

2. 社会公益意识和责任意识的提升

"捐出爱心、收获希望。"

"爱心支教，传递梦想。"

"公益随我行——让消费成为传递温暖的桥梁。"

"每一份消费，都是爱的传递。"

不经意间，有选择地消费已然成为年轻人表达公益态度的一种方式，消费在公益的语境中表述了Z世代社会角色实现的话题，他们习惯在消费过程中自觉维护并承担起更多的社会责任，并在素未谋面的大众之间建立起新型的公共关系。

经济发展推动商业的繁荣让Z世代消费有了更多的可选择性。"正因是个人主义才有利他性"[1]，教育与社会的宣传引导，使他们更容易从个人的义务和责任视角去理解利他、互惠的社会

---

[1] ［日］三浦展. 第四消费时代［M］. 北京：东方出版社，2022：115.

公益意识以及低碳、绿色的环保意识,并在消费中自觉地作出选择并落实,而不再只是通过捐赠资金或物品、参加志愿者活动或环保行动等途径去实现公益责任的履行。这种趋势可能正在根本性地改变中国消费者的消费习惯。

2018~2023年"公益"的年均资讯指数和TGI指数(品牌在特定人群中的影响力)反映:18~23岁年龄段对于公益的偏好度最高,18~30岁人群在年龄段占比中显著高于其他年龄段人群。这意味着Z世代群体具有较高的公益消费倾向,且对公益的关注度也呈逐年上升趋势(见图12-6)。在公益消费中,产品的价值不单通过享受直接满足,而是建立一种具有微妙温情的人际关系。在这种人际关系中,即便需求不是必要的,但也能带来参与共同活动的机会。对社会公益的关注能够带动群体的参与。

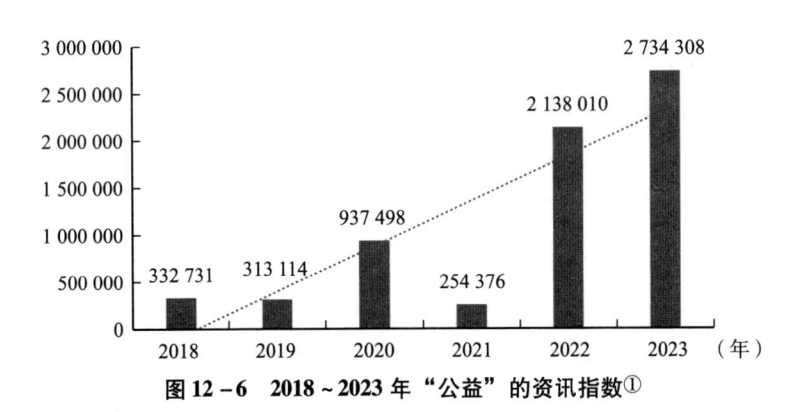

图12-6 2018~2023年"公益"的资讯指数[①]

资料来源:百度指数。

[①] 资讯指数:用以反映新闻资讯在互联网上对特定关键词的关注及报道程度及持续变化。本书以百度智能分发和推荐内容数据为基础,将网民的阅读、评论、转发、点赞、不喜欢等行为的数量加权求和得出资讯指数。

新时代消费者对于慈善捐赠、包容互助、社会议题等相关的产品和服务更具好感，他们表示愿意花时间去了解品牌的公益计划、追踪品牌的公益项目、验证企业公益的专业性和真实意图，并以此来判断企业是否值得他们支持。

《2023中国公益消费调研报告》显示，40.74%的被调查者表示更愿意购买宣传语中含有社会包容互助的产品或者服务，38.99%的被调查者更倾向于购买宣传中含有捐赠信息的产品或服务。

Z世代也普遍认为绿色环保是全人类的公益，在他们的推动下，绿色消费成为一种新的消费新时尚，吸引越来越多的人参与，也促使环保理念渐入人心。

他们关注节能减排，自觉选择低排放、零排放的消费品，哪怕为此有额外支出，也是可以接受的。

"我的爱驾出行电力十足"，Z世代正在以实际行动支持环保出行，年轻人正逐渐成为新能源汽车市场的消费主力，推动新能源汽车产业的不断发展。2018～2024年中国新能源汽车销量和新能源乘用车市场渗透率见图12-7。

为数不少的Z世代青年关注蚂蚁森林的能量榜，用碳排放小程序计算自己消费的碳量，并在消费中有意识地减少资源的占用和浪费，更愿意接受共享消费以及二手市场的交易。

作为"循环青年"的主体，Z世代是二手交易的活跃客户。中国青年网调查显示，80.84%的大学生愿意进行闲置物品交易。[1]

---

[1] 大学生二手商品消费调查：超七成担心质量，超半数看好发展潜力 [EB/OL]. 中国青年网，https://edu.youth.cn/jyzx/jyxw/202201/t20220104_13377672.htm.

近年来,"闲鱼""转转"等二手交易平台备受欢迎,2023年就有超过1亿名用户在平台上发布了闲置物品信息。

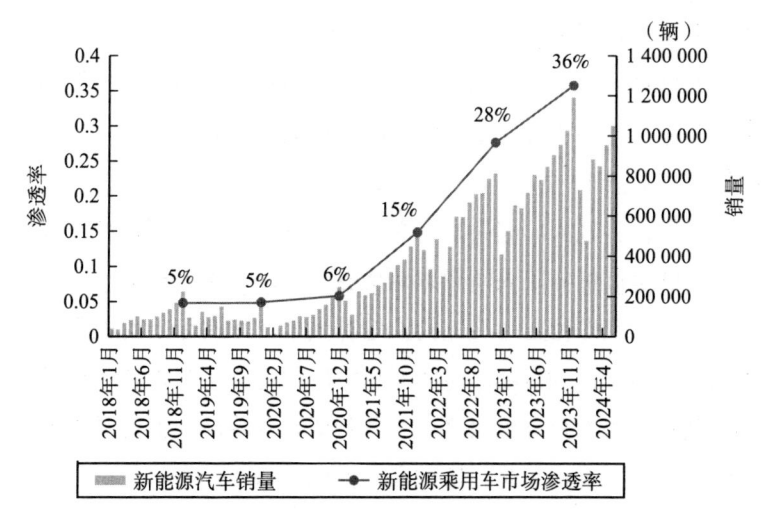

图12-7 中国新能源汽车销量和新能源乘用车市场渗透率

资料来源:Wind数据库。

3. 保健养生意识和健康意识的觉醒

"人到中年不得已,保温杯里泡枸杞。"

这原本是调侃中年人状态的顺口溜,却被一些 Z 世代挪用过来,作为自己的写照。

不可否认,这一代年轻人真的开始关注养生了。统计数据显示:18~35 岁的年轻人消费榜单排名中,保健养生已经跻身第 3 名。[①] 在年轻人聚集的微博中,遍布"医生+科普 KOL"的健康

---

① 2023 年国家统计局:《中国美好生活大调查》。

内容，其中，医药学、营养学等领域专家讨论的社会性健康话题一直保持着较高热度，贡献了超六成的热门内容；抖音的中式养生热度较高，仅 2023 年上半年抖音医疗健康的相关视频创作就超过 1 亿条，相关内容被播放近 5 000 亿次。据天猫数据，2023 年双 11 预售首小时，天猫中医保健成交同比增长 120%，鲜炖燕窝、医用修复贴、灵芝孢子粉、深海鱼油等成为最受消费者欢迎的健康产品。

然而，年轻人的健康消费在意识觉醒和行动之间还存在很大的差距。他们经常陷入"敷面膜熬夜""打点滴肝论文"的矛盾状态，或者仅停留在口头上的保健养生上，而实际上可能只看不练没有付出真正的行动。时间与精力限制可能是 Z 世代难以持续坚持健身锻炼的重要因素之一，寄希望于营养品、保健品来改善身体状况，可能也只是自欺欺人、治标不治本。

在未来的健康消费领域，如何让 Z 世代能够真正行动起来，将是个重要的企业命题。站在 Z 世代的角度，在健康养生中融入更好的社交和娱乐载体，融入他们喜闻乐见的多种业态。将健康锻炼和文娱活动结合起来，健康是活动的主题，围绕这个主题设计一系列个人和群体活动，或许也是个重要的发展方向。

趋势是无法精准预测的未来，变化是它永恒的主题。我们所处的时代是一个庞大的复杂系统，细微的波动有可能引致巨大的蝴蝶效应。有的流行存在很大的随机性，难以复制也很难持续。消费的热潮有时来势汹汹，如烟花般瞬间绚丽绽放，又遽然消失无踪。

没有哪个时代像今天一样，年轻群体引领着一个个的消费热点，并迅速地蔓延、转换，让人应接不暇又捉摸不透。似乎年轻人制造的消费就是这样多元、随意又无厘头，难以预测。但无论如何，万变不离其宗，最本质的基础是不会变的，那就是所有的消费都是源于生理、情绪抑或社交等方面的需求。这些需求是真实的，可以感知的。尽管满足这些需求的形式和商品我们难以精准预测，但朝着这个方向去思考，总能得到有益的思路和启发。物美价平的品质要求、圈层认可的满足感、消费的情绪体验、群体意识和个体意识的相互影响……都将在我们的未来消费中留下深刻的印记。

13　商业破局

任何市场的变化，本质要求是理解消费者，与消费者共情。

消费是对需求的满足，Z世代消费变化趋势的底层逻辑是需求层次的改变。当下，与X世代和Y世代相比，Z世代的消费正在呈现出新的节奏感，重新定义了市场。

面对Z世代消费变化的现状及趋势预期，生产者需要思考：它为什么会变化？会如何变化？

如何适应新趋势？如何从消费趋势上寻找新的机会？

消费升级或消费降级，这种结论过于简单，且可能有些浅薄。未来的机会在结构性变化中。

> 动荡时代最大的危险不是动荡本身，而是仍然延续过去的逻辑做事。预见未来最好的方式就是创造未来。
>
> ——彼得·德鲁克

传递温度

好的产品是有温度的。

就好像杨万里的"卷帘亭馆酣酣日，放杖溪山款款风"，张志和的"枫叶落，荻花干，醉宿渔舟不觉寒"，人们总是喜欢给事物附加自己特定的情感。

没错,好的产品能诱发人的情感,向外界传递温度。

温度是产品的核心定位,是生产者隔着产品表达的对世界的理解和情感,是产品核心价值的传递。

对于 Z 世代,温度有特殊的含义。

1. 展示"值得"

值得,是温度的最简单诠释。

此类产品是消费者生活的一部分,是基于强需求的必需品。

此类语境中,产品的核心逻辑是帮助消费者解决问题。该内涵表达了产品在物质层面的基础功能,为消费者带来实际使用方面的温度。

产品要解决消费者的强需求,"值得"是消费者追求性价比的最通俗表达。

"平价高质"是 Z 世代对"值得"的高度敏感及理性消费观的体现。

功能价值与产品价格,是"值得"的核心变量。年轻的消费者会根据多种因素判断能为产品功能价值付出的上阈值,在产品中进行权衡选择,期待在可接受的价格范围内完美解决自己的问题。产品的功能价值主要围绕消费者的使用展开,这就要求在产品的设计方面需要考虑多种使用场景。代入 Z 世代消费者视角,理解 Z 世代对于该产品"性价比"的定义,了解 Z 世代使用产品的动因和状态,反思是否能为消费者解决强需求。

"反向消费"曾经登上微博热搜第一,已逐渐融入当代年轻人的生活方式。年轻人不再盲目地追求品牌与奢侈品,不再不问价格就购买实际需求之外的商品,而是更加注重性价比,更加强调产品或服务的实用性和耐用性。

柠檬水是蜜雪冰城旗下最火的产品之一。根据官方点单小程序,一杯约660毫升的"镇店之宝"冰鲜柠檬水定价为4元。酸酸的柠檬加上纯净水,以适度的糖浆进行调配,加上可选择的冰块,让柠檬水成为夏日中的火热产品。对于消费者来说,柠檬水的功效以解暑、好喝为主,并在合适的价格内解决了需求。

从整个市场来看,有越来越多Z世代消费者逐渐远离"价格刺客"。曾经热闹喧嚣的新茶饮,主流价格带正逐渐下移,极致性价比正在成为行业新趋势。打着"文创"称号的高价雪糕,刺向了谁?传递的价值是什么?恐怕不"值得"了。

2. 联结认同价值

认同价值,是对温度的另一种解读。

产品的认同价值是某种被放大的特定情感,让用户因为这种情感而使用产品。这种产品重在对情感的真实性营造,并使产品焕发既定的情感温度。

有些品牌把"认同价值"诠释得淋漓尽致。

耐克,耳熟能详的"Just Do It",连接了"热爱运动"的价值,鼓励消费者发挥自身潜能,理解运动精神,加入运动中,并为其献上"匹配"的产品。这是耐克最宝贵的产品核心价值,其持续的优良业绩也回馈了其价值主张。

在时代的洪流中,很多传统商超与百货店悄无声息地亏损、关店与退市,令人唏嘘不已。而胖东来对顾客的用心联结,宣示了产品不仅是产品,产品的背后是认同价值,是以人为本。同样,很多别人眼中"廉颇老矣"的中华老字号,以过硬的质量和深厚的文化底蕴为底色,联结价值认同,演绎成Z世代眼中的"网红",重新回到主流世界。

新形势下,平台也在演绎"价值认同"。

在竞争激烈的互联网赛道,拼多多主张"更深入的联结"理念,另辟蹊径瞄准下沉市场,虎口夺食,仅用八年时间就实现了对阿里巴巴市值的反超。它的成功引发了更多人对新消费时代的思考,那些提供认同价值的、提供更优质、更低价购物体验的,才是真正的王者。

国潮何尝不是如此呢?

鸿星尔克事件从一个侧面反映了年轻消费者对本土品牌偏好的持续增长现象。"种草"国潮已成为一种时尚,国货消费热潮持续升温。日益火热的国货背后,是年轻一代对中国文化IP的价值认可。

3. 创造情绪价值

此类产品以供给情绪上的温暖为导向,补足了消费者在情绪上可能存在的某个缺口。"进淄赶烤""村BA"一度成为网络热词,"多巴胺经济"以疗愈、悦己为目标,把个性、爱好装入购物车的情绪消费。消费者主宰的消费活动,开心就是意义所在。年轻的消费者在压力的驱使下在互联网或生活中寻找情感慰藉,他们善于自主挖掘生活中让人觉得荒谬但又好笑的新点子。

"找乐子"是Z世代消费的新现象,他们拒绝说教,拒绝指责,在花钱的过程中买快乐,愉悦自我。"自己走过去的野生大象"是某电商平台上定价为0.99元的虚拟产品,以一种特殊的方式在网络上火了。"大象自己会用导航,不用担心迷路。"让人觉得又荒诞又好笑,花小钱买快乐。

除了虚拟商品,"找乐子"心态的运用还体现在传播层面。肯德基"疯狂星期四"在各大社交平台上火出圈,虽然本质上是一场品牌打折促销活动,但是众多年轻人却对其进行"发疯式的文学创作",博人一笑,依靠用户在网络上大范围传播,形成了鲜明的品牌记忆。

所以,对于企业而言,产品除了提供满足功能性需要以外,最好还能具备有温度、有感情、会玩、会撩的经营属性。

4. 传递"个人意义"

个人意义,是对温度的延伸诠释。

产品能彰显身份,并扩散放大。人们把自身价值附着于产品,核心逻辑是价值的塑造与传递。

人们对产品的期望超出了产品本身的价值。比如2024年秋的华为三叠屏手机,我们买的不是手机,而是土豪的象征。

某些品牌的推广,特别适合这一类温度。本书第二部分中曾有相当的笔墨描写Z世代的炫耀性消费,事实上这正是商家抓住了Z世代消费者在传递"个人意义"上的需求。很多Z世代消费者更看重的是品牌对他们个人的意义,品牌的情感价值将越来越重要。

"戴森就是戴森",说起戴森(家电品牌),第一感觉是贵!确实也贵,比同行贵的不是一点。在小红书社区与戴森相关的笔记中,"高端""颜控""逼格"是高频词。闭上眼睛,大家可以用心感受下"9.9包邮"和"戴森就是戴森"的差别。

迪卡侬（体育用品品牌）也看到了这一点。1976年诞生于法国、2003年进入中国市场的迪卡侬，却在2023年突然蹿红。突然出圈的背后，是它确确实实向消费者展现不一样的时尚与潮流，放大了消费者中意的"个人意义"。

生活方式的推广，很适合传递"个人意义"。近年来最成功的行业应该有智能手机领域的影子，它改变了我们生活的方式。iPhone估计是智能机里面最成功的产品，每年iPhone的旗舰新机基本上代表着行业需求的天花板。iPhone最有光环的是什么？也许，人们消费iPhone时，更多的是为了满足对自我审美标榜的需求。

部分沟通方式的推广，也适合"传递个人意义"的温度。早期的拼音、快手，带给Z世代消费者最直观的感受是弄潮儿，是新标签。

根据马斯洛需求层次理论，在获得了物质条件满足的情况下，人们通常开始追求更高层次的社会需求、尊重需求及自我实现的需求。Z世代消费者对于产品温度价值的追求，这必将引发产品的价值重构：越是那些希望引领趋势和创造高溢价的产品，越要思考如何为消费者创造更加美好的"温度"。

到底选哪个赛道？是性价比的"值得"市场，是特定情感的"认同价值"市场，是"多巴胺经济"的情绪价值市场，还是满足稀缺感的"个人意义"市场？每个市场都有我们想要的价值。

除了上述的温度需求，人类的精神世界还有更多维度和层次的需求，当然也更个性化和小众。因此对于Z世代精神需求的挖掘，后来的创业者将有更广的空间，也会有更深的体察。

无论产品是怎样的定位，传达的是何种价值，企业都需要在迭代的过程中，抓住核心，贯彻价值，传递温度。切记不要在不同温度中模棱两可，因为这会让产品价值无法传递，让用户无所适从。

传递温度的是产品。

对于企业家来说，以产品当话筒，与消费者对话。

赢得信任

信任，是Z世代消费行为中分量特别重的一个词。

营销，实质就是打造信任感的过程。

对于信任，古代诗词中既有"海内存知己，天涯若比邻"的向往，也有"我本将心向明月，奈何明月照沟渠"的哀伤。

信任，从字面上解读为"相信并加以任用"。由于其抽象性和复杂性，在学术上尚没有统一的定义，但在商业领域中有共识的是，信任是涉及交易或交换关系的基础。由前述内容可知，相对于X世代Y世代，"网络的原居民"、小规模家庭等是Z世代人群与生俱来的标签，外界的横向联系较弱，他们对消费关系期待一种"强信任"关系。

1. 商业领域中信任的维度

每一笔商业交易都包含了信任的元素。

诺贝尔经济学奖获得者肯尼斯·约瑟夫·阿罗认为，几乎每一笔商业交易都内嵌着信任，任何延续了一段时间的交易更是如此。几乎可以说，世界上大部分经济落后都可以被人们互相缺乏信任来解释。

从底层逻辑来看，商业交易的关键环节，正是消费者与生产服务商之间的信任关系。

社会学领域认为，构成信任的关键变量包括正直、能力、责任、沟通和约束。在商业领域，我们可以基于信息、关系和契约三个维度来构建信任。

2. 缓解信息不对称

商业行为中，信息不对称是阻碍交易发生的关键因素。

在网络交易发达的市场环境中，信息不对称的问题更是普遍存在。消费者的困惑，就是创业者的机会。

建立基于信息的信任机制，缓解信息不对称是商家需要解决的大事。

关于信息不对称，最有分量的研究来自阿克洛夫的《柠檬市场：质量的不确定性和市场机制》。"柠檬"在美国俚语中是"次品"的意思，由于市场存在柠檬（质次二手车），信息不对称会带来逆向选择，形成恶性循环和市场低效率。

缓解信息不对称的核心对策是提供足够多的信息，特别是足够多可信的信息。水果商故意留下两片叶子，试图传递这个水果足够新鲜的信息。这方面的努力，创业者一直在路上，如数字化溯源体系是一个很好的努力方向，它让信息变得更丰富和更透明。

信息的载体很重要。相较于传统的图文资料，视频充当了越来越重要的信息载体。视频载体不仅信息量更大，而且更可触摸、更可感知。

增加附加成本也是消除信息不对称的方式。Z世代会根据一件产品所配置的附加值高低来判断这件产品质量的好坏，只有质量好的产品，才配得上更高的附加值。反过来，附加值高的东西，产品的质量一般不会差。在Z世代的眼中，一杯奶茶如果杯子的外形漂亮、图案精美、纸质包装，这杯奶茶大概就是好的，起码比那些塑料装的简陋奶茶看起来靠谱。

有时候，展示透明的可信任的生产过程很重要。产品溯源体系想传递给Z世代人群这样一种信息："我的产品很放心。"

消除信息不对称，也可衍生出第三方的商业模式。信息爆炸时代，我们的日常生活被冗杂的营销信息占领，如何快速获取真正有价值的信息？年轻的Z世代消费者给出了这样的答案：外地吃饭，上美团、大众点评搜附近推荐；买护肤品，在小红书上遛一圈；入手新产品，去知乎听听老司机的建议……

3. 建立信任关系

信任关系，最核心的是建立对于卖方主体的信任机制，通俗解释就是建立信任感。

购买行为是基于主体信用而作出的决策。在建立了足够的个人情感和信任关系时，买方可以在信息不完全的情况下作出购买行为。

品牌效应，是对信任关系的完美诠释。

品牌有时候在购买行为中起决定作用。华为、苹果、特斯拉等品牌，对消费者来说就是信任。为什么在Z世代眼中，可乐只认"可口可乐"和"百事可乐"？真的有人靠喝就可以分清楚可口可乐和百事可乐吗？为什么他们第一眼只看有没有品牌标识，而非服饰标志后面的价格？品牌服饰跟普通服饰在原料成本上有很大差别吗？

企业家的人设，对于信任关系的建立非常重要。

任正非、马斯克，对于消费者来说，就是可以信任的代名词；董宇辉对于"与辉同行"来说，也是如此；Z世代喜欢的明星、网红，又何尝不是商家用来建立信任关系的代言人呢？

在近几年火热的电商中，信任关系的应用非常多。

种草之力，何以燎原？"种草"，Z世代年轻人非常喜欢的网络用语。"种草"的过程，就是通过熟人口碑、KOL、网络社群等，来建立信任关系。

年轻的Z世代将对主播的信任转移到了对商品的信任上。从拼音、到快手、到微信小视频，近几年的直播电商高速增长。这种商业情景中，购买行为很多是基于主体信用。基于对直播电商达人（KOL）的信任，买方可以在信息不完全的情况下作出购买行为。

李佳琦说："这也太好看了吧！买它！"据说因此一句，李佳琦曾在5分钟内卖出15 000支口红，令人瞠目结舌。当然，真正能成功的种草模式，应该在产品质量的前提下，形成涟漪效应的口碑营销。消费者主动给自己的亲戚朋友推荐商品的口碑营销，才是最好的信任关系。

对于商家来说，增强社会证明是建立信任关系的另一个重要方式。

例如，商家增加了消费者的购买评论环节，别人的正面评论强化了消费者对该产品的信任。进一步，商家在不停地发展，使用更加"鲜活"的动态予以证明。大家都想在人多的店铺逛街消费，所以网站后台就可以设置弹窗功能来匹配这项消费者心理。心理学的解释是，当消费者看到刚刚有人（特别是很多的人、身边的人）购买了这个产品，这会刺激着他们进行快速购买。现实中，某些商家故意制造排长队的现象，也是企图增强社会证明的另类操作。

4. 签订约束契约

签订可执行的契约来约束买卖双方的权利和义务，这是基于规则的信任机制。

严格来说，信任与契约是两个不同的概念。从商业来看，信任比正式的契约更重要，是契约的前提。双方可以互补也可以相互替代，但是契约有助于更快建立信任。

签订可执行契约的关键因素是什么？在此不妨再代入一点情景：消费者对产品的信心，最好的办法就是无理由包退。退换、赔偿、保证等可执行的契约，对于信任的建立是特别重要的保障。拼多多之所以能够快速逆袭，原因之一是"夸下海口"的品牌保障和假货赔偿制度。

实践证明，第三方背书是非常有效的方法。第三方平台的迅速崛起，验证了这一逻辑。电商平台上卖家和买家之间的交易，需要有确保资金安全的第三方。为什么小红书对年轻人消费决策的影响很大？是因为它建立在对大小意见领袖信任的基础之上。平台本身的真诚与信用非常重要，这是建立信任的前提。

信任是任何关系的基石，也是长期稳定的合作关系的基础。

信任一旦建立起来，就会形成强大的黏性。

如何建立信任？它对商业交换关系的影响机制是什么？这是诸多学术领域与商业实务界共同关注的研究问题。在信任建构研究中，信任被视为一个多维变量。麦肯锡的信任公式为我们提供了一个独特的视角，有兴趣的读者可以进一步进行思考。

加强交互

交互，简单的字面含义就是互动交流。

商业层面的交互，指的是产品与人的互动，就像人与人见面打招呼，"你好"对"你好"一样。

很难想象，现在的苹果公司在 1997 年前却是一家濒临破产的公司。如果要从中寻找出原因的话，那么乔布斯当年重返苹果无疑就是这个分界点。再次担任 CEO 的乔布斯进行了大刀阔斧的改革，其中最重要的一点是重新让产品回到消费者体验至上。"你必须从消费者的体验入手，再回来寻找技术做开发，绝对不能本末倒置。"1997 年 5 月乔布斯在苹果全球研发者大会的发言仍然振聋发聩。

产品交互，接下来我们可以从设计端、产品与场景、营销等来进行底层拆解。

1. 前端设计中的"交互"

好的产品，可以让消费者参与设计。

交互理念在商业模式上的传统回应是定制化生产。

按照消费者需求进行定制化生产是网络时代满足消费者个性化需求的基本形式。根据顾客对象，定制化生产可以 to B，可以是面对工业组织市场的定制生产，下游企业向上游企业提出需求，通过价值链延伸产业链。还有一类生产是 to C 的，是面向消费者的。其中，自己动手制作（DIY）是最容易理解的定制化。

年轻的Z世代把DIY理念推向了高潮，引发了一场广泛的全民参与的潮流。随着DIY理念的流行与推广，原先的最普通的家具、服装、雕塑、陶瓷等DIY手工坊载体，已逐渐形成更多更成熟的产业链。

更为先进的回应是用户共创理念。

深受Z世代喜爱的游戏《王者荣耀》，正在践行此新理念，正像是《王者荣耀》给各位玩家的承诺——这款游戏是属于大家的。从基本的皮肤返场投票，到开放英雄、皮肤、玩法的共创，许多玩家在共创活动中展示自己的创意与才华，不仅为游戏内容注入新活力，也在这个过程中感受到自我实现的价值。

具体来说，好的交互设计，会让产品更为增色。

交互设计要求设计师在设计产品的时候站在用户的角度，把自己想象成为使用者换位思考去设计产品，与用户在视觉元素、材料选择、结构设计等方面进行互动，既能传递重要信息，也能增加趣味性，从而提升用户的购买欲。

交互设计有很多运用方向。VR虚拟现实属于空间交互领域，在医疗、娱乐、数字营销等行业都有运用。人机交互关注的是用户界面，以便用户能够有效地与计算机系统进行交互。用户体验设计关注提高用户满意度和增强用户愉悦感。新媒体交互通常是以数字媒体的方式呈现。

在当今这个注意力稀缺的时代，复杂会让人望而却步。精简可以带来视觉、操作和认知负荷的降低。奥卡姆剃刀原理即"简单有效原理"告诉我们：如无必要，勿增实体。对年轻的Z世代来说，小米的电视遥控器设计极致化地运用了奥卡姆剃刀原理。和传统遥控器设计相比，简直太简洁了。

另外，提升体验感的另一种方法是，将包装设计成可利用的游戏道具。比如一段时间流行的"可以占卜"的日清杯面设计，获得了很多信奉玄学的Z世代年轻人的青睐，话题度满满。

让产品更易理解，让体验更愉悦，交互设计关注感官体验、趣味性和价值，这一点很对年轻的Z世代消费者胃口。从马斯洛的需求层次来理解，这是以满足人的精神需求为核心。

2. 产品与场景应用中的"交互"

消费行业有一句名言：品牌终将变老，消费者永远年轻。

现代科技的发展，使科技、人以及产品的完美融合成为可能。为匹配年轻消费者追求最佳体验感的性格特质，当前已经有越来越多的生产者将更多的精力投入用户交互与体验当中，这也是产品发展和创新的新方向。

交互的深度嵌入能为消费者带来强烈的体验感。约瑟夫·派恩和詹姆斯·吉尔摩认为人类的社会经济形态出现了第四种经济形态——体验经济。体验经济的核心要义是从消费者的感受出发，通过有形的商品与无形的服务创造场景，为他们提供感官享受。例如，越来越多的年轻人热衷于迪士尼乐园、环球影城，沉溺于强情感浸入式、高互动参与感的密室逃脱与剧本杀类游戏。

交互式电影是交互理念在产品中的创新体现。在传统电影中，观众是被动审美。而在交互式电影中，观众可以是电影情节的主导者、设计者和参与者。

直播进化使"交互"深度实现成为可能。世代变化引起的偏好变化是直播进化的关键内驱因素，叠加智能手机普及化、实时直播程序、网络带宽提升等技术因素，大大提升了用户交互的深度。

比如，在健身领域，刘畊宏曾经凭借健身操直播，火爆全网，收获了一大堆追随者"刘畊宏女孩"。某健身服务品牌利用订阅制的互动式线上直播教学，证明该领域的市场潜力。

消费场景的交互不断向纵深发展，进一步拓宽了消费市场的边界。"淄博烧烤""特种兵式旅行"火爆消费现象的背后，是年轻消费者群体的崛起，他们拓展了多样化、个性化的消费模式，催生消费模式升级，正在重塑消费市场结构。

3. 后端营销中的"交互"

目前，交互应用在营销中的地位已有广泛的共识。

对于企业来说，主要有两个方向值得重视：一是如何利用现有技术，二是如何设计匹配的交互内容。

在营销上运用"交互"理念，现在有企业作了大胆的富有想象力的尝试。

在前述的阐述中，互动直播在提供温度、增加信任维度上可以直接成为产品与消费者的桥梁。事实上，它也能成为营销渠道。与传统广告的灌输式营销不同的是，通过直播互动，年轻消费群体会更主动地形成品牌意识。当前，新崛起的互动直播与年轻消费群体喜爱的电游之间的界限不断模糊化，很有可能带来全新的营销创新方式。

百年老店的可口可乐，也正在尝鲜。可口可乐的新款售货机能让不同地域的消费者通过屏幕进行视频互动交流，鼓励他们一起完成友善的小游戏。

体感交互式虚拟服装社区成为时尚行业领域的一大创新。用户可以通过配置虚拟现实眼镜和手套等设备，进入虚拟试衣间，模拟不同款式服装的效果。消费者可以在虚拟社区中分享试穿体验和购物心得，不仅拓宽了社交圈子，也获得更多的时尚灵感和购物建议。当然，在商业模式方面，时尚品牌需要认真考量，这可能是下一步创新的方向。

虚拟数字人让交互营销在虚拟现实中走得更远，推动数字技术、虚拟社会互动与商业模式内容创新的共演。在营销领域的研究与实践中，发现虚拟主播、虚拟偶像能够提高消费者对产品情感意义的感知。传播学领域认为，基于情感与关系逻辑，虚拟偶像是缔结圈层的媒介。

交互在营销中还可以应用到利益上的关联，形成交互式合作营销。菲利普·科特勒说了一句形象的话，"关系营销的最终结果是建立起公司的独特资产，即一个营销网络"。目前已经有了一些非常有前瞻性的探索案例，但这仍然只是冰山一角。

新技术的快速发展，让交互理念在固圈化营销甚至破圈化营销之中发挥更加重要的作用。

拥抱小而美

不要试图把产品卖给所有人。

消费市场正处在大变局中，人口红利流量消失，行业内卷和竞争加剧，以 Z 世代为代表的新消费人群口味也在变化。

"所有消费品，都值得重做一次。"这是新消费崛起之后江湖上流传许久的一句话。

越来越多的消费企业正在通过不断创新，从流量驱动到品牌驱动，从同质化到差异化，从大众到小众，从网红到长红。

做大不等于做强，构成未来商业发展根基的是"小而美"。"小而美"的时代正在崛起。

1. 溯源与内涵

"小而美"这个概念源于何处？真正的内涵是什么？为什么近些年备受推崇？

"Small is beautiful"是美学领域中的小而美原则，翻译为"小的就是美的"。

在经济学中，"小而美"概念最初出现是在1973年，由德国经济学家舒马赫首次提出。"小的，也是有效率的"，舒马赫认为应当克服对大规模的迷信，强调小规模的优越性。

长尾理论进一步扩充了"小而美"理念在商业领域的应用价值。2004年克里斯·安德森提出长尾（long tail）理论。他认为，商业和文化的未来不在热门产品，不在传统需求曲线的头部，而在于需求曲线中那条无穷长的尾巴。如果将市场细分到很小的时候，这些细分市场的累积会带来明显的长尾效应。在可观察的商业史上，更多的企业关注的是需求曲线的头部，却忽视了蛰伏的尾部。顾此失彼的结果是，这边是相互厮杀的头部"红海"，那边是安静广阔的尾部"蓝海"。长尾理论对现象的重新认识，改变了传统的"二八法则"的某些认识，关注"个性化""客户力量"和"小利润大市场"。

今天，人们基本上达成了对"小而美"的共识。"小"不是指企业规模的大小，而是主动匹配某个消费群体认同的需求，细分市场，聚焦专注于该细分领域；因为专注与聚焦，所以产生"美"。"美"是什么？"美"是差异化和专业化带来的硬实力，是经营方式的创新,是产品与服务的极致,是最佳的客户体验。

未来商业的发展,将从原先的大规模、标准化生产,转向到聚焦消费者。以人为中心、个性化,才是主旋律,众多"小而美"将构成未来商业发展的根基。这样来看,"小而美"是市场发展成熟后的必然,是一种基于商业内驱的趋势性规律。

2. 小众即大众

小众是销量较小的大众,大众是跨界流行的小众。

很小的创新也有底层逻辑。

费大厨通过大单品策略打造差异化壁垒,一碗辣椒炒肉为传统餐饮企业演绎了"爆款逻辑"。

小杨生煎,打造生煎品类里的网红,从一个几平方米的小档口,到如今拥有200余家直营店的知名品牌。

Z世代的圈层化消费也验证了"小众即大众"的商业思维。也许年轻消费者每个圈层本身都很"小众",但由于Z世代人群基数庞大,小众的爱好也能归聚为不容小觑的消费量级。"星星之火,可以燎原",在互联网社交机制与种草文化的推动下,一些热门圈层可能会呈几何级数增长,引爆消费潮流。圈层消费时代正在到来,大众消费时代逐渐消解。

需求决定供给。为响应年轻人消费的小众圈层化趋势,供给方"小而美"经营模式应时而生。小市场,大产业。在一个细分的市场,供给方只要能切中某一个爱好便能链接固定的客群,"小而美"的爆款反而成为主流。在某些消费领域,航母级品牌将越来越少。之前的某个消费大类,可能几个头部品牌就能干完。但现在或之后,这个消费品类可能得几十上百个品牌才能被消化。所有消费者都喜欢的"大而全"巨无霸很难再出现，个性化的小众品牌如雨后春笋般会越来越多，无数的小品牌将组成多元化的消费市场。这个反差的现象昭示了一个事实：过去无小众，未来无大众。

"眼看他起朱楼，眼看他宴宾客，眼看他楼塌了"，《桃花扇》中洞透人生的经典唱词，耐人寻味。

中国的商业界曾经特别喜欢大。

一个集团旗下，有无数的产业。从房地产到汽车，从小商品到金融，从家居到芯片，无数"风马牛不相及"的产业，都可以跨界混搭到一起，美其名曰产业升级。

一个公司，是"巨无霸"好，还是"小而美"好？

好与不好，这个描述过于简单，且可能有些浅薄。也许背后有某个独特的故事去支撑，但不管怎样，需求决定供给，这是最简单的经济学原理。

3. 精确定位

定位本质上取决于消费者。为什么选择你，而不是选择别人？

需求，是消费市场的核心变量。

发现需求、匹配需求，是立足市场的关键。企业要有逆向思维，而不应该将年轻的消费者放入预先定义但事实上可能过时的框架中。正确的决策过程应该是从年轻人的消费需求来倒推产品定位，是"消费者需要什么"，而不是"我有什么"，企业家需要有敏锐的市场触觉和前瞻性的战略眼光。相比于同质化、大众化的产品，Z世代消费人群更渴望小众化、个性化的品牌。

只有精准定位，锁定需求，明确目标客户群体和市场细分，在"专属他的世界中"沉淀，才能避免无序的竞争。随着 Z 世代新消费势力的增长，销售市场的"长尾"现象将愈加明显，服务于所有人的大众消费品正在被快速分化，服务于小众需求的小众品牌正在快速崛起。

精确定位以细分市场为前提，收入、性别、年龄、区域等是核心观察变量。对于 Z 世代年轻群体为主的小众市场，企业家需要有基本的判断准则，情绪、社交、随兴、炫耀、理性等各种消费都有它们共同的亚文化、相似的价值观为支撑。体验感、存在感、参与感、仪式感、荣誉感，每一种都是聚拢消费者的突破口。

对于定位理论的通俗理解，是把你所有的东西聚焦到一点。品类、功能特征、人群、场景，都是企业家需要考量的底层因素。按照分众传媒江南春的说法，做企业要么是某个品类的首选，要么是某个功能特征的首选，要么是某个人群的首选，要么是某个场景的首选，别什么都想要。

未来，生意是轻型的。通俗来说，与其服务十万个弱连接关系的客户，还不如服务一万个精准垂直的客户。

生意，真正关键的是后端的裂变。

4. 差异化竞争

商业的本质逻辑，就是差异化。

所谓差异化竞争，就是提供独特的产品或服务，满足特定需求。通俗来说，就是把自己的东西同其他人的东西区别开来。

Z 世代的需求变得越来越个性化、多元化，相对应的是，小众品牌高效配置了市场资源，从大批量生产到个性化定制，重新定义了消费市场。越来越多的细分、垂直、小众的新品牌层出不穷地冒头，从0到1的速度似乎越来越快。

这些现象级爆品的共性是什么？它们迅速火出圈背后的底层逻辑是什么？

答案是差异化竞争。与其跟随，不如不同。

差异化的内容需基于用户的需求。做不了第一，做唯一。唯一性与稀缺性，是进入消费者心智认知的两把黄金钥匙。

茶饮，实打实的红海市场。但是，东方树叶、喜茶、奈雪的茶等各种新式茶饮，跳出品类来做茶，从特定消费需求出发来重新定义产品，基于品饮方式与健康理念来创新进行差异化竞争，打开了新市场。

美妆类的完美日记、内衣单品类的Ubras、模玩类目的泡泡玛特、水饮品类的元气森林等，直接做聚焦，树立差异化壁垒，打造现象级爆品，成为各行业"小而美"的解决方案。

若一个产品想试图满足所有人的需求，很可能陷入"伪需求"陷阱，最终无人需要。

产品不是卖点，产品的稀缺性才是卖点。

5. 专业化运营

专业化运营，即在某一领域或环节做到极致，形成特色。

从这一点来看，专业化就是差异化基础上的专业化。

经营，从来都是一个复杂的问题，很难有最优解。这是一个呼唤个性的时代，Z世代消费群体不再满足于简单的功能化产品，他们有着不同的审美能力、更个性化的需求。

回归到商家视角，经营就是明确人和货运行的底层逻辑，持续满足消费者的需求。如何通过专业化经营来达到确定性增长？这是企业在发展过程中持续寻找的答案。

提升效率和创造价值，是商业本质的定义。

利基战略。提升效率，利基战略是一个很好的思维工具。利基战略是一种以专业化为基础的复合战略，通过选定并把有限的资源和精力聚焦投入一个特定的产品或服务领域。有时也称为缝隙市场，因为这个市场通常是被大企业忽视的独特细分市场。资源是有限的，这是真实的经济学理论背后的假设前提。资源投入是排他性的，在A产品上投入多了，势必会挤压对B产品的资源投入。

价值创造。产品能给消费者带来什么价值？专业化的经营，就是为消费者创造价值的过程，价值包括产品价值、服务价值、体验价值、思想价值和精神价值。在消费市场上，效率革命正在向价值革命转变。所以对于企业来说，也需要从"以产品为中心"向"以客户为中心"转变，聚焦客户体验和满意度，持续提高产品和服务的质量，重视长期利润和持续增长。

这样看来，在位企业的现有优势慢慢消失，不同大小的品牌，似乎都重新站在同一条起跑线上。

作为消费群体的新锐力量，Z世代以其独特的个性和价值观正在重塑消费版图。对于企业来说，"消费者画像"是必不可少的重要步骤。但Z世代的画像却是如此难以刻画，个性化的特色在庞大的人群基数中显得难以捉摸，多元化、差异化甚至矛盾的特征并存，很难用单一标签来定义他们。

对于消费市场来说，这是一个风起云涌的时代，也是一个大变局和不确定性的时代。

未来已来，如何抓住 Z 世代这群"未来之人"？如何才能与他们达成共鸣？这是消费市场的重要议题。在大变局、不确定性和慢增长时代，企业需要回归忠于消费者需求、适应消费趋势的本质逻辑。

世界很大，需求很多，从温度、信任、交互和小而美来讨论商业上的应对策略，恐怕是挂一漏万，读者还可以从更多的视角来研究这个时代的面貌。

不管怎样，专注解决消费者的问题，把自己的擅长与世界的需要紧密结合起来，做美产品，做精团队，做大市场，做厚利润，用心雕琢每一份产品，这才是好的企业。

附 录

全书深度访谈受访者信息

序号	姓名	性别	出生年份	职业	现居地
1	李嘉惠	女	2007	高中生	湖南长沙
2	王宇轩	男	2005	在读大学生	湖北武汉
3	萧子寒	女	1998	白领	上海
4	黄萌	女	1996	程序员	广东深圳
5	贺小怡	女	1997	公司职员	广东广州
6	陈鑫杰	男	2004	在读大学生	河南焦作
7	张宣	女	2004	在读大学生	福建厦门
8	周帆	男	2004	在读大学生	湖南长沙
9	胡旭	男	1978	销售经理	湖南长沙
10	赵米米	女	2000	公司职员（广告设计）	河南洛阳
11	唐宇鑫	男	2000	公司职员	云南大理
12	林霖	女	1999	公司职员	广东广州
13	袁沐晨	女	2004	在读大学生	湖南郴州
14	吴柯	女	2004	在读大学生	江苏徐州
15	彭鹏	男	2004	在读大学生	安徽阜阳
16	冯小雨	女	1997	都市白领	浙江杭州
17	夏晴	女	2005	在读大学生	天津
18	许思源	女	2001	大厂实习生	北京

续表

序号	姓名	性别	出生年份	职业	现居地
19	祁闻	女	1998	律师	黑龙江哈尔滨
20	郭菁	女	2004	在读大学生	四川成都
21	罗傅源	男	2003	在读大学生	河北唐山
22	何湖	女	1997	在读研究生	贵州贵阳
23	刘鹏	男	2004	在读大学生	江西九江
24	蔡婷	女	2003	在读大学生	辽宁大连
25	谭乐	男	2000	在读大学生	福建福州
26	丁叮	女	1997	互联网运营	上海
27	于意	女	1998	培训机构 HR	广西桂林（湖南长沙）
28	李姗	女	2003	在读大学生	海南海口（湖南长沙）
29	牟皓	男	2001	应届毕业生（未就业）	广东潮州
30	王紫嫣	女	1998	公司白领	广东佛山

注：为保护被访者隐私，表中姓名均为化名。

后　记

本书是湘潭大学商学院、湘潭大学消费经济研究院、长沙新消费研究院联合出品的"中国消费经济运行报告"丛书第二批研究成果之一，也是国家社科基金重大项目"在高质量发展中促进共同富裕的制度设计研究"（项目号：23ZDA021）的阶段性研究成果。本书融合经济学、管理学、社会学、心理学等经典理论，结合丰富的数据信息对中国 Z 世代消费行为展开细致研究。为呈现更精准的事实，研究团队于 2024 年 5 月在湖南省长沙市五一商圈等地展开实地调研和访谈。

书稿的撰写具体分工如下：01 章和 02 章由田小文、李明扬撰写，参与学生有秦如玉、李书浩、杨铭涛；03 章由李明扬撰写，参与学生有罗婷、邱文琪、危佳；04 章由刘娜、李明扬撰写，参与学生有李维、徐瑞琪、陈心迪；05 章由田小文、李明扬撰写，参与学生有李双全、付雯；06 章由田小文、姚海琼撰写，参与学生有伍思顾、郜雨佳；07 章由李明扬、田小文撰写，参与学生有李娅琴、彭莫愁；08 章由田小文、刘娜撰写，参与学生有尹康霁、李洁、欧惜蕊、马莹；09 章由田小文撰写，参与学生有孙一华、秦如玉、罗羽柔、段文丽；10 章由刘娜、田小文、姚海琼撰写，参与学生有尹康霁、黎晓慧、周隽怡；11 章由田小文撰写，参与学生有黄翔；12 章由田小文、李明扬撰写，参与学生有刘燕茜、谢航、申震；13章由李明扬撰写，参与学生有廖洋涛、罗婷、肖劲柳。本书的统稿由田小文、刘娜、李明扬、姚海琼完成，黄翔、尹康霁、李娅琴、廖洋涛、秦如玉、罗婷、谢航、彭莫愁、王滢等同学参与。

同时，李娅琴、黄翔、廖洋涛等同学在调研团队组织协调、撰写团队外勤服务等工作上付出了辛勤劳动。此外，参与实地调研的同学有李娅琴、黄翔、李双全、廖洋涛、伍思顾、邰雨佳、罗羽柔、李书浩、段文丽、杨铭涛、程景昱、韩悦、白峻松、张晓杰、谢萌、陶佳、程胜果、杨淇婷、邱文琪、马莹、肖劲柳、邹婷、黎晓慧、平玉阳、陈立佳、周隽怡、李宇轩、王思颖、徐瑞琪、付雯、罗家烨、陈心迪、谢航、申震、谢祯、彭莫愁、廖美姬、蒋思微、陈奕旎等。

由衷感谢湘潭大学商学院、湘潭大学消费经济研究院、长沙新消费研究院对本书研究和出版的大力支持！感谢经济科学出版社崔新艳、胡成洁编辑为本书出版付出的卓越努力！湘潭大学碧泉书院陆自荣教授在本书的选题和撰写过程中也提出了许多中肯建议，在此一并表示由衷的感谢！

由于学识和时间的限制，书中难免出现错漏，敬请各位读者批评指正。